경제 원리의 두 길

자연·인성·경제의 상호관계와
변화의 원리 분석

경제 원리의 두 길

자연·인성·경제의 상호관계와 변화의 원리 분석

초판 1쇄 인쇄 2019년 3월 10일
초판 1쇄 발행 2019년 3월 15일

지은이 박우희
펴낸이 오세정
펴낸곳 서울대학교출판문화원

출판등록 제15-3호

주소 08826 서울 관악구 관악로 1
대표전화 02-880-5252 | 팩스 02-888-4148
홍보마케팅팀(주문 상담) 02-889-4424, 02-880-7995
이메일 snubook@snu.ac.kr
홈페이지 www.snupress.com

ISBN 978-89-521-1968-1 93320

자연·인성·경제의 상호관계와
변화의 원리 분석

경제 원리의 두 길

박우희 지음

서울대학교출판문화원

머리말

이 책을 쓰기까지 오랜 시간이 걸렸다. 서울대 경제학부에서 안식휴가를 얻어 영국 옥스퍼드대학(1970)과 일본 도쿄대학(1980)에 들렀을 때 도서관의 풍부한 장서 속에 파묻혀 지내면서 철학에 관심을 가지게 됐고, 경제학에도 철학을 적용해야 하지 않을까 하는 생각을 품게 됐다. 이런 생각을 바탕으로 그동안 『경제원리탐구: 경제학의 과학 및 철학적 기초와 모델빌딩』(2000), 『경제학의 기본원리: 과학·철학·예술과 경제원리의 발견』(2007), 『답을 주는 경제학: 제2경제원론』(2012), 『경제원리, 물처럼 흐른다: 자연·사회·경제철학 및 인지과학적 접근』(2014) 등 네 권의 책을 펴냈다.

특히 2014년에 책이 나온 뒤 많은 사람의 평을 받았다. 그중에는 "우리 세대에 이와 같은 책이 다시 나올 수 있을지 모르겠다", "한국 사회과학과 경제학 수준을 한층 격상시켰다"라는 듣기 좋은 평들도 있었다. 그렇지만 "어려워서 서평을 어떻게 해야 할지 모르겠다", "경제학자로선 철학 용어부터 이해가 잘 안 된다" 등 한마디로 어려워서 이해하기 쉽지 않다는 평이 대부분이었다.

주류 경제학, 특히 현대 형식적 모델링 기법에 익숙한 분들은 이 책의 접근법에 고개를 갸우뚱하는 경우가 많았다. 경제 원리의 기본이 자연 원리와 같고, 자연과학적으로 충분히 분석할 수 있다는 생각의 뿌리는 여간 깊지가 않았다. 지금의 경제학 교과서가 모두 그러니 오죽하겠는가.

이런 문제를 해소하기 위해 발표회를 여러 번 가졌다. 서울대 사회과학연구원 주관 교수 모임에서 토론회를 가졌고, 서울대 경제연구소의 『경제논집』에 요약문을 발표했다. 2015년에는 한국경제학회에서 주관한 경제학 공동학술대회의 만찬 연설과 서울대 경제연구소 수요 세미나 등에서 내가 말하고자 하는 바를 전달할 기회가 있었다. 이런 자리를 통해서 전문가들로부터 이만하면 이 책들이 경제학이라는 바다에서 신대륙을 찾는 항해를 해나갈 수 있을 것이라는 평을 듣기를 기대했다. 그러나 그 기대는 여전히 해결되지 않은 채 남아 있는 것 같았다.

그래서 처음부터 다시 읽고 고쳐 나가면서 문득 한 가지 머리를 스치는 것이 있었다. 지금까지 내가 쓴 글들은 대부분 주류 경제학의 관점에서 무엇이 근본적으로 잘못됐는가를 지적하고 비판하는 것이었다. 그런데 이런 비판만으로는 부족했다. 거기서 한 걸음 더 나아가 그러면 어떻게 해야 할 것인가, 즉 비판을 넘어 이를 대체할 수 있는 한층 높은 차원에서 관조하는 길을 찾기 위해서는 이전 것과 전혀 다른 새 책을 다시 써야 하지 않을까 하는 생각을 하게 됐다.

그때 떠오른 것이 사마천(司馬遷)의 말이다. 사마천은 자신이 쓴 『사기』 「화식열전」의 의미를 "자연과 인간의 관계를 탐구하고 고금의 변화를 통찰하여 일가의 학설을 이루려 했다(究天人之際, 通古今之變, 成一家之言)"라는 데서 찾았다. 나 역시도 미흡하나마 이 책이 천지만물과 인성의 이치를 바탕으로 경제 원리를 통찰하는 일가의 학설, 나아가

21세기의 새로운 여건을 포함하는 '21세기 경제학'의 작은 바탕이 됐으면 하는, 다분히 과분한 생각을 하게 됐다. 부끄럽지만 이 책을 지금의 모습으로 세상에 내놓게 됐다. 우리나라 경제학에 새롭게 기여하는 글이 되었으면 하는 바람이다.

21세기에 들어와서는 철학이란 터널을 경유하고 난 뒤 여태껏 철학자들이 생각하지 못했고 경제학자들이 멀리해 온, 21세기 과학기술의 특이성이라는 제2의 정글을 경유하지 않고서는 의미 있는 어떠한 경제 원리도 찾을 수 없다. 과학기술계에서도 우리가 잘 알고 있는 뉴턴과 아인슈타인의 과학을 넘어선, 제3의 과학혁명이 새롭게 진행되고 있다. 따라서 21세기 경제 원리의 새로운 모습과 성격 규명에는 이와 같은 점을 참조할 필요가 있다.

이 책을 쓰면서 특히 줄거리와 특징을 처음부터 끝까지 일관되고 알기 쉽게 하면서도 깊이 있게 쓰려고 애썼다. 먼저 서언에서 책의 큰 줄거리 세 개와 핵심을 요약, 도시(圖示)했다. 제1장에서는 이 책에서 찾는 경제 원리의 뿌리가 현묘함을 밝히고, 제2장에서는 이런 원리의 뿌리는 철학에 빠져야 비로소 찾게 된다는 점을 상술했다. 그러기 위해서는 우선 색안경을 벗어야 하고, 자연·사회·인성에 관한 여러 철학·방법론이라는 긴 터널(또는 정글)을 경유해야만 그 길[大道]을 찾을 수 있음을 강조했다.

제3장에서는 자연 원리와 다른 이 책의 기본 입장을 추출, 정리하고 그에 따른 경제학의 새로운 정의를 제시했다. 제4장에서는 이렇게 찾은 경제 원리의 본질을 "물처럼 흐른다"라는 말로 요약 설명했다. 경제 원리의 모습인 가변성과 연기성, 다양성과 다의성, 불완전성과 간극성을 경제철학적으로 상세하게 분석하고 이 모두가 물처럼 흐른다는 것

을 상술했다. 이상은 다른 책에서 볼 수 없는 이 책만의 특징이다.

제5장에서는 추상화의 길, 가정과 수학, 통계, 모델, 이론 등의 성격을 더 상세히 밝히고 거기서 경제 원리를 잇는 구체적인 길[小道]을 찾아보았다. 특히 서양의 스미스, 마르크스, 케인스와 동양의 사마천 등이 경제 이론의 정책화에 어떻게 성공했는가를 밝힌 점도 이 책의 백미라 하겠다.

제6장과 제7장에서는 각각 경제 원리의 기능과 경제 원리의 진보를 살펴보고, 제8장에서는 '물처럼 흐른다'는 기준으로 열 가지 경제 원리의 사례를 분석, 평가하였다. 마지막으로 결어에서는 이 모두를 한눈에 볼 수 있도록 요약하는 한편, 이를 바탕으로 '21세기 경제학'을 위해 무엇이 필요하며, 또 남은 과제는 무엇인가를 제언했다.

이 책까지 다섯 권의 책을 혼자서 마무리하는 데 오랜 시간이 걸렸다. 특히 철학의 긴 터널을 거치면서 색안경을 벗고 거기서 경제 원리가 물처럼 흐름을 찾아내는 일, 끝없는 사실의 바다에서 자기가 잡고자 하는 고기를 낚는 것은 "무수한 인과적 전후관계에서 오로지 그것만(주요 핵심 변수 등)을 추출해 낼 수 있는 원리 발견 능력(논리와 통찰)이 있는 사람만이 할 수 있는 일"임을 밝히는 데 각각 10년 넘게 걸렸다. 생각하고 또 생각하면서, 기존의 책과 논문을 읽고 또 읽으면서, 잠자리에 들어서도 생각이 나면 바로 자리에서 일어나 고쳐 나간 기억과 길을 걷다가도 새로운 것이 생각나면 다시 책상 앞으로 돌아와서 글을 다듬어 나간 기억이 지금도 새롭다. 그러던 중에 황량한 들판을 헤매거나 벼랑 끝에 서 있는 꿈을 꾼 적도 여러 번이다.

새로운 분야의 책을 누구의 도움 없이 홀로 써나가는 것이 얼마나 힘든 일인지, 그리고 학문의 대가가 되는 길이 얼마나 멀고 험한지를 느

꼈다. 일필휘지로 써 내려가지 못하는 나 자신의 자질 부족을 탓하면서도 타고난 재주만으로 나름대로 열심히 집필한 보람과 자긍심을 느낀다. 또한 이 책의 집필을 통해 세상과 철학의 바다를 헤쳐 나가면서 내 나름의 생각을 가다듬을 수 있었다는 데에 무엇보다 감사하는 마음이 든다.

이 책을 엮고 다듬어 나가는 데 도움을 준 아내와 가족에게 따스한 사랑을 보낸다. 미국의 한적한 딸네 집에서 마음 편하게 집필하던 기억이 지금도 새롭다. 세종대학교 총장직에서 물러난 뒤 곧바로 고요한 곳을 찾을 수 있어 여간 다행스럽지 않았다. 집필과 기도에는 고요함보다 더 중요한 것이 없는 듯하다.

주장을 명백히 하는 한편 독자들이 납득할 수 있도록 논증했는지, 쉽지 않은 논제를 간결하면서도 우아하게 서술했는지 항상 염두에 뒀지만 이런 생각이 현실화되었는지는 오직 독자의 판단과 질정에 맡길 뿐이다.

이 책을 쓰는 데 많은 분의 도움이 있었다. 특히 김경동, 박성조, 한승수, 정운찬, 이제민, 이지순, 이준구, 홍기현, 이근, 이인재, 장하준, 송경모, 서진영 교수 등으로부터 자극을 받았음을 고백한다. 노재연 박사, 윤다솜 양 등 경제학부 대학원생들과 워드 작업을 도와준 이지카피센터의 정명자 실장 등 여러 분의 격려와 도움 또한 여간 크지 않았다. 특히 인공지능(AI)에 관한 이봉진 박사의 해박한 전문 지식은 이 책의 격을 한층 더 끌어올렸다. 이지순 교수의 친절한 도움은 감격스럽기까지 하다. 이분들과 가까운 친구들의 따스한 격려와 도움이 없었다면 이 책의 출간은 어려웠을 것이다. 마음 깊이 감사의 인사를 드린다.

특히 철학·방법론에 관한 필자 혼자만의 생각이 설익은 단계에서 지금에 이르기까지 오랜 세월 동안 여러 권의 책을 출판하고 이 책과 같은 모습으로 마무리하게 해 준 서울대학교출판문화원에 고마움의 정을 전한다. 수익성을 뛰어넘은 대학의 지원에 다시 한번 깊은 감명을 받았음을 고백한다.

2018년 11월

고향 시촌재(枾邨齋)에서

박우희

차례

서언

세 줄거리와 두 길

무릇 어떤 책이든 그 안에는 큰 줄거리(기둥)가 있기 마련이다. 이 책에서는 '자연·인성의 상호관계와 경제'라는 긴 정글을 거쳐 세 가지 큰 줄거리를 찾았다. 이를 바탕으로 21세기 새로운 경제학의 틀을 마련하기 위해 노력했다. 그리고 이런 줄거리들이 하나의 거대한 흐름을 이루도록 구성했다. 이 흐름에서 벗어난 것처럼 보이는 잔 줄거리들도 결국은 하나로 매듭 지어진다. 이런 일이관지(一以貫之)의 줄거리가 경제 원리를 찾는 큰길[大道]과 작은 길[小道]이다.

큰길

① 자연 원리와 인성 원리는 다르다.

② 경제 원리는 자연 원리와 인성 원리가 함께한다.

③ 경제 원리는 경제 현실에서 찾는다.

작은 길

① 인식론(칸트류)과 진화론(다윈류)의 인과론을 바탕으로 여기에 스미스(A. Smith), 마르크스(K. Marx), 케인스(J. M. Keynes)가 통찰

력으로 성공한 무수한 인과관계 가운데 가장 중핵적인 변수를 선택하여 이를 이론화·정책화한다.

② 21세기 경제 현실은 패러다임 변혁을 거듭하고 있다. 이러한 변혁은 인공지능(AI)과 극미 세계로 이어져 새롭고 넓은 지(知)의 지평을 열고 있다. 거기에 맞는 경제 원리를 찾기 위해서는 인간의 지능을 넘어서는 인공지능과 인공생명, 만물인터넷 등으로 더욱 새로워진 빅데이터 같은 강력한 분석 도구의 활용이 필수다. 그러나 이들만으로 인성을 완전히 이론화·정책화하기는 어렵다. 왜냐하면 위에서 말한 큰길에서 벗어날 수 없기 때문이다.

첫 번째 큰길은 자연과 인성이 본질적으로 다르다는 것이다(자연≠인성). 순자(荀子)의 말처럼 "하늘에는 하늘의 이치가 있고 사람에게는 사람의 이치가 있다." 즉 인간이 만든 경제 현실에는 자연 현실에서 작동하는 요인도 존재하지만 한편 인간의 가치와 영감, 특히 오욕(즉 權, 金, 名, 食 → 生存, 色 → 繁殖 등)이 거칠게 뒤엉키면서 서로 연기(緣起)하고 변전한다. 인간에게는 이성과 감성뿐 아니라 영혼, 이상, 꿈, 지각, 기억, 상상, 직관, 용기, 신념, 의지, 윤리의식 등이 있다. 이런 요소들이 상호작용하면서 인간 세계에 우발, 우연, 전화, 역(易, 끝없는 변화), 변형 등을 가져온다. 이로써 모방, 표상, 재현, 대의, 가상의 세계가 끝없이 표출된다. 이런 현상은 자연 현상을 분석하는 도구인 '물리 환원적 일원화'로는 도저히 풀이할 수 없다.

이 점을 아인슈타인(A. Einstein), 호킹(S. Hawking), 세이건(C. Sagan)과 순자(荀子)의 천인이분설(天人二分說), 데카르트(R. Descartes)의 심신이원론(心身二元論), 이퇴계(李退溪)의 이기론(理氣論), 김재권의 수반 이론, 윌슨(E. O. Wilson)의 통섭론 등을 예로 들면서 깊이 있게 분석했다(제3장 참조). 그런데도 '자연과 인성', '몸과 마음'의 문제는 해결되지 못했으며, 현재 진행되고 있는 과학기술의 눈부신 발전과 인공지능 등 새로운 분석 도구로도 풀지 못하고 있음을 밝혔다. 특히 인간의 마음, 즉 두뇌의 신비도 아직 신의 영역으로 남아 있음을 지적했다.

두 번째 큰길은 경제에는 역사·정치·사회에서와 같이 자연과 인성이 함께 섞여 있다는 것이다(경제 원리=자연 원리+인성 원리). 물론 자연과 인성 비율은 경제에서도 생산과 분배에 따라 달라지며 역사·정치·사회와도 다르다. 이것이 경제 현실이다. 그래서 복잡하고 가변적이며, 연기적이다. 이 책에서는 이 점을 "물처럼 흐른다"고 요약했다.

자연 원리와 인성 원리가 공존하는 경제 원리는 먼저 경제 원리의 뜻이 대단히 다양하며 여러 가지로 해석된다는 점에서 그 특징의 하나를 찾을 수 있다. 경제 원리 자체가 불완전하며 물처럼 흐르는 특성을 띠기 때문에 여러 경제학자들도 경제 원리의 뜻을 나름대로 풀이하고 있는 것이다. 경제 원리의 뜻만이 아니라 발견, 구축 방법에도 여러 접근법이 있다. 경제 원리 해석도 다의적이며, 그 철학적 기초도 여러 가지다. "경제 이론에는 자연성과 인성이 본질적으로 내포되며"(베버), "경제 이론은 그래서 부정확하고"(밀), "주류 경제학이 주로 쓰는 자연과학의 표준과학 방법으로는 경제라는 특수한 현실을 다루는 경제 이론의 참모습을 그려 낼 수 없다"(하우스만).

특히 경제 원리의 가변성과 연기성, 다양성과 다의성 때문에 경제 원리는 한마디로 "물처럼 흐른다"는 것이다. 자연 원리는 경제 원리와 달리 완전성, 절대성, 불변성을 띠며 강고하고 굳어 있기 때문에 물처럼 흐르지 않는다. 즉 생동·가변·상대적인 성격을 띠지 않기 때문에 유연하지도 않고 부드럽지도 않다. 상황에 따라 모습을 바꾸지도 않는다. 그래서 물처럼 흐를 수가 없다. 이 점을 제8장에서 열 가지 사례를 들어가며 상세하게 분석했다.

세 번째 큰길은 "경제 원리는 언제나 현실에 내재하고 현실에서 발견된다"는 것이다. 원리, 특히 경제 원리는 현실 속에 존재한다. 이때의 원리는 진실하며, 인간이 조작하거나 창조할 수 없다. "사물을 보이는 대로 보라"(관계성)는 말은 "사물을 봐야 하는 대로 보라"(실체성)는 것과 근본적으로 다르다. 자연은 실체적으로 봐야 한다. 그러나 경제, 정치, 사회 등을 자연과 같이 실체적으로 보면 가상에 빠지게 된다.

실체성이란 본질·가치·기준·목적이 있는, 사물을 바로 그것이게 하는 성질이다. 존재론적으로 본질은 선이며, 그래서 모든 것의 기준이자 이상이 된다. 이들은 세계가 모두 일정하게 정해진 원리에 따라 움직인다고 말한다. 그래서 세상을 "봐야 하는 대로 봐야 한다"고 주장한다. 그러나 가치론에 빠지면 사물을 구분, 배제하여 차등과 갈등을 초래할 수 있다. 이와 반대로 관계론으로 보는 입장에서는 "현실을 있는 그대로 보라"고 말한다. 이는 가치론적 의지 없이 실상 그대로에 반응하는 방식이며, 기존 지식과 경험에 지배되지 않는, 즉 색안경을 벗고 세상을 바라보는 태도다. 기존 이론 위에 서서 정신의 자발성을 흐리게 되면 보이는 대로 볼 수 없다.

서양에서는 헤겔(G. W. F. Hegel), 동양에서는 공자(孔子)와 주자(朱子)가 실체론의 최절정에 도달한 학자였다. 관계성 철학은 노자(老子)의 『도덕경』에서 연원된다. 그러나 관계론은 도교에만 있는 것이 아니며 포스트모더니즘과 불교, 주역의 세계관에서도 찾아볼 수 있다. 불교에는 연기론이라고 하는 더 심오한 관계성 철학이 있다. 현대로 와서는 흔히 마르크스(K. Marx), 프로이트(S. Freud), 니체(F. W. Nietzsche), 포이어바흐(L. Feuerbach) 등을 든다. 특히 첨단과학기술이 패러다임 변혁을 거치는 21세기에 들어서는 관계성이 더 현실적·설득적·상징적이 되고 있다.

(구체적으로 경제 이론을 찾는) 첫 번째 작은 길은 플라톤, 아리스토텔레스와 칸트의 세련된 인식론과 다윈류의 진화론에서 추출한 인과론을

바탕으로, 이어 스미스·마르크스·케인스류의 통찰력으로 경제 현실에서 무수한 인과관계 가운데 중핵적 변수를 선택하고, 이를 이론화·정책화하는 일이다(제5장 참조).

이 책의 경제에 관한 철학·방법론(제2장 4절)을 보면 경제학자들은 다양한 주장과 이론을 백화제방(百花齊放) 식으로 개진했을 뿐 고전파 경제학과 신고전파 경제학이 아직도 격론을 벌이고 있음을 알 수 있다. 고전파 경제학에서 스미스와 밀, 연역론자들과 제도론자들까지는 경제 안에서 인성을 중시했다. 그러나 1870년경 '정치경제학'이 '경제학'으로 명칭이 바뀌면서 자연 vs 인성에서 인성을 버리고 자연에만 의존하는 신고전파가 등장했다. 이후 실증·논리실증·반증주의와 형식적 모델링 기법이 도입되면서 특히 애로-드브뢰(Arrow-Debreu)의 1954년 논문 이후 지금까지 형식적 모델링 기법이 주류 경제학의 중심이 됐다. 최근 들어와 행동경제학이 인성을 가미하여 수정·보완을 하고는 있지만 아직도 크게 미흡한 실정이다. 경제학은 지금도 이 두 가지의 흐름에서 벗어나지 못하고 있다.

여기서 한 가지 주목할 것은 멩거(C. Menger), 베블런(T. B. Veblen), 프리드먼(M. Friedman) 등은 경제 현실 가운데 각각 한계, 제도, 통화 등 일면의 원리만을 주로 다뤘다는 점이다. 마셜(A. Marshall)은 현실을 이론화해 처음으로 경제학을 독립시켰으나 '세테리스 파리부스(ceteris paribus)'라는 가정으로 정책화의 어려움을 비껴갔다. 발라(L. Walras)와 애로-드브뢰 및 형식적 모델링 기법은 가상을 그리면서 현실로부터 더욱 멀어져 갔다. 아직 어떤 사회경제학자도 정치학자나 사회학자와 마찬가지로 현실을 정책화하기는커녕 이론화하지도 못했다. 이때 경제학사상 스미스, 마르크스, 케인스 등만이 처음으로 경제 현실을 이론화하고 정책화하는 데 성공했다. 놀랍게도 기원전 동양의 사마천도 경제 원리 발견의 작은 길을 찾아냈다. 케인스 등이 산업사회에 맞는 이론 구축과 정책화에 성공했다면, 사마천은 고대 중국 봉건 농촌 사회 내에서 경제 원리를 찾아낸 것이다. 이 얼마나 놀라운 일인가!

두 번째 작은 길은 패러다임적 변화를 겪고 있는 21세기 경제에 맞는 경제 원리를 발견하기 위해 인공지능, 인공생명, 빅데이터라는 새로운 도구가 필수라는 사실이다. 1980년대 이후 진전된 지식화, 소프트화, 디지털화만 해도 경제 구조를 크게 변화시켰다. 21세기 새로운 첨단과학기술의 등장으로 우리의 삶과 일, 인간관계 방식은 근본적으로 변화됐다. 또한 디지털 세계를 넘어 생물학적 영역과 물리학적 영역 간 경계가 허물어지는 기술 융합이 일어나고 로봇화, 자동화, 인공지능화의 길을 걷게 된다. 사물인터넷, 신체부착 전자기기, 가상현실, 무인자율자동차, 무인항공기, 드론, 3D프린팅, 5세대 이동통신, 커넥티드 홈, 스마트도시는 물론 유비쿼터스, 모바일인터넷, 센서, 나노기술, 재생가능 에너지, 퀀텀 컴퓨팅 등 이들 기술과 제품의 융합은 물리학과 디지털 생물학이 서로 교류하는 혁명으로, 이전의 어떤 혁명과도 궤를 달리한다.

이와 같은 혁명의 근본에는 인공지능 등 정보기술(IT)과 생명공학기술(BT)의 발달이 작용하고 있다. 그런데 최근에 발전된 인공지능은 속도, 규모, 영향력 등에서 전과는 비교할 수 없을 정도로 경제와 사회의 모든 면을 급격히 변화시키며, 그 속도는 최근 들어 더욱 빨라지고 있다. 한마디로 인공지능은 이제 인간의 지식과 지능을 넘어서 '인간 두뇌 자체를 넘어서려 하는 단계'에 이른 것이다. 최근 개발된 정보기술은 딥러닝 프로그래밍을 갖추는 한편, 인공지능은 매우 복잡한 패턴을 이해하는 단계로까지 발전하고 있다. 이런 인공생명은 '자기 조직화'와 '자율성'을 띠며, 결국은 물질 시대에서 마음의 시대로 이전되고 이를 뒷받침하는 새 학문인 '복잡계 엔지니어링'이 탄생하게 된다. 지금은 슈퍼컴퓨터와 지능기계라는 도구가 복잡계 이론으로 21세기 과학의 창조 시대를 열고 있다.

거기다 현재 개발 중인 인터랙티브 알고리즘이 작동되어 이들이 '패턴을 기억하고, 분석하고, 인식하는 일'을 맡게 되면 인간만의 마지막 영역으로 여겨지는 예술마저 수학 패턴으로 인식하는 유기적 알고리즘의 산물에 불과하게 된다. 또 만물인터넷이라는 새롭고 더 효율적인 데이터 처리 시스템이 곧 작동되면 인간 중심 세계관에서 데이터 중심 세계관으로 이동하게 된다. 기계학습과 인공신경망이 부상하면서 점점 더 많은 알고리즘이 독립적으로 진화함으로써 스스로 성능을 높이고 실수하는 과정을 거치면서 배우게 된다. 천문학적 양의 데이터를 분석하고 패턴 인식 방법을 배우면서 인간의 마음이 생각해 낼 수 없는 전략들을 창출하게 된다. 유기체 알고리즘인 생명은 만물인터넷을 통해 드디어 데이터 처리 과정이 된다. 지능이 의식에서 분리되면서 의식은 없지만 지능이 매우 높은 알고리즘이 우리보다 우리 자신을 더 잘 알게 되는 것이다.

인공지능·인공생명과 관련된 뿌리 원리는 나노 세계의 양자역학이 작동하는 '비선형, 비인과적, 복잡계, 카오스 원리'와 연결되고 있다. 이러한 비선형 과학 영역은 선형 과학과 비교되지 않을 정도로 넓고 깊다. 방대한 지(知)의 수평선이 열리는 것이다. 이때 우리는 21세기 경제를 풀기 위해 인공지능, 인공생명, 빅데이터 등 강력하고 새로운 분석 도구를 어떻게 활용해야 할까? 단선적인 패턴이나 이론화를 추구하는 경제학이라면 그리 고민할 필요가 없을지 모른다. 그렇지만 '21세기 경제학'은 그리 단순하지가 않다. 지금의 주류 경제학으로는 21세기 경제 현실을 반영하는 새로운 경제 이론을 도저히 만들어 낼 수가 없다. 특히 인성의 이론화와 정책화는 더욱 그렇다. '21세기 경제학'을 마련할 경제학 혁명은 영명한 젊은 경제학자들의 몫이다.

이 책의 주장과 논증

1. 앞에서 말한 바와 같이 경제 원리는 경제 현실에 내재하고, 거기서 발견되며, 현실이 변함에 따라 언제나 변하고 움직인다. 따라서 불완전하고 상대적이며, 그 모습도 다양하다(제1장, 제2장, 제4장 2절에서 논증). 이와 반대로 자연 원리는 자연 내에 존재하며 변하지 않는다. 이 때문에 고정적이고 유일하며, 완전·절대 성향이 짙다. 그래서 표준과학적 방법, 특히 방정식과 수학으로 비교적 용이하게 표현될 수 있다.

2. 경제 원리는 자연≠인성, 또 자연+인성이기 때문에 자연의 완전성보다 불완전성이 더 크게 작용한다. 이 책은 이러한 원리와 현실의 간극을 구체적으로 밝히고 왜 이 간극이 완전히 메워질 수 없는가를 규명한다(제4장 2절에서 논증). 이 간극은 자연 현상과 다른 경제 현상의 복잡성과 특이성 때문에 발생한다. 따라서 존재론·인식론·가치론 등 철학·방법론적 분석, 특히 인식론을 자세히 분석하지 않고는 그 뿌리에 근접할 수 없다(제2장과 제3장에서 논증). 철학·방법론은 현실을 보는 다양한 시각과 주체인 인간이 객체인 자연, 사회, 인간을 인식하는 여러 시각을 다룬다. 결국 이성(수학 포함)과 함께 통찰력과 직관, 경험으로 찾아야 하며, 이러한 예는 인간학(人間學)과 여러 고전(古典)에서 찾을 수 있음을 밝혔다.

3. 이러한 경제 원리의 본질과 성격을 "물처럼 흐른다"로 요약해 표현하고 그 모습을 상세하게 분석했다(제4장과 제8장 참조).

4. 그러므로 사회와 인성에 자연법칙관만을 적용하면 가상에 빠지고, 조작·제작·모조를 넘어 세상을 마음대로 창조·발명하게 된다(제5장 5절에서 논증).

5. 경제 원리를 발견한다는 것은 복잡한 경제 현실을 추상화 또는 단순화한다는 것이다. 이러한 추상화는 '추상체증 원리'에 따라 순서가 매겨진다. 여기에 가정, 변수 선택, 수학, 인과, 함수 등과 이들의 과정

및 정도의 문제가 내재된다. 여러 경제 학설과 이론의 차이는 결국 가정과 변수 선택 등에 있다(제5장 1-4절에서 논증). 여기서 추상화·단순화한다면서 과도하게 형식화하는 현대 주류 경제학이 비판을 받는다. 특히 현대 주류 경제학 가운데 애로-드브뢰가 이끈 현대 형식적 모델링 기법과 현대 계량경제 모델링 기법은 자연법칙관에만 의존하는 한 한계를 드러낼 수밖에 없다(특히 제5장 5절에서 논증).

6. 따라서 지금의 경제학은 크게 개혁돼야 한다. 지금도 이런 경제학의 자연법칙관적 마법에 걸린 경제학자가 얼마나 많은지 한번 생각해 볼 일이다. 사물을 좀 더 넓고 깊게 생각할 줄 알아야 한다. '한국경제학'의 연구와 교육도 마찬가지다.

이 책의 특징

이 책에서는 모든 논의를 경제 원리에 집중시켜서 경제학의 근본을 살폈다. 또 경제 원리의 뜻을 그 뿌리에서 찾고, 실례를 상술했다. 지금까지 경제원론이나 경제학 교과서는 물론 경제 관련 논문이나 강의에서도 경제 원리가 무엇이며 어떤 성격을 지녔는지를 분명히 밝히지 못하고 있는 실정이다.

이 책에서는 경제 원리를 처음으로 철학·방법론적으로 접근함으로써 세 줄거리와 두 길을 찾았다. 이를 바탕으로 단순한 이론적 분석이 아니라 전제·가정·변수·개념·인과·함수·수학·통계·상관·추상 등이 무엇인지, 그 원리의 성격 및 발견의 철학적 뿌리를 찾아봤다. 험한 정글(다양성)을 경유하지 않고선 수학 등의 단순화만으로는 경제 원리의 참모습과 성격, 나아가 경제 원리의 구조와 조건, 발견법 등을 바로 찾을 수 없기 때문이다.

경제학 대가들도 모두 이런 터 위에 경제학의 집을 지었음을 케인스와 스미스·마르크스·사마천의 비교·검토에서 상세하게 설명했다(제

5장 3-4절 참조). 국내에서는 아직 이런 접근, 특히 자연과 인성의 이치를 바탕으로 경제 원리의 이치를 이론적으로 밝힌 사례는 거의 찾아볼 수 없다. 이 책은 처음으로 철학과 경제학 사이에 교량을 놓았으며, 나아가 첨단과학기술과 경제 이론 사이에 교량을 구축했다.

이 책에서는 특히 종교, 정치, 사회뿐 아니라 일상생활 속 여러 실례에서 원리의 뜻을 찾아내려고 노력했다. 나아가 역사적 사실에서 역사 원리를 찾으려 한 카(E. H. Carr)의 철학·방법론적 분석을 제1단계, 제2단계, 제3단계로 보완하면서 경제 원리를 찾는 더 확실한 방법을 모색했다. 기본적으로 역사 속 '사실'을 강조한 크로체(B. Croce)나 역사가의 '판단'을 중시한 랑케(L. von Ranke)보다 '사실과 가치 판단의 균형'에서 역사 원리를 찾은 카의 역사관과 궤를 함께한다. 그러나 우리는 경제 원리를 찾고 있기 때문에 이 선을 훨씬 넘어서며, 구체적인 이론과 정책화까지 추출한다(제2장 1절 참조).

그리고 이런 모든 원리를 요즘의 인지과학과 통섭론을 원용해 분석하고, 문제점도 분명히 했다(제2장 5절 참조). 인성에 대한 물리 환원적 통섭론(일원론)에는 회의적이지만 인지과학(인지경제학 포함)은 앞으로 잘만 발전하면 밀(J. S. Mill)의 이중성 고민을 넘어 21세기에 걸맞은 '사회·인성의 철학화와 이론화'로 이어질 수 있을 것이라는 지적 또한 다른 책에서 찾아보기 어려운 특징이다.

나아가 이 책은 제3장에서 밝힌 바와 같이 우주·자연관, 사회·인성관, 경제관을 분명히 한 뒤 실체론과 관계론을 아울렀다. 이를 바탕으로 책 전체를 일관되게 체계화했다. 이와 함께 경제학의 정의도 새롭게 다듬었다(제3장 2절 참조). 무엇보다 경제 원리의 다의성, 다양성, 가변성, 불완전성, 간극성을 "물처럼 흐른다"는 말로 요약하고 이를 상세하게 분석했다(제3장, 제4장, 제8장에서 논증). 이런 새로운 정의로 경제학의 새 길을 열었다고 생각한다.

경제 원리 발견에서 큰 원리를 다룰 때는 철학 및 과학의 뿌리와 현실성을 정확히 알아야 하고, 작은 경제 원리를 다룰 때는 스미스(리카도), 마르크스와 케인스(마셜, 하이에크)만큼의 직관과 경험이 요구된다. 개념 설정이나 변수 선택만 해도 철학적 거장의 직관과 경험이 녹아 스며들 때 비로소 가능한 경우가 많다.

이렇게 볼 때 경제학의 미래는 자연법칙관과 함께 사회·인성을 어떻게 철학화·이론화하는가에 달려 있다 해도 과언이 아니다. 요즘 인지과학과 통섭론이 발달함에 따라 사회·인성의 이론화가 상당히 진전되고 있으며, 이것이 통찰력·직관과 상호작용하면서 진행된다는 점이 이 같은 사실을 반영한다.

요즘 수많은 경제학 비판서가 출간되고 있지만 그 비판의 내용은 대부분 피상적이며 단편적인 성격을 띤다. 그러나 이 책은 경제학의 문제점을 근원적으로 다뤘다는 면에서 주류 경제학을 비판·보완하는 선을 넘어 '21세기 경제학' 또는 '제2경제학'의 길을 새롭게 열고 있다.

경제 원리를 찾아서

이 책의 큰 줄거리와 경제 원리를 찾는 일, 또 이들의 특징과 요점을 차례에 따라 도식화하면 다음과 같다. 이는 이 책의 핵심이자 전부이며, 경제 원리를 찾는 길을 제시한다.

원리 ◀——— 현실(제1장)

원리의 뜻은 현실을 '단순화'(추상화)해서 몇 마디 말이나 방정식으로 표현, 말로 표현할 때는 보편언명(普遍言明), 이때 단순화의 어려움과 신비성 내재(지식·학문 모두 마찬가지)

▼

철학·방법론의 긴 터널을 경유, 색안경을 벗고 다음 세 가지 새로운 철학적 기둥[大道]을 찾음(제2장과 제3장)

① 자연≠인성: 즉 "하늘의 도는 하늘에 적용되는 것이며, 사람의 도는 사람에 적용되는 것이다."(순자) 여기서 유물론과 통섭론 및 자연법칙관의 방법론을 고수하는 주류 경제학을 근본적으로 비판(제4·5장)

② 경제=자연+인성: 즉 경제 원리는 자연법칙관과 사회·인성관이 결합돼 구축. 여기서 현대 형식적 모델링 기법과 결별 및 경제 원리의 불완전성, 연기성 추출. 역사, 법, 정치, 사회 등 다른 사회과학과 유사하지만 경제 원리는 그 가운데에서 이들보다 자연과학적이며 수학이 좀 더 많이 포함돼 있다는 특성을 띠며, 이로써 이들과 다른 이론화가 가능함을 설명

③ 현실≠가상, 이상, 당위, 소설, 가상현실: "현실을 보이는 대로 보라"≠"봐야 하는 대로 보라", 특히 경제가 현실이라는 것은 이 책의 일관된 기본 바탕이며, 여기서 경제학의 새 정의와 관계론 등을 추출

▼

이런 기둥을 바탕으로

① 경제 원리의 본질: "경제 원리는 물처럼 흐른다"로 집약

② 경제 원리의 성격: 가변성, 연기성, 다양성, 다의성, 불완전성 등을 도출해서 이들 경제 원리의 성격을 철저히 분석(제4장 2절)

▼

여기서 경제 원리를 찾는 길의 문을 열고(제5장)

① 추상화, 단순화, 수학, 가정, 인과분석과 현실에 맞는 '원리의 구조와 조건'을 갖추고

② 무수한 변수 간의 인과관계 가운데 가장 현실적인 핵심 요인을 찾고 이를 이론화·정책화[小道]

예시: 서양의 스미스, 마르크스, 케인스 등은 분석과 통찰로, 이때 스미스는 시장과 분업, 마르크스는 잉여가치, 케인스는 새로운 개념인 투자의 한계효용과 한계소비성향 등, 동양의 사마천(司馬遷)·손자(孫子)·관자(管子) 등은 통찰과 경험을 다룬 '인간학(人間學)'으로

③ 법칙, 이론, 모델, 개념 등 경제 원리를 철저히 분석

④ 최근 인공지능혁명으로 인성이론을 더욱 예리화

⑤ 초고속 연결 사회로 진입함에 따라 빅데이터(경험의 집적), 사물인터넷, 인공지능 로봇 등의 역할 막중

▼

여기서 ① 자연은 물리 환원적 일원론과 수학으로

↓ ② 인성은 통찰·직관·창조와 인공지능 등으로, 거시경제학과 미시경제학의 통합, 예리화

③ 이들 합의 비율은 생산, 분배, 소비, 유통 등 경제 분야에 따라 서로 다르고 언제나 변화함

↓

이 선을 넘는 완전형식화, 형식적 모델링 기법과 유물론 등은 자연법칙화로 → 가상 추구 등 이를 철저히 분석(제5장 5절)

↓

경제 원리의 기능도(제6장)

경제 원리의 진보도(제7장)

경제 원리의 실례도 '물처럼 흐른다'는 기준으로 다시 평가(제8장)

↓

21세기 경제는 패러다임 변혁이 현재 진행 중이며 관계론 및 연기론으로 철저한 연구를 통해 그 본질과 성격을 알아야만 '21세기 경제학' 구축 가능,

이것은 앞으로 통찰력 있는 영명한 경제학자들의 몫이며, 인공지능과 빅데이터 등을 활용하여 '좋은 겨자씨'를 찾음으로써 새로운 경제학 구축

제1장

원리란?

제1절

원리는 언제나 어디에나 있다

원리는 언제나 어디에나 존재한다. 동서고금이나 문화와 나라 또는 지역에 따라 다르고 또 그 가운데에는 큰 원리와 작은 원리, 강한 원리와 약한 원리 등 성격이 모두 다르긴 하지만 원리는 예나 지금이나 어디에나 있기 마련이다. 우주 만물과 세상만사는 사실(fact)과 원리로 짜여 있기 때문에 그 현상을 유지할 수 있는 것이다. 중요한 원리이거나 덜 중요한 원리, 우리 생활에 꼭 필요한 원리이거나 그렇지 않은 원리, 지속적인 원리이거나 지속되지 않는 원리 등의 차이가 있을 뿐 우리의 사고와 지식은 모두 원리로 짜여 있다.

우주·자연과 사회·인성을 이해하고 설명·예측하기 위해서 우리는 지식을 추상화 또는 단순화하고 이를 바탕으로 현상 속에 숨어 있는 어떤 법칙, 즉 원리를 찾아내야 한다. 자연과학 원리나 사회과학 원리는 모두 지식의 도구이며, 이런 지식을 통해 우리는 자연과 사회를 올바르게 이해할 수 있다.

그러면 역사를 통해 발견됐다고 말해지는 몇 가지 원리의 사례를 살펴보자. 이런 사례는 성경(특히 잠언)이나 경전뿐 아니라 정치·사회·경제·역사·예술에서도 찾을 수 있으며, 물리·화학·생물 등 자연 현상에서도 찾을 수 있다. 우리 생활 속의 격언·가훈·속담 또는 매일 읽는 신문 기사, 제목 선택 등은 모두 원리의 실례들이다. 학자들이 가설을 세우고, 중요 논문의 과제를 선택하는 것도 원리를 찾기 위해서다.

먼저 종교에서 원리를 한번 찾아보자. 그리스도교에서 말하는 아가페, 불교에서 말하는 자비(慈悲)·연기(緣起)·공(空), 유교에서 말하는 인(仁)과 천(天), 도교에서 말하는 무(無) 등은 모두 원리가 될 수 있다. 이런 원리는 어느 것 하나 쉽게 터득되지 않으며, 또 쉽게 손에 잡혀서 우리 생활에 직접적인 도움이 되지 못한다 하더라도 인간은 이런 궁극적 목적을 찾기 위해 예나 지금이나 계속 매진하고 있다.[1]

자연 현상에도 우리가 교과서나 여러 전문 서적에서 쉽게 접할 수 있는 법칙과 이론 등 원리가 수없이 많다. 뉴턴의 운동법칙, 아인슈타인의 상대성 원리, 가모프의 빅뱅 이론, 쿨롱의 정전기 반발 법칙, 맥스웰의 전자파 이론, 보어-크레머-슬레이터의 원자구조이론, 베게너의 대륙이동설 등은 중요한 자연 원리다. 다윈의 적자생존법칙·약육강식·환경적응·진화론, 멘델의 유전법칙·먹이사슬 등은 생물계의 원리가 되며, 프로이트의 오이디푸스 이론은 인간 심리의 기본 원리가 된다.[2]

사회 현상이나 일상생활 속에도 이러한 원리는 얼마든지 존재한다. 동양의 사자성어(중국 인간학의 보고)가 대표적이다. 예컨대 격물치지(格物致知), 역지사지(易地思之), 과유불급(過猶不及), 무항산무항심(無恒產無恒心), 새옹지마(塞翁之馬), 교토사주구팽(狡兎死走狗烹), 공칠과삼(功七過

1 이와 같이 궁극적인 종교 원리의 여러 다른 작은 원리들에는 예컨대 구약의 잠언서 외에 신약의 "그러므로 무엇이든지 남에게 대접받고자 하는 대로 너희도 남을 대접하라"(마태복음 7장 12절)라는 구절이나 『논어』「안연(顔淵)」편의 "스스로 원하지 않는 것을 남에게 시키지 마라(己所不欲 勿施於人)" 같은 금언이 있다. 이런 작은 원리는 무수히 많은 더 작은 원리들로 서로 이어져 있다.

2 이 외에도 라만 효과, 렌츠 법칙, 보일 법칙, 브라운 운동, 샤를 법칙, 옴 법칙, 앙페르 법칙, 초전도 현상, 케플러 법칙, 패러데이 법칙, 플레밍 법칙, 퍼지 이론 등 수없이 많다.

三) 등을 비롯하여 무수히 많은 문구가 있으며, 이들은 지금도 우리 생활에 직간접으로 연관되고 있다.[3]

경제 현상에서는 먼저 개념 가운데 효용, 선택, 기대, 한계, 균형, 기회비용, 소비자잉여, 승수(乘數), 가속도, 인센티브, 한계효용, 굴절수요곡선, 유동성, 집약도, 대체탄력성, 위험기피도, 규모의 경제, 외부효과, 합리적 기대, 창조적 파괴, 야성적 충동, 빈곤 함정, 불태화, 불확실성, 정보비대칭성, 압축성장, 역선택, 제로섬, 치킨게임, 후광효과, 사치재, 공공재, 시장경제, 자유, 민주, 평등, 합리, 인과, 대항력 등 수없이 많다. 원리 가운데 수요·공급이나 비교우위론, 차액지대론 등은 우리 생활 속에서 언제 어디서나 만날 수 있는, 흔하지만 중요한 원리들이다.

가설이나 이론에서는 예를 들어 세이 법칙, 엥겔 법칙, 그레셤 법칙, 화폐수량설, 필립스 곡선, 생애주기가설, 독점경쟁이론, 보험의 역설, 폰노이만-모르겐슈테른의 기대효용이론, 랜덤워크 가설, 자연실업률 가설, 절대소득 가설, 효율성 임금 가설, 만족이윤 가설, 효용최대화 가설 등이 있다. 기존 모델로는 루이스 모델, 해로드-도마(Harrod-Domar) 모형, 코브-더글러스(Cobb-Douglas) 성장 모델, 내생적 성장이론, 케인스 이론의 모양새를 갖추는 데 기여한 여러 다양한 이론 및 경험 모델, 중첩세대 모델, 주인-대리인 모델, 투자 옵션 모델 등이 있다.

요즘 널리 읽히는 경제 원론과 노벨경제학상 수상자들의 글에서도 경제 원리의 사례를 찾아볼 수 있다. 그 가운데 맨큐(N. G. Mankiew)는 『경제학 원리』에서 '경제 원리'란 용어를 처음 사용하면서 10대 기본 원

---

3 한국의 한(恨)과 헤겔의 정반합(正反合)을 비롯해 생활에서 회자되는 '원수는 외나무 다리에서 만난다', '원리를 알고도 실패할 수 있지만 원리를 모르고는 성공할 수 없다', '인간은 원래 정치적 동물이다', '쌀독에서 인심 난다' 등이 있다. 이 밖에도 무수히 많은 사회·생활 원리가 있다.

리로 다음을 들었다.[4]

①모든 경제 선택에는 대가가 있다. 공짜 점심은 없다.(선택이론)
②선택의 대가는 그것을 얻기 위해 포기하는 그 무엇이다.(기회비용)
③합리적 판단은 한계적으로 이뤄진다.(한계이론)
④사람들은 경제적 유인에 반응한다.(인센티브제)
⑤자유거래는 모든 사람을 이롭게 한다.(자유경제)
⑥일반적으로 시장은 경제 활동을 조정해 주는 좋은 수단이다.(시장경제)
⑦경우에 따라 정부가 시장 실패를 개선할 수 있다.(정부개입론)
⑧한 나라의 생활 수준은 그 나라의 생산 능력에 달려 있다.(생산력설)
⑨통화량이 지나치게 증가하면 물가가 상승한다.(화폐수량설)
⑩단기적으로 인플레이션과 실업은 상충관계에 있다.(필립스 곡선)

크루그먼(P. Krugman)과 웰스(R. Wells)는 『경제학』에서 경제 원리로 ① 개인의 선택에서 희소자원, 기회비용, 상충관계, 한계분석, 유인 등을 들고, ② 이런 선택의 상호작용에서 교역의 이익, 분업, 균형, 효율, 형평, 시장과 정부 개입 등을 들었다.[5]

동양에서도 사마천(司馬遷)의 『사기(史記)』「화식열전(貨殖列傳)」에는 다음과 같은 글귀가 실려 있다. "가격이 안정되도록 물가를 조정하고, 관문과 시장의 세금을 적절히 조절해서 재화가 부족하지 않도록 하는 게 나라를 다스리는 기본 원칙이다. 재화의 비축은 그 효용을 극대화하는 데 취지가 있는 만큼 자금이 적체되도록 해서는 안 된다. 물건을

---

4 N. G. Mankiew, *Principles of Economics*, Thomson Learning, 2007.
5 P. Krugman and R. Wells, *Economics*, 4th ed., Worth Publication, 2015.

사고팔 때 부패하고 썩기 쉬운 것을 쌓아 두어 값이 오르기를 기다리는 식의 무모한 짓을 해서는 안 된다. 재화가 남거나 부족한지 여부를 연구하면 값의 등락을 미리 알 수 있다. 값이 오를 대로 오르면 이내 내려가고, 내려갈 대로 내려가면 오르기 마련이다. 비쌀 때는 썩은 흙을 내버리듯 비축한 재화를 내다 팔고, 쌀 때는 구슬을 손에 넣듯 재화를 비축한다. 재화와 자금의 흐름은 흐르는 물처럼 자연스러워야 한다."[6] 이렇게 10년 동안 다스리자 나라가 부강해졌고, 월왕(越王) 구천(句踐)은 마침내 손자(孫子)가 이끄는 강력한 오(吳)나라까지 이기고 천하에 무위를 떨쳐 '춘추5패'의 일원으로 불리게 됐다.

경제 현상에서 가장 중요한 수요·공급에 관한 이 글은 선부후교(先富後教), 부국강병(富國强兵), 호리지성(好利之性), 서비스, 지식, 재정, 금융, 경제 정책 일반에 관한 여러 글과 함께 봉건 농업 사회인 옛 중국 경제에서도 수많은 경제 원리가 논의됐음을 잘 입증한다.

지금까지 살펴본 여러 원리를 계층도로 표시하면 [그림 1-1]과 같다.[7] 이 안의 여러 원리는 수없이 많은 큰 원리와 작은 원리로 짜이면서 다른 분야의 원리들과 서로 영향을 주고받는다. 경제 원리에는 자연 원리와 인성 원리가 함께 작동된다. 자연 원리와 인성 원리가 이 그림의 한가운데 위치하고 이를 둘러싸면서 경제 원리가 먼저 자리 잡고 그다음에 경영·사회(정치) 원리, 그 둘레에 역사(문화) 원리, 끝으로 종교 원리가 위치한다.

이들 여러 원리는 화살표와 같이 서로 연기(緣起)돼 있는 가운데 큰 원리 속에 작은 원리, 그리고 더 작은 원리들이 외곽으로 망(網, network)

---

6 사마천의 『사기』 중 「화식열전」을 해설한 신동준의 『사마천의 부자경제학: 「사기」 화식열전』(위즈덤하우스, 2012) 참조.

7 이 그림은 우주와 인간 뇌의 '다층구조론'에 근거한다.

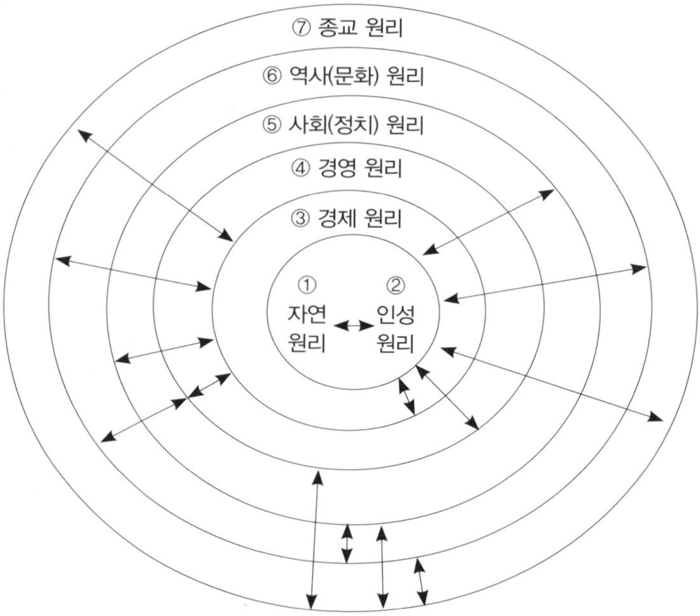

주: ↔는 서로 영향을 주고받으며 그 근본에 자연 원리와 인성 원리가 내재됨을 표시

[그림 1-1] 여러 원리의 계층도

을 이루면서 변모·변화·발전한다. 경제 원리는 사회(정치)·역사(문화)·종교 원리와도 영향을 주고받으면서 서로 조정된다. 여러 원리는 각각 고유의 작동 원리를 지니면서도 장기적으로 전체로서의 질서를 유지하고 서로 조화를 이루면서 변화한다.

제2절

이때 원리의 뜻은?

제1절에서 살펴본 것처럼 우주 만물과 세상만사에는 언제, 어디에나 원리가 존재한다. 경제 현실도 사실과 원리로 짜여 있다. 사실은 있는 그대로 인지하면 되지만 원리는 그 모습이 다양하고 분명치 않은 것이 보통이다. 원리와 경제 원리의 뜻도 분명히 쓰일 때가 드물며, 혼용되거나 오용될 때가 많다. 여러 교과서나 전문 저널에서도 그런 경우가 허다해서 연구자들을 혼란케 한다. 이런 문제를 해결하기 위해 여기서는 먼저 통상적으로 쓰이는 원리와 경제 원리의 의미를 살펴보고, 그 뿌리를 철학에서 찾아보기로 한다.

1. 원리 및 경제 원리의 뜻

제1절에서 살펴본 원리의 예에서 어렴풋이 찾아지는 원리의 뜻은 한마디로 현실을 대변(대표, 반영, 표현, 표상)하는 '보편언명(普遍言明)'이라 할 수 있다. 즉 복잡한 현실 가운데서 현실을 대변할 수 있는 몇 개의 중요 변수를 택하는 등 단순화 또는 추상화해 이것을 귀납적으로 검증 및 반

증한 후 여기에서 우연히 한두 번 일어나는 것이 아니라 반복적·규칙적으로 일어나는 큰 흐름, 경향, 추세, 패턴, 법칙과 이론 등을 찾아내는 것이다. 이로써 우리는 현상을 더욱 정확히 이해하고, 설명하며, 예측할 수 있다.

조금 더 나아가서 여러 원리 가운데에서도 우리가 관심을 두는 원리는 현실의 바탕이나 원동력이 되는, 즉 현실을 움직이게 하는 중심 원리다. 이런 원리는 시간과 장소에 따라 (변하긴 하지만) 그리 쉽게 변치 않는 보편언명으로, 자연·사회·경제 등 현실 어느 곳에서나 존재한다. 이런 원리를 찾는 것이 바로 지식이며, 학문이며, 철학이며, 종교다.

이 책은 처음부터 끝까지 이런 원리가 무엇이며, 어떻게 찾아지고, 그 본질과 성격이 무엇인가를 탐구한다. 아래의 법칙, 이론, 모델, 가설, 개념 등의 정의는 어디까지나 잠정적인 것이다. 즉 현실과의 간극 또는 현실 반영도의 차이를 상대적으로 나타낸 것에 불과하다. 논의와 편의를 위해 법칙·이론·모델·가설·개념을 중심으로 학자, 특히 경제학자가 통상적으로 쓰는 것을 순차적으로 간략히 서술하면 다음과 같다.

1) 법칙

'법칙'이란 현실 타당성이 가장 크고 확실하며 항상적이라 할 수 있다. 이 때문에 흔히 '시공을 초월해 진리라고 연상되는 보편화된 일반성'을 뜻하기도 한다. 전통적 실증론자들은 법칙을 진실이거나 간명한 규칙이라고 생각했다. 간단히 살펴보면 법칙, 이론, 모델, 가설 순으로 더 보편적이며 현실과는 간극이 더 넓은 것으로 해석한다. 이 외에 패턴, 경향, 추세, 질서, 규칙성, 일반화, 추상화, 이상화 등도 보편성이나 현실과의 간극 등에 따라 순위를 매길 수 있으나 모두 정도의 차이일 뿐이다.

2) 이론

'이론'이란 현실 타당성이 법칙보다 약하지만 설명, 예측 가능성 측면에서의 현실 타당성인 대표성과 보편성이 어느 정도 신뢰할 만할 때 사용된다. 원래 '이론(theoria)'이란 용어는 피타고라스(Pythagoras)가 '주시하다', '관조하다'라는 말을 쓴 데서 유래됐다. 즉 사물을 정확히 본다는 뜻이다. 사물을 정확히 봐서 그것에 설명을 붙이고, 그로부터 연유되는 유사한 상황에 대한 설명이나 시간이 흐른 후의 예측까지도 가능하게 해 보자는 의도가 숨어 있는 것이 이론이다. 이론은 법칙이나 모델, 가설과 함께 흔히 두 개 이상의 변수 간 인과관계로 설정된다. 상관관계나 함수관계로 표현될 때도 있지만 이때의 뜻은 인과관계와 다르다.

3) 모델

'모델'은 법칙이나 이론과 달리 그 자체의 현실 타당성보다 현실 타당성이 있는 것으로 만들 때 사용하는 인위 개념이다. 즉 모델은 '어떤 사물을 닮은 것', 사물이나 형상의 '동상유질적 구성물', '주관적 구성물', '환상의 소산'을 뜻하기도 한다. 형식적으로는 '현상적인 경제 변수 간 함수관계', 즉 연립방정식 체계 도식(圖式)으로 표현된다. 구조나 기능 면에서 실상과 동상유질을 지니며, 실상을 단순화하고, 실상의 대표성을 띠며, 실상을 개략적으로 보여 주는 것을 말한다.

모델은 사물이나 현상을 인식하게 해 주며, 비유 과정을 통해 사물이나 현상을 상징하고, 사실을 그려 내거나 표상하기도 하며, 해설하거나 자료를 조직화하기도 한다. 그러나 무엇보다 모델의 용도는 이론 구조 발견에 있다.

4) 가설

'가설'은 변수와 변수 간 관계(이론이나 법칙 등)를 파악하려고 실증 단계 이전에 정의된 잠정적 언명이나 진술을 말한다. 『웹스터 사전』에 따르면 가설은 "믿음에 근거하지 않고 어떤 논리 관계가 앞으로 경험된 사실에 의해 검증될 수 있는 명제(proposition), 조건(condition), 원리(principle)"이다. 경험 검증을 위해 형성된 명제라고 보는 학자도 있다. 가설은 명제, 정의, 법칙, 이론, 공리(axiom), 정리(theorem) 등 유사 용어와 구별하기 어려운 경우가 많기 때문에 특히 유의해야 한다.

5) 개념, 용어, 정의

우리의 주된 관심은 원리가 무엇인가를 밝히고 이해하는 것으로, 이 원리를 법칙, 이론, 모델이라고 규정해 봤다. 그러나 정확한 이해를 위해서는 개념(concept), 용어(term), 정의(definition)가 무엇인지를 설명할 필요가 있다. 먼저 '개념'이란 '일정한 존재를 지시하는 의미체'나 '관찰된 사실의 추상 표현'이라고 할 수 있다. 요컨대 사실의 여러 면모를 간략하게 대신하고 있는 것이다. 개념의 추상성은 그 정도가 이론의 추상성에는 미치지 못한다. 개념의 중요성이 논의되는 이유는 우리가 가장 중요하게 여기는 법칙과 이론이 바로 개념과 개념 간 관계에 의해 형성되기 때문이다. 개념을 좀 더 정확히 이해하려면 술어(術語), 명사(名詞), 개념 작용, 착상, 분류 등 관련되는 용어를 분명히 할 필요가 있다. 경험과학에서는 현상 세계의 어떤 부분과 그 관계에 관한 개념을 사용한다. 이 개념을 언어로 표현한 것이 '용어'이고, 용어의 뜻을 구체적으로 밝히는 것이 '정의'다. 보통 용어를 정의함으로써 개념의 뜻이 밝혀진다.

이 책의 정의에 따르면 '개념'은 용어나 정의와 달리 원리가 될 수 있다. 그것도 아주 중요한 원리가 될 수 있다.

2. 뿌리 철학

위에서 서술한 원리의 통상적인 뜻은 과연 어떤 것이며, 현실과의 관계에서 그 본질과 성격이 과연 무엇인지는 그 뿌리 철학을 살펴보면 더 분명하게 인지할 수 있다.

'원리'를 뜻하는 그리스어 '아르케(arche)'는 본원·시원·근원·시초·유래, 나아가 본체·실재 등 여러 뜻을 함축한다. 이런 원리를 찾는 것은 '진짜는 없고 모든 것이 가짜인 세계에서 참모습을 알고 싶어 하는 열망' 때문이다. 특히 최근 들어 '원리'라는 개념 자체에 메타 수준의 의문인 거대 담론에 대한 회의와 탈중심적 자유, 개별적 구체성의 희생 등이 제기되고 있다. 그러나 원리 탐구, 즉 보편성과 법칙성 추구는 부정할 수 없다.

플라톤도 "원리란 다른 존재에 의해 생성되지 않는 것"이며 "가장 근원적인 것은 모든 것의 앞에 있다"고 한 바 있다. 아리스토텔레스는 원리를 "한 사물의 생성인 일차적이고 내재적인 요소"라면서 출발점으로서의 원리, 근원으로서의 원리, 인식 토대로서의 원리를 중시한다.

그러면 원리에서 철학자가 말하는 법칙이란 무엇인가? 법칙, 이법(理法), 섭리, 필연 등 여러 개념의 바탕은 '정해진 바에 따르는 숙명'이다. 여기에는 법칙적 '필연(ananke, necessitas, necessity)'과 '당위'가 포함된다.[8] 기계론적 필연은 '아무런 목적이 없고 이유도 없는, 오직 그렇게 될 뿐인 필연'이다. 이것은 현대적 의미에서 보면 '우연'이다. "우주는 왜 이렇게 진화됐는가?"라는 의문에 대해서는 아무런 형이상학적 이유가 없다.

---

8 아리스토텔레스는 '아난케(ananke)'의 뜻을 ①어떤 것의 본질은 아니지만 부차적으로 필요한 것, ②어쩔 수 없는 제약(운명), ③그렇게 될 수밖에 없는(현대적인 필연), ④논리적 필연성, ⑤단순성으로서의 아난케 등으로 정의한다.

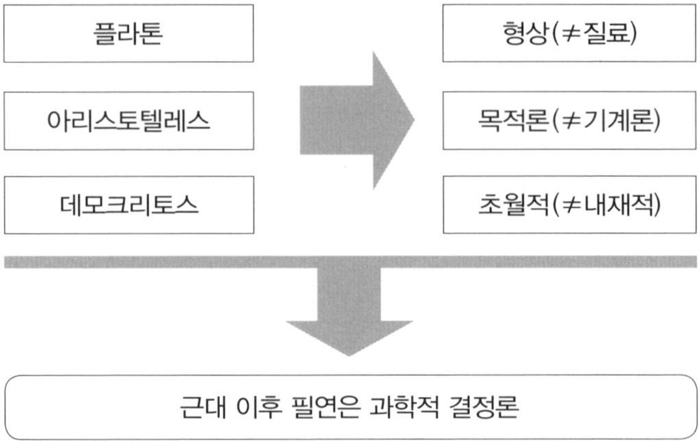

[그림 1-2] 초기 철학 사유

우연일 뿐이다. 이때의 우연은 우발 개념과 확률론 개념을 동시에 내포한다.

그런데 플라톤과 아리스토텔레스는 이 세계의 기본 법칙성을 목적론으로 본다. 법칙적 필연은 부차적 원인이고 일차적 원인, 즉 원리는 이성이나 목적 또는 형상이다. 예컨대 지구가 태양의 주위를 돌 때 수학적으로 서술 가능한 방식으로 도는데 이것이 데모크리토스에게는 우연(우발성)이지만 플라톤에게는 조물주가 이성적으로 어떤 형상, 즉 목적을 두고 만든 것으로 보인다.

16세기까지 영향을 미친 이들 철학자 3인은 모두 형상(≠질료) 철학적이고, 목적론(≠기계론)적이며, 초월적(≠내재적) 사유를 지닌다. 이것이 서양철학사의 기본 흐름이다([그림 1-2] 참조). 예외가 스토아학파와 에피쿠로스학파로, 이들은 각각 유물론적 철학과 현실 내재적 철학을 펼친다. 이들에게는 필연도 어떤 목적을 전제하지 않는 우주의 법칙성 그 자체다. 형이상학이 없고 자연철학적이며 '피시카(Physica)'가 최고 철학이다. 스토아학파의 '파툼(fatum)'은 법칙인 동시에 섭리이며, 이런 섭리는 종교적인 것이 아니라 완전히 자연과학적인 것이다. 예컨대 무지개가 뜨는 것은 어떠한 목적성 때문이 아니라 우주의 필연에 따른 것이다. 현대적으로 말하면 무지개는 빛의 전반사(全反射)를 통해 나타나는 것뿐이다.

한편 근대 이후의 필연은 과학적 결정론에 따른다. 우주는 결정론적 체계로 되어 있고, 그 체계는 과학적 법칙(공식)으로 포착된다. 플라톤의 물리적 필요(physical necessity)는 목적론적 사유를 전제하고 그것에 부수되는 것으로 이해됐지만, 근대과학에서는 중성적이며 좋은 것도 나쁜 것도 아닌, 누구도 거부할 수 없는 우주의 법칙으로 나타난다.

운명과 필연 외에 또 하나의 중요 개념인 '우연'은 목적이든 법칙이나 필연이든 이미 존재하는 어떤 질서를 복잡하게 만드는 요인이다. 데모크리토스는 모든 것을 우연으로 설명하고, 플라톤은 이 모두가 일정한 목적에 따라 움직이다가 가끔 우연의 개입으로 목적과 진로가 복잡하게 된다고 본다.

'우연'이 과학 개념인 반면에 '우발성'은 존재론 개념이다. 과학이 발전할수록 우연이나 운명의 메커니즘이 밝혀지면서 '운명'보다는 '필연'이란 말이 더 자주 쓰이게 될 것이다.

위의 논의를 요약하면 데모크리토스는 이 세계의 정연한 질서에는 어떤 목적 개념이 없고 원자의 모양, 위치, 배열만 있으면 된다고 생각한다. 이러한 논의에는 목적은 없지만 이유는 있다. 그 이유가 목적으로 이해되지 않고 '우연=필연'으로 이해된 것뿐이다. 여기에서 우연은 우발적 우연이다. 즉 과학적 이유가 있을 뿐 형이상학적 이유는 없다. 원자들이 부딪치면 필연은 그 자체로 형이상학적 '우연=우발성'이 된다. 확률은 개연성과 관련이 있다. 개연성이란 확실히 그렇다고 단정할 수는 없지만 아마 그럴 것이라는 뜻이다. 확률은 약한 형태의 필연이라 할 수 있으며, 필연이 약해지는 이유는 그 사이에 우연이 개입했기 때문이다.

그렇다면 개념의 뿌리 철학은 어떤가? 개념은 세계를 인식하는 하나의 방법이다. 개념 없이 이 세계를 직접 만나면 다양한 질적 차이로 지적 혼란에 빠지게 된다. 개념이란 '미묘하고 유동적이며, 모호한 인간의 경험 내용을 일반화하고 평균화해서 파악하는 것'이다. 만일 개념이 없으면 기억 자체도 혼돈·혼합되고 혼잡해서 그 의미를 이해할 수 없게 된다. 경험과 개념은 서로를 전제하며, 어느 한쪽이 일방적이 되면 '개념 없는 경험', '경험 없는 개념'이 된다.

이상의 철학 논의의 요점을 정리하면 원리란 겉모습은 비록 몇 마디 말로 표현되는 보편언명의 형식을 띠지만 자연·사회·경제 현상 속에서 그리 쉽게 변치 않는 원동력으로 실재한다. 비록 현실과의 간극을 보인다는 본질적 속성을 지니고, 또 이들 원리의 뜻과 모습이 보는 이에 따라 다양하지만 법칙·이론·개념 등이 실재하기 때문에 언제나 찾을 수 있다(≠발명)는 것이다. 이러한 원리 발견에는 발견하는 이의 지혜와 통찰이 녹아 있다.

원리의 철학적 뿌리는 자연과 우연 사이에서 대단히 현묘(玄妙)하다는 본질을 띤다. 그 자체가 보편언명의 성격을 띠는 한 현실과 함께 변전·연기하고, 다양하고 다의적이며, 불완전하지만 실재하면서 현실을 움직이는 원동력으로 작용한다. 이러한 원리의 현실 간극성은 현묘성과 관계성(≠실재성)에서 찾을 수 있다.

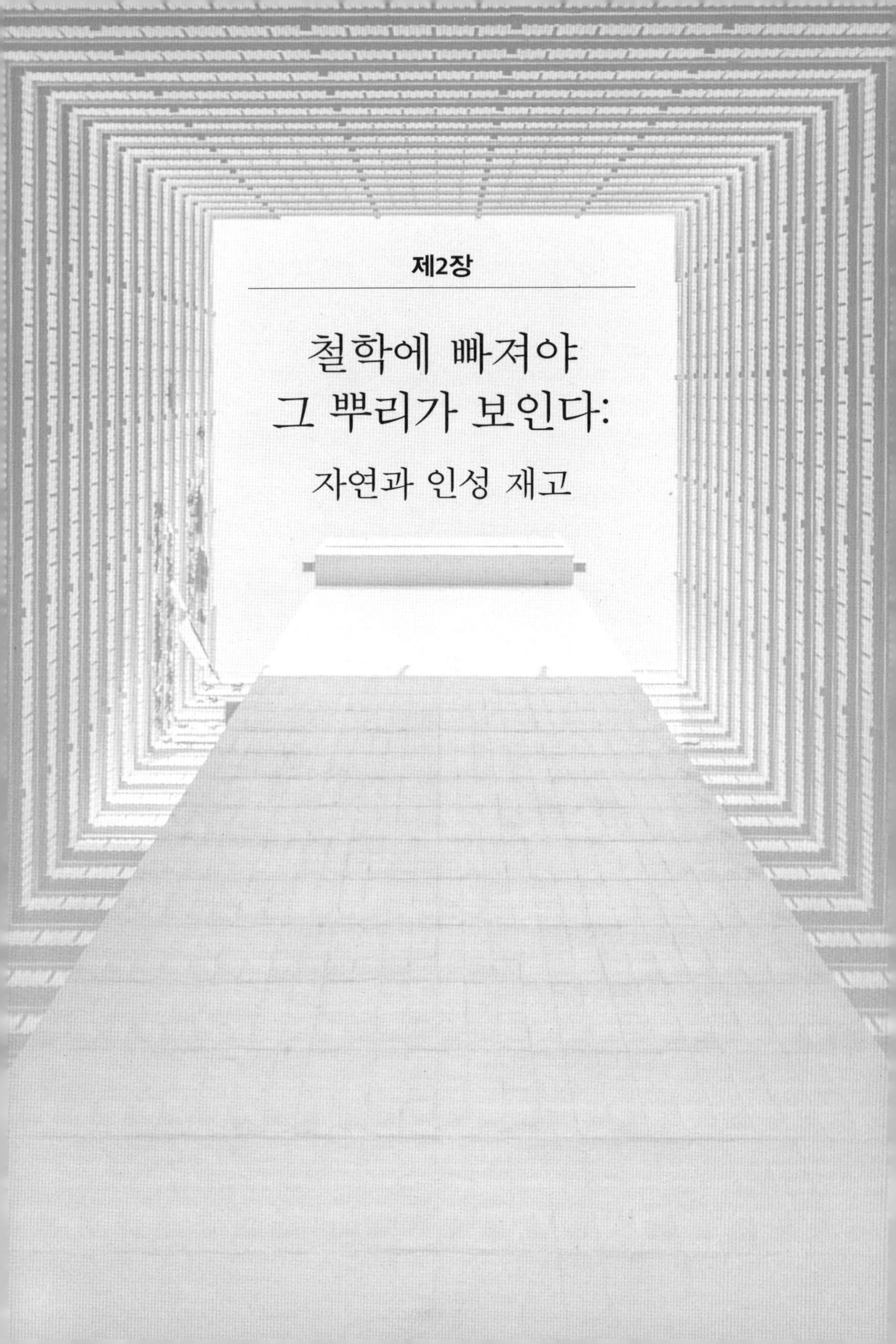

제2장

철학에 빠져야 그 뿌리가 보인다:

자연과 인성 재고

제1절

색안경을 벗어야:

장자와 E. H. 카의 길

이런 현묘한 원리의 뿌리는 어떻게 찾아야 할까? 장자(莊子)의 글에는 노자(老子)가 말한 보이지 않는 도(道)의 경지가 우리 눈으로 볼 수 있는 것처럼 그려져 있다. 장자는 『장자(莊子)』「대종사(大宗師)」 편에서 인간이란 우물 안 개구리나 여름 벌레 또는 곡사(曲士)처럼 시간·지역·환경·교육 등에 의해 제한된 지식을 쌓을 수밖에 없고, 사물의 뿌리인 도(道)에 이르러야 유진지(有眞知)라고 말했다.[1] 즉 도(원리)를 찾기 위해서는 우리가 사물을 볼 때 각자가 보는 한계에서 벗어나야 한다는 것이다.

이러한 한계를 벗어나기 위해서는 "붕(鵬)과 같이 하늘처럼 높은 곳에 올라 세상을 한눈에 내려다보는 절대 자유의 경지에 이르러야 한다." 세계를 매미의 미시적 안목으로 보려 해서는 절대로 이해할 수 없다. 이처럼 더 큰 세계(鵬의 세계 = 원리)를 깨닫기 위해서는 우리의 좁은 한계를 벗어나야 한다는 것이다. 이와 같이 사물의 이치(원리)를 바로 알면 그 흐름(원리)에 몸을 맡길 수 있다. 그런데 이런 단계에 도달하기 위해

1 이때의 도는 우주의 '궁극실재' 혹은 '근본원리'를 뜻한다.

서는 자기 자신을 기준으로 세상을 해석하고 판단하는 아집을 버리고, 높은 데서 모든 것을 아우르는 경지에 올라서야 한다는 것이다.

서양에서도 이와 같은 언급을 찾아볼 수 있다. 칸트(I. Kant)는 『순수이성비판』에서 "인간은 외부의 대상 자체를 직접 알 수 없고 오직 감관을 통해 지각한 것을 우리 마음의 형식을 통해 재창조하는 것"이라면서 "우리에게 사물이 검게 보인다면 검은색 안경을 쓰고 있는 건 아닌지 의심하는 게 자기 철학의 출발점"이라고 말했다.[2]

흄은 『오성에 관하여』, 데카르트는 『성찰』, 베이컨은 『신기관』, 루소는 『에밀』에서 같은 말을 했다. 경제학자인 스미스는 『국부론』, 마르크스는 『자본론』, 케인스는 『고용, 이자 및 화폐의 일반이론』에서 특히 산업사회를 언급하며 같은 말을 한 바 있다.[3]

위와 같은 영명한 철인들이 제시한 여러 철학·방법론이란 사실을 어떻게 보는가 하는 여러 가지 생각과 방법, 환언하면 주체인 인간이 객체인 자연·사회·인간 자체를 인식하는 존재론, 결정론, 가치론, 인성론, 인식론, 방법론 등 여러 시각이나 방법을 말한다. 이런 철학·방법론이라는 터널을 경유해야만 궁극의 실재 또는 근본 원리에 당도할 수 있다는 것이다.

빨간색 안경을 쓰면 빨간색밖에 보이지 않는다. 따라서 대상을 바로 보기 위해서는 빨간색 안경을 벗어야 한다. 색안경을 벗는 길, 즉 자연·인간·경제에 관한 여러 철학·방법론과 인지과학적 접근법을 동원해서 현실의 복잡성을 단순화하여 보편언명의 뿌리를 찾는 길, 즉 경제원리를 찾는 긴 터널을 우리는 어떻게 경유해야 할까?

---

2 I. Kant, *Critique of Pure Reason*, edited by P. Guyer and A. W. Wood, Cambridge University Press, 1999.

3 놀랍게도 현대 신경과학에서도 사람들은 보이는 것(see)을 자기 나름의 필터로 걸러서 자신이 가진 개념으로 본다(watch)고 설명하고 있다.

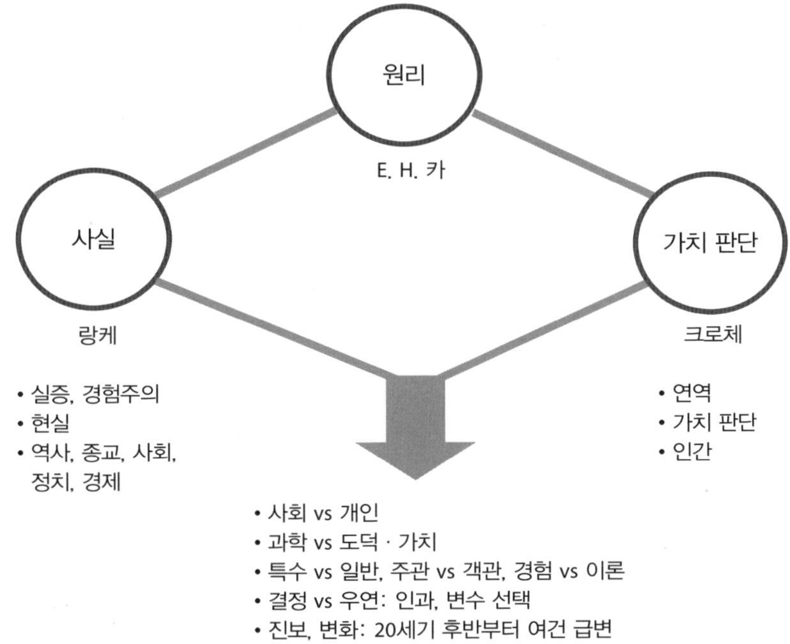

[그림 2-1] E. H. 카의 역사 분석 방법

이런 원리를 찾는 방법론으로는 E. H. 카가 『역사란 무엇인가?』를 쓸 때 활용한 인식론이 유익하다고 생각되어 카의 역사관과 방법론을 먼저 예시한다.[4] 카의 역사 분석 방법을 간단히 요약하면 [그림 2-1]과 같다. 한마디로 카는 현실을 사실(fact)이라고 보고, 이때 사실이란 무엇인가를 먼저 깊이 있게 묻는다. 역사 속 사실을 보는 인식은 인간의 판단, 가치, 선택에 따라 다르다. 이 때문에 역사적 사실 속 원리도 역사가의 가치 판단과 선택에 따라 달라진다. 이러한 사실과 원리의 관계에서는 여러 가지 철학 사유가 긴요하게 된다. 결국 사회 vs 개인, 과학 vs 도

4 E. H. Carr, *What is History*, Cambridge University Press, 1961.

덕, 특수 vs 일반, 원인 vs 인과(결정론, 우연론, 변수 선택), 진보와 여건 변화 등 여러 가지 풀어야 할 철학적 과제가 많이 내재되어 있다.

먼저 카는 사실이란 무엇인가를 다음과 같이 풀이한다. 19세기는 사실을 숭배한 시대였다. 독일 역사학자 랑케(L. von Ranke)는 역사가의 임무가 "그것이 실제로 어떠했는가를 보여 주는 것"이라고 주장했다. 이러한 생각은 실증주의자인 영국의 로크와 러셀 등으로 이어졌다. 이들이 생각하는 역사란 확인된 사실들을 모아 놓은 것이었다. 즉 역사가는 생선 장수의 좌판 위에 있는 생선처럼 문서나 비문 등에 있는 사실들을 집어 들 수 있고 그것들을 모은 다음 집으로 가져가서 마음에 드는 방법으로 요리하여 내놓을 뿐이라고 생각하는 것이다. "사실들을 확실하게 움켜잡아라. 그러고 나서 해석이라는 물컹한 모래 속에 위험을 무릅쓰고 빠져들어라." 이것이 경험주의적인 역사, 상식적인 역사를 옹호하는 학자들의 지혜였다. 이들의 견해는 "사실은 신성하고 의견은 자유롭다"는 것이었다.

여기서 역사적 사실(historical facts)이란 무엇인가. 카이사르(Julius Caesar)가 루비콘이라는 작은 강을 건넌 것이 역사적 사실의 한 예다. 파슨스(T. Parsons)는 과학을 '실체 지향 인식의 선택 체계(selective system of cognitive orientations to reality)'라고 정리했다. 이 말은 역사적 사실이 역사가의 해석과 독립되어 존재한다는 믿음이 어리석은 오류임을 지적하는 것이다. 이렇게 볼 때 우리가 배우는 역사는 비록 사실에 기초를 두고 있다고 해도 엄밀히 말하면 결코 사실 그 자체가 아니라 널리 승인된 일련의 판단들이다. 사실 및 역사적 사실을 있는 그대로 해석하는 서유럽 지식인들에게 19세기는 자신감과 낙관주의를 드러낸 편안한 시대였다. 그 당시 사실들은 대체로 만족스러운 것이었다. 따라서 랑케는 자기가 사실들을 돌보면 역사의 의미는 신의 섭리가 보살펴 줄 것이라고 믿었다.

지난 100년 동안 역사란 무엇인가에 대해 수많은 진지한 연구가 이루어졌다. 역사가 우월하고 자율성을 보장받았다고 주장하는 학설에 최초로 도전한 것은 자유주의가 안정세를 구가하던 19세기 독일에서였다. 그중에는 딜타이(W. Dilthey)가 있었고, 이탈리아에는 크로체(B. Croce)가 있었다. 특히 크로체는 모든 역사는 본질적으로 현재의 눈을 통해 현재의 문제들에 비춰 과거를 바라보는 것이며, 역사가의 중요한 임무는 기록하는 것이 아니라 평가하는 것이라고 말했다. 역사란 사유의 역사를 연구하고 있는 역사가가 그 사유를 자신의 정신 속에 재현하는 것이라 보고, 역사의 사실들은 순수한 형태로 존재하지 않으며, 또한 존재할 수도 없기 때문에 우리에게 결코 순수한 것으로 다가서지 않는다고 본다.

역사 구성에서 역사가의 역할을 특히 강조하고 그것을 논리적으로 끝까지 밀고 나가면 모든 객관적인 역사를 배제하는 것이 되기 쉽고, 역사는 역사가가 만드는 것이 된다. 이는 역사를 사실들의 단순한 편찬으로 간주하는 견해에 반대한 나머지 위험하게도 역사를 인간의 두뇌에서 직조된 것으로 보는 입장에 다가서게 되고, 따라서 객관화된 역사적 진리는 존재하지 않게 되는 것이다. 이로써 역사란 아무런 의미도 가지지 않는다는 이론 대신 역사적 의미는 무한하다는 이론을 얻게 된다. 그러나 어떤 산이 보는 각도를 달리할 때마다 다른 형상으로 보인다고 해서 그 산이 객관적으로 어떤 형상도 가지고 있지 않다거나 무한한 형상을 가진다고 말할 수는 없다. 이와 마찬가지로 해석이 사실들을 확장하는 데 필수적인 역할을 한다고 해서, 그리고 현존하는 어떤 해석도 완전히 객관적이지 않다고 해서 이 해석이나 저 해석이나 마찬가지이며 역사 사실들에 대해서는 원칙적으로 객관적인 해석을 내릴 수 없다고 말할 수는 없다.

역사적 사실과 역사가의 관계를 검토할 때 우리는 불안정한 상태를 목격하게 된다. 즉 ① 역사란 사실을 객관적으로 편찬하는 것이고 해석보다 사실이 무조건 우월하다고 보는 관점과 ② 해석을 통해 역사적 사실들을 확정하고 지배하는 역사가의 주관적 산물이라는 두 가지 역사 이론 사이에서 방황하는 모습을 보게 되는 것이다. 이런 방황은 생각보다 대단히 불완전하다. 사실과 해석의 이분법은 '특수한 것과 일반적인 것', '경험적인 것과 이론적인 것', '객관적인 것과 주관적인 것' 등 서로 다른 것으로 또다시 만나게 될 것이기 때문이다.

역사가의 곤경은 인간의 본성을 반영한다. 인간은 아마도 아주 어렸을 때나 아주 늙었을 때를 제외하고 자신의 환경에 완전히 매몰되지 않으며, 무조건 예속되지도 않는다. 반면에 인간은 결코 자신의 환경에서 완전히 독립적일 수 없고, 환경의 무조건적 지배자일 수도 없다. 인간과 환경의 관계는 역사가와 그의 연구 주제 사이의 관계와도 같다. 카는 역사란 무엇인가에 대한 답으로 "역사가와 그를 둘러싼 사실들의 지속적인 상호작용 과정, 현재와 과거의 끊임없는 대화"라고 말한다.

다음으로 살펴볼 것은 역사를 과학적으로 보는가의 문제다. 과학이 눈부시게 기여한 18세기 말경 사회에 관한 인간의 지식까지도 과학이 지배할 수 있는가 하는 물음이 제기되기 시작했다. 그때 자연계 연구에 적용된 과학 방법론이 인간 문제 연구에도 그대로 적용됐다. 그 시대의 전반부에는 뉴턴적 전통이 우세했고, 자연과 마찬가지로 사회도 기계적인 것으로 여겨졌다. 다윈의 과학혁명 이후 사회과학자들은 생물학에서 단서를 얻어 사회를 하나의 유기체로 간주하기 시작했고 역사마저도 과학 안으로 끌어들였다.

그러나 카는 '나는 가설을 세우지 않는다(Hypotheses non fingo)'는 뉴턴의 생각에 반대하면서 모든 결과는 동일한 장소로 되돌아가는 것이 아니라 원리와 사실, 이론과 실천의 상호작용 과정을 거쳐 새로운 발견으로 나아가는 것이라고 봤다. 검증이란 가설이 새로운 통찰을 진전시키고 우리 지식을 증대시키는 데에 실제로 유효한지 여부를 가려내는 것일 뿐이다. 마르크스가 말하는 법칙이라는 것도 현대 용어로 말하면 그것은 하나의 법칙이 아니라 연구를 진전시키거나 새로운 이해를 증진시키는 방법을 제시하는 유효한 가설이라고 생각한다. 이러한 가설은 사유의 필수적인 도구일 뿐이다.

역사를 과학으로 볼 수 있느냐의 문제는 다음과 같은 다섯 가지 실천적 문제와 연관된다.

① 역사는 특수한 것을 다루고 과학은 일반적인 것을 다룬다.
② 역사는 교훈을 가르치지 않는다.
③ 역사는 예견할 수 없다.
④ 역사는 인간이 인간 자신을 관찰하는 것이기 때문에 필연적으로 주관적이다.
⑤ 역사는 과학과 달리 종교와 도덕 문제를 포함한다.

카는 역사는 특수한 것이며 과학은 일반적인 것이라고 보지 않는다. 역사도 일반화 위에서 번성한 것이다. 현재 사회과학의 두 가지 상반된 위험, 즉 지나치게 이론적인 것으로 되어 가는 위험과 지나치게 경험적인 것으로 되어 가는 위험을 언급하면서 사회에 대한 추상적이고 무의미한 일반화에 몰두하는 위험을 먼저 지적한다. 사회학이 쓸모 있는 연구 분야가 되려면 특수한 것과 일반적인 것에 함께 관심을 기울여야 한다.

일반화의 진정한 핵심은 우리가 그것을 통해 역사로부터 가르침을 얻고자 하는 것, 즉 어떤 일련의 사건들에서 끌어낸 교훈을 다른 일련의 사건들에 적용하고자 한다는 것에 있다. 그러나 이러한 일반화는 역사에서 거의 타당하지 않다.

다음 문제는 사회과학과 자연과학 사이의 구분선을 긋기 위한 논법이다. 이에 대해 카는 자연과학보다 사회과학이 주체와 객체가 동일한 부류에 속하며 그 둘은 서로 상호작용한다고 말한다. 그는 자연과학에도 불확실성 또는 불확정성의 원리가 포함돼 있다고 보고 양자의 차이는 정도의 문제라고 말한다. 그러나 지난 50년 동안 철학자들이 인식론에 의문을 제기하기 시작하면서 인식 과정은 주체와 객체를 뚜렷하게 분리하는 과정이 아니라 그것들의 상호관계와 상호의존을 일정한 정도까지 포함하는 과정이라고 인정하기 시작했다.

그다음 역사에서의 인과관계는 어떻게 보는가? 역사 연구는 원인에 관한 연구로, 역사가는 끊임없이 "왜?"라는 질문을 던지며 그것을 지배하는 법칙을 발견함으로써 인류의 과거 경험을 체계화하려는 노력을 기울여 왔다. 원인과 법칙 문제는 때로 생물학적이고, 때로 형이상학적이며, 때로는 경제학적, 때로는 심리학적인 것으로 생각됐다. 그러면서 역사에서는 '원인'이라 하지 않고 '설명'이나 '해석', '상황 논리'나 '사건의 내적 논리'라는 용어를 사용하기도 했다.

이와 같은 논의는 결국 역사에서의 '결정론' 혹은 헤겔의 '간계', 반대로 역사에서의 '우연' 혹은 '클레오파트라의 코'라는 철학 문제에 당도한다. 결정론이란 모든 사건에는 하나 또는 여러 가지 원인이 있고, 그 원인 가운데 달라진 것이 없다면 그 사건은 다른 모습으로 나타나지 않을 것이라는 믿음이다. 즉 관찰 자료가 같다면 틀림없이 같은 일이 일어날 것이고, 달리 어떻게 될 수가 없음을 의미한다.

역사는 실체에 대한 인식 지향의 선택 체계일 뿐만 아니라 인과 지향의 선택 체계라는 게 카의 생각이다. 그는 끝없는 사실의 바다에서 자신의 목적에 맞는 것을 선택하는 것과 마찬가지로 무수한 인과적 전후 관계 가운데 역사적으로 중요한 것만을 추출해 낸다. 역사적 중요성을 가르는 기준이 되는 것은 그러한 전후 관계를 자신의 합리적 설명과 해석의 모델에 짜 맞추는 역사가의 능력이다. 그 밖의 다른 인과적 전후 관계들은 우연적인 것으로 배제돼야만 한다. 그 이유는 원인과 결과 사이의 관계가 특별하기 때문이 아니라 그러한 전후 관계 자체가 적절하지 못하기 때문이라고 생각한다.

카는 역사 지식에서 상대성과 관련해 "역사 지식이 상대적이라 한다면 객관적인 역사가 존재한다고 말할 수 있는 것은 어떤 의미에서인가?"라고 물으면서 어떠한 역사가도 자신만의 가치를 위해 역사를 초월하는 객관성을 주장할 수 없지만 "객관적인 역사가라고 부를 수 있는 역사가는 사회 안에서, 역사 속에서 자신의 위치로 인해 제한돼 있는 시야를 넘어설 수 있는 능력과 자신의 시야를 미래에 투사해서 그것을 통해 과거에 대한 더 심원하고 지속적인 통찰력을 지닐 수 있는 능력(원리 발견 능력)이 있는 사람"이라고 주장했다.

카는 또 역사의 객관성 문제를 다루면서 역사와 자연과학의 연구 방법상 유사점 및 차이점을 검토했는데, 그 결과 유사점이 차이점보다 더 많다고 봤다. 역사도 때때로 특수한 사건을 다루는 것이 아니라 특수한 것과 일반적인 것 사이의 상호작용을 다룬다고 보고, 역사가의 진정한 관심은 특수한 것에 있는 것이 아니라 특수한 것 안에 있는 일반적인 것에 있다고 생각했다.

카는 『역사란 무엇인가?』를 쓰면서 역사에도 원리가 존재함을 인정하려고 노력했다. 그것이 그가 논의를 시작한 사실의 분석에서부터 개인과 사회, 과학과 도덕, 역사 내의 원인과 결정론, 인과성을 논의하면서 비록 자연과학과 경제학에도 미치지 못하고 나아가 사회학과 정치학에도 미치지 못하지만 그와 유사한 일반성이 역사에도 있음을 찾으려 했다.

카는 역사라는 안개 속에서 '사실'에서 시작해 과학 vs 가치, 주관 vs 객관, 결정 vs 우연, 특수 vs 일반 등 철학 일반을 다루면서 어느 누구 못지않게 여러 역사적 사건과 세계적 사상가를 해박하게 예시하는 등 역사 속에서 원리를 찾는 방법을 발견하려고 노력한 셈이다. 즉 과거가 암시하는 현대성과 현대에 담긴 미래성을 그린 것이다. 이러한 카의 분석 방법은 경제 원리를 찾으려는 이 책의 방법론에도 대단히 유익한 바탕을 제공한다. 그러나 그는 이 점에서 끝났고, 이를 넘어서 사실(≠현실≠진실) 분석에서부터 그 뿌리를 찾지는 못했다.

카가 풀지 못한 과제를 우리는 어떻게 다뤄야 할 것인가? 이 책에서는 사마천의 『사기』 「화식열전」과 같이 자연과 인간의 뿌리(철학)가 무엇이며, 이들의 상호관계와 변화의 이치를 바탕으로 원리가 어떻게 찾아질 수 있는가를 분석함으로써 경제 원리의 본질, 성격, 기능 등을 알아보고자 한다.

우리는 다음과 같이 분석의 틀을 좁히면 더 확실하게 경제 원리를 찾는 틀을 마련할 수 있다고 본다.

① 카는 상당한 지성과 노력으로 역사의 원리를 찾으려 했지만 끝내 사실-가치 판단-진실(원리)의 관계를 파헤치지 못하고 '지속적인 대화'나 '능력'이라는 불투명한 말로 끝을 맺었다. 그러나 경제 원리란 이론과 정책을 찾는 작업이어서 이 선을 넘어서야 한다. 이에 따라서 인성, 경제, 인지·통섭론을 더 분석한다.

② 경제 원리는 현실≠가상, 자연≠인성, 자연+인성(이 책의 세 줄거리)임을 명백히 하면서

③ 경제 분석 시각을 경제 원리 탐구에 국한하고, 철학 연구를 인식론에 집중한다.[5]

5 '지식론'은 결론이 다양해 일단 우리 논의에서 제외하였다.

④ 여기에 최근 들어 눈부시게 발전하고 있는 인지과학, 특히 두뇌·나노·생체연구·빅데이터·슈퍼컴퓨터 등에 의한 인공지능과 사물인터넷 등의 발전을 감안하고

⑤ 진화론(다윈)과 통섭론(윌슨)의 진전 등을 고려해 분석한다.

제2절

자연과 사회에 관한 철학·방법론

1. 자연과 사회의 개념화

많은 영명한 철학자들은 자연·사회·인성을 어떻게 보았는가? 그들은 이미 오래전부터 카의 분석 방법을 넘어 [그림 2-2]와 같이 자연·사회·인성을 근본으로 하여 그 뿌리부터 천착했다. 자연·사회·인성의 뿌리를 모르고선 원리의 뿌리를 찾을 수 없기 때문이다. 그러나 그 결과는 이 책의 결론과 비교할 때 크게 미흡하다. 따라서 아래에서는 이 책의 큰 줄거리가 어떻게 도출됐는가를 중심으로 그 미흡한 점을 살펴보기로 한다. 즉 [그림 2-2]의 제1단계를 철학과 방법론으로 양분하고, 여기서 이 책의 큰 줄거리(자연 vs 인성)가 어떻게 추출됐는가를 알아본다.

1) 자연 개념화

기나긴 철학사를 보면 자연의 본질에 관해 세 가지의 서로 다른 자연 개념화가 있었다. 즉 자연을 ① 유기체로 보는 시각, ② 기계로 보는 시각, ③ 과정 또는 진화로 보는 시각이 존재한다.

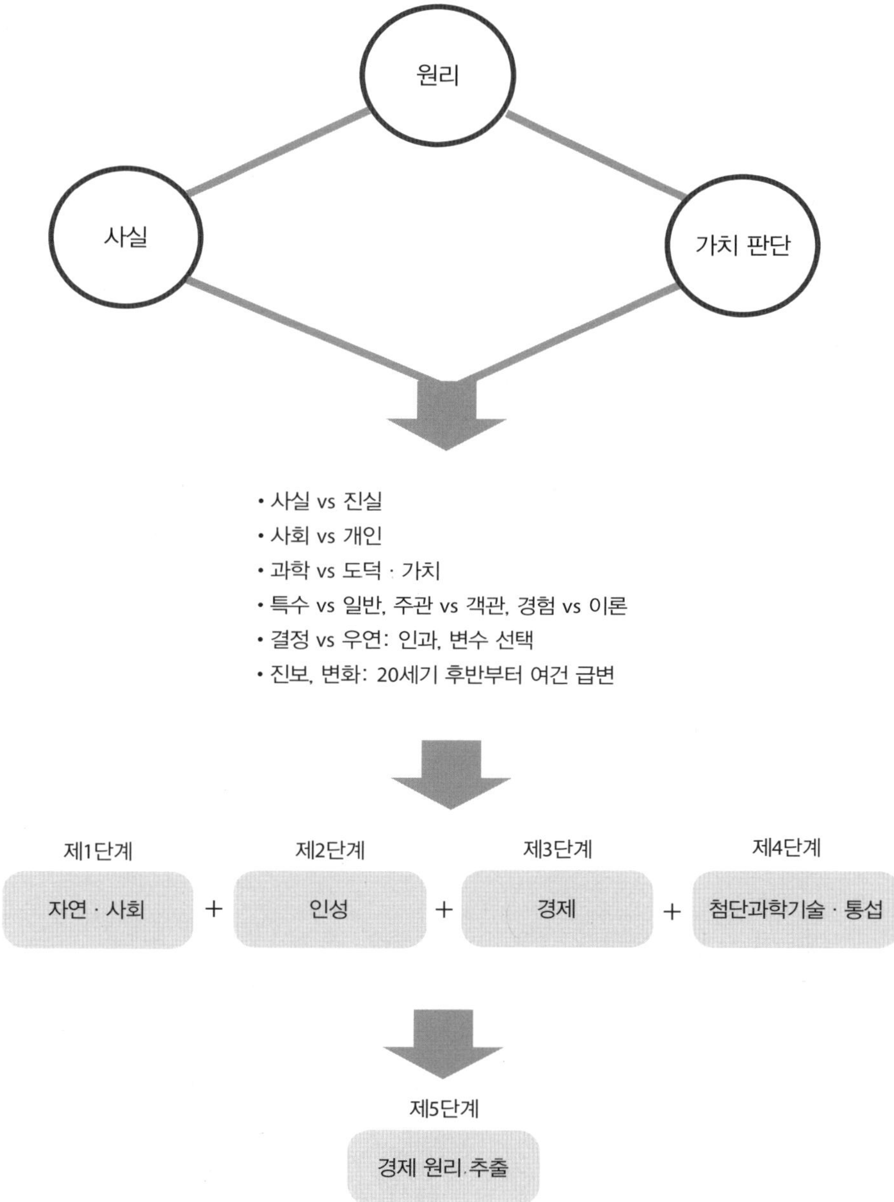

[그림 2–2] 이 책의 경제 원리 분석 방법

(1) 자연을 유기체로 보는 시각

초기 그리스 철학자들은 자연의 뿌리가 이온이라는 단일 물질로 구성됐다고 봤다. 그러나 소크라테스(Socrates)는 자연과 인간을 다 같이 유기체로 개념화했다. 소크라테스 이후에는 자연 세계가 인간의 마음에 스며들고 자연과학을 가능하게 하는 한 자연 체계 내의 규칙성 또는 질서의 원천으로 봤다. 이는 자연 세계와 인간의 유사성에 주목하여 자연은 인간 개인의 소우주(microcosm)에 대응하는 대우주(macrocosm)로 설정된다는 것이다.

이런 그리스적 자연 개념화는 중세로 이어졌다. 이때 '목적(purpose)'이 추가된다. 중세 철학은 아리스토텔레스의 그리스 철학에 크게 영향을 받았고, 아라비아 철학과 그리스도 신학으로 보완됐다. 중세 철학, 특히 스콜라 철학도 그런 방법으로 아리스토텔레스를 해석했기 때문에 진정한 하느님의 계시와 어긋나지 않았다. 나아가 이런 철학은 인간과 사물의 관계보다 인간 사이의 관계에 더 큰 관심을 보였다. 이러한 견해는 사회적 지위로 개인을 정의하는 중세 봉건 체제 때문에 더욱 확고히 굳어지게 됐다.

(2) 자연을 기계로 보는 시각

두 번째의 자연 개념화는 중세 사상에 대한 계몽사상의 반응에서 나타났다. 그리스 사상은 자연에 지능과 마음을 부여했다. 그러나 계몽사상은 자연이 죽은 물질로 구성되고, 거기에 지능과 생명이 빠져 있다고 봤다. 즉 자연은 무활성 물질에 작동하는 자연법칙의 결과이며, 법칙은 위에서부터 우주에 부여된 것이었다. 그들에게 자연은 유기체가 아니라 기계, 즉 문자 그대로의 기계였다. 설계된 부분의 결합체로서 모두 밖에 있는 '지혜로운 마음'에 따라 분명한 목적을 향해 움직여 나간다고 본 것이다.

이러한 '우주설계설'은 중세 철학자가 아리스토텔레스의 체계에 추가한 것이었다. 즉 우주는 지혜로운 하느님이 창조한 것이라는 생각이었다. 자연에는 목적이 있고, 이 목적에는 인간의 행복이 포함되며, 무의미한 존재의 가능성을 거부한다. 이러한 설계설은 자연의 목적이 무엇인가를 밝혀 주며, 목적이 분명해짐에 따라 이제는 그 목적이 달성되는 동력인(動力因, efficient cause)과 방법에 관심을 두게 된다.

계몽사상의 발전 시기는 설계 원칙의 적용과 일치한다. 즉 우주설계설에서 말하는 목적을 달성해 주는 동력인으로서의 설계가 적용되는 시기가 바로 인간의 자기 발견과 주위 환경의 발견 시기였다. 이때의 인간은 인간 그 자체였으며, 결코 인간 형태의 하느님이 아니었다. 강조점은 '경험적 실재'였다. 즉 있는 그대로의 인간, 있는 그대로의 자연이었다. 그래서 인간과 자연의 관계는 그리스·로마 시대의 것과 전혀 다른 것이었다. 계몽시대의 인간은 자연에 복종하는 인간이 아니라 자연을 지배하는 인간, 자연의 힘을 통제하고 조작하는 인간이었다. 이러한 인간과 자연의 새로운 관계는 기계, 즉 인간의 최대 능력을 배가시키는 장치인 기계에서 잘 나타났다.

더 나아가 16세기 사회는 관습과 관례를 지배하는 경직된 모습에서 벗어나 자연법칙에 더 잘 들어맞는 사회가 됐다. 18세기에 들어서는 경제에도 새로운 경제 행태, 즉 자연법칙이 적용되는 경제가 됐다. 독단적인 신학과 경직된 사회제도에서 벗어나 인간의 이성과 정신이 자유로워졌고, 자연 속에서 인간의 도덕성과 사회성의 기초를 발견하기에 이르렀다.

자연을 기계로 보는 시각은 뉴턴의 수학적 세계 체계가 대표적이다. 뉴턴이 바로 과학이고, 과학이 18세기의 이상이었다. 결국 계몽시대가 끝날 무렵에 '자연'이란 단어는 '사물의 합리적 질서'를 의미했다. 데카르트의 영향, 특히 자연을 수학 체계로 보는 견해와 경험주의보다 합리주의를 더 신뢰하는 믿음은 사라지지 않고 재현됐다. 뉴턴 체계의 결점 가운데 하나는 시간 개념이 없다는 것이다. 이것은 현대 과학 세계와 크게 다른 점이다.[6]

자연에 대한 기계적 견해는 물리·사회적 우주를 함께 규제하는 보편적 법칙을 탐구한다. 이러한 법칙은 언제 어디서나 적용되며, 고정된 법칙의 정태 체계를 필요로 한다. 이탈과 변이는 일시적인 간섭으로 설명될 수 있다. 그러나 장기적으로는 자연법이 지배하여 언제나 같은 자연 질서가 되풀이된다. 거기에는 성장과 발전이 들어설 틈이 없다. 그러나 인간의 경험은 성장과 발전에 의해 지배된다. 18세기 말에 들어와 변화 현상은 이제 일시적 이탈로 추상되지 않고 지배적이고 지속적인 힘으로 등장한다. 이에 따라 기계-우주론적 세계관으로는 실재(reality)를 분석하기 어려워졌으며, 특히 사회과학과 경제학에서 그러했다. 변화, 성장, 발전이 규범이 된 것이다.

(3) 자연을 과정 또는 진화로 보는 시각

자연을 기계로 보는 시각의 이러한 한계와 변화가 자연의 세 번째 개념화로 이끈다. 즉 자연을 과정 또는 진화로 보는 시각이다.

그리스인에게는 변화가 없다고 가정됐을 때만 '지식'이 가능했다. 이에 비해 문예부흥-계몽사상기에서 자연 관찰은 인간의 감각에 기초하지만 그런 현상의 바탕에는 불변하고 보편적인 자연 질서가 존재한다고 보았다. 뉴턴에 따르면 관찰은 자연법칙을 발견하는 도구였고, 데카르트에 따르면 여기에는 합리적 방법만 수용됐다. 하지만 이러한 두 자연관(유기체적 견해와 기계론적 견해)은 필연적으로 변화를 배제한다.

---

6 뉴턴의 기계에는 언제나 같은 질서가 지배하며 거기에는 '성장', '발달', '진화'라는 개념이 전혀 없었다.

그런데 18세기에 변화의 영구성은 새로운 우주론을 필요로 하게 됐다. 즉 '근대 우주론(modern cosmology)'은 과정, 변화, 발전을 역사 사상의 근본으로 받아들인 것이다. 다윈은 이런 사상이 과학적 근거에 있음을 발견하게 된다. 이와 같은 새로운 진화적 견해는 진보적·누적적이게 되었으며, 더욱 복잡한 인과관계가 형성되면서 더 광범위하게 영향을 미치게 됐다. 본질과 기능이 분리되지 않았으며, 본질이 기능 안에 있었고, 구조와 기능이 함께했다. 이런 자연 개념화는 과학철학의 주류(논리실증주의)와 거리가 멀었다. 과학의 사회화와 지식사회학적 접근이 긴요하게 된 것이다.

2) 사회 개념화

자연 개념화에 이어서 사회 개념화에 관해 살펴보자. 사회사상의 기본 성격은 단일성(unity), 다양성(multiplicity), 과정(process) 등으로 구분할 수 있다. 먼저 사회가 '단일'하다는 개념은 사회가 유기체라는 생각으로 이끈다. 이 견해는 철학적 실재주의에 기초한다. 사회는 단일 실체이며, 실체의 집합은 아니라고 주장한다. 유기체론에서 사회, 사회 활동, 사회 현상 등은 모두 전체주의적이다. 두 번째 형태로 사회는 '다양성'을 바탕으로 한다. 즉 사회는 개인의 집합이라는 것이다. 이것은 철학적 명목주의에 바탕을 두고 개인은 실재이며, 사회는 정신적 허구라 생각한다. 사회는 기계적으로 질서정연하고 균형적이며, 다양하고 원자적이다. 세 번째 형태인 '과정'으로서의 사회 개념화는 사회 질서의 실재적 통합과 사회를 구성하는 개인의 실재적 독립성을 모두 인정한다. 이와 같은 접근은 개인과 사회의 상호작용을 중시한다.

자연과 사회·인성에 관한 철학을 논할 때 특히 비코(G. Vico)를 빼놓을 수 없다. 18세기 이탈리아 사상가 비코의 생각은 우리가 자연과 사회, 자연관과 인성관이 경제 현실에 어떻게 투영되는지를 논하는 데 큰 도움이 된다. 비코는 그 유명한 "진리는 만들어진 것이다(Verum ipsum factum)"라는 명제를 내세우면서 자연보다 사회 현실에 더 확실한 진리, 즉 원리가 있다고 주장했다. 비코는 마르크스나 가린(E. Garin)이 말한 바와 같이 18세기 거대한 논의의 중심에 있던 독창적인 인물이었다.

벌린(I. Berlin)에 따르면 비코는 그 당시 새로운 학문 시스템을 구축하고, 특히 자연 탐구와 인간 탐구 사이의 관련성을 연구할 필요가 있음을 감지한 인물이었다.[7] 비코는 주저 『새로운 학문』을 통해 데카르트가 물리학과 수학 사이에 구축한 연결을 파괴하고자 했다.[8] 그는 '진리창조설'을 통해 수학을 포함한 모든 지식이 '만들어진(창조된) 것'이고, 나아가 인간의 과학은 만들어진 것에 대한 학문이라고 주장했다. 즉 비코의 다원주의는 데카르트의 『방법서설』, 특히 영원불멸의 형이상학적 진리(자연과 사회 다 함께)가 단 하나만 존재한다는 진리일원론에 반대하며, 이와 함께 상대주의도 비판한다.

비코가 『새로운 학문』에서 주장한 '지적 원점'이란 '진리는 만들어진(창조된) 것'이라는 점이다. 자연을 만든 것은 신이니 신만이 자연의 진리를 알 수 있으므로 인간은 신이 만든 자연 앞에서 겸손해야 한다는 것이다. 인간은 자신이 만든 기하학(가상)에 대해서만 완전히 알 수 있다. 또 하나의 세계인 사회는 인간이 만들었기 때문에 그래서 '가상(fiction)'이 아니라 '실재(reality)'라고 한다. '진리는 만들어진 것'이라는 말은 모두 가상인 동시에 실재라는 것이다.

비코의 사상을 요약하여 재해석하면 이 책의 논지와 유사한 점을 찾을 수 있다. 비코는 인문·사회 분야에서도 자연 분야에서와 같이

---

7 I. Berlin, *Vico and Herder*, Viking Press, 1976.

8 G. Vico, *The First New Science*, edited and translated by L. Pompa, Cambridge University Press, 2002.

나름대로 원리(진리)가 있음을 누구보다도 확실히 인식했으며, 밀(J. S. Mill)의 이중성과 모호성을 극복한다. 인문·사회에서의 원리는 자연 원리와 달리 인간만이 인식하고 발견할 수 있다.[9] 원리는 현실에서 발견되며, 현실을 설명·해석할 수 있다고 보는 점도 유사하다. 인문·사회에서의 원리는 변화하며, 다른 분야의 원리와 통합이 가능하다.

2. 자연과 사회의 방법론

자연과 사회의 방법론도 자연과 인성으로 양분됐다. 먼저 17세기에 자연과학 철학은 실증주의의 모습으로 태어난다. 그때까지 주류이던 연역·추상에 반대하는 실증·귀납주의 입장에서 자연 원리는 어디까지나 실증돼야만 단칭언명(singular statement)이 아닌 보편언명(universal statement)을 얻을 수 있다고 보았다. 소박한 실증·귀납주의자들은 일정 조건이 충족되면 단칭언명으로부터 보편언명을 추론하는 것이 가능하다고 보았다. 그러나 '관찰의 이론의존성'은 소박한 귀납주의를 부정하는 세련된 실증주의로, 그 이후 오스트리아 빈에서 태동한 논리실증주의로 발전하게 된다.

논리실증주의는 '빈 학파'에 의해 시작된 후 미국으로 건너가 '논리경험주의'로 모습을 바꿨다. 이들의 이론 구조는 결국 가설-연역적 모델이 되고, 그 이후 포괄법 모델(covering-law model)로 더 정교화돼 연역-법칙적 모델(deductive-nomological model)로 발전했다. 이러한 연역-법칙적 모델로 유추된 법칙은 우연적 일반화와 구별된다고 보았다.

---

9 비록 '존재'와 '창조'라는 용어를 이 책과 달리 쓰고 있지만 그 뜻은 마찬가지다.

이후 반증주의를 주장한 포퍼(K. Popper)와 같이 '후기실증주의자'라고 불리는 과학철학자들에 의해 논리경험주의에 대한 비판이 제기됐다. 이후 과학철학은 이들의 손으로 넘어가게 된다. 이들은 의미 있는 명제와 의미 없는 명제를 구별하는 기준으로 '입증 가능성'을 제시했다.

그리고 과학의 역사는 사실상 반증의 역사라기보다 실험을 통해 오히려 어떤 언명을 확정했다는 '정교한 방법론적 반증주의'로 바뀐다. 하지만 이러한 포퍼의 반증주의는 쿤(T. S. Kuhn)에 의해 근원적으로 비판된다. 쿤은 '과학혁명'이라는 과학적 위기 상황과 새로운 패러다임의 출현(뉴턴, 아인슈타인, 플랑크로 이어지는 물리학의 이론 발전)이 동시에 만족될 때 반증이 나타난다고 주장한다. 이후에 나타난 라카토스(I. Lakatos)의 '과학적 연구 프로그램론'은 포퍼의 반증주의를 80%, 쿤의 과학혁명론을 20%가량 종합하여 발전시켰다.

자연과학 철학과 방법론은 후기실증주의 이후, 특히 1970년대 이후에는 과학적 이론의 확증이나 의의 및 해석에 관해 많은 논쟁을 벌여 왔다. 그 결과 '과학실재론(scientific realism)'과 '사회구성주의(social constructivism)'가 나타났으며, 이들은 이후 다시 '신후기실증론'과 '뉴모더니즘'으로 바뀌었다.

'과학의 통일성(unity of science)'과 '환원주의' 논쟁도 벌어졌고, '물리철학'에서의 논쟁도 마찬가지였다. 지난 50-60년 동안 특히 생물과학 연구가 활발하게 진행되어 과학 이론, 설명, 인과, 힘, 자연 유형 등 많은 문제에서 크게 기여했다. 물리와 생물 간 환원 가능성 논의, 그 가운데 생명철학 분야에서 큰 진전이 있었다.

수리, 확률 등 수학의 인기는 대단했는데, 특히 수리과학의 유행으로 인공지능(AI), OR(operational research), 사이버네틱스가 인구에 회자되었다. 1970년대에 들어와서는 카타스트로프 이론, 1980년대 후반에는 퍼지 이론과 프랙털 이론, 1990년대 전반에는 카오스 이론 등 거의

5년 간격으로 새로운 테마가 등장했고, 이들 이론이 서로 연관되어 있음이 밝혀진 후 '복잡계 이론'으로 발전하고 있다.

그렇다면 자연과학 방법론의 변화·발전과 동시에 사회과학에서의 방법론은 어떻게 진전됐는가? 사회·경제 현상이 자연 현상과 본질적으로 동일하고, 따라서 사회·경제 원리가 자연 원리와 동일하다면 사회학이나 경제학은 물리학·화학·생물학의 원리 또는 방법론을 그대로 원용하면 그만일 것이다. 하지만 사회과학자들은 사회 본질에 자연과 다른 다음과 같은 문제가 있음을 지적한다. 즉 인간 행위의 성격, 가치의 개입, 목적과 기능, 사회적 사실과 환원, 불완전한 지식과 이를 바탕으로 한 설명 및 예측, 이론의 구축과 실증, 이때의 모델링과 측정, 사회 현상에서의 결정론과 운명론, 자유와 도덕 문제 등이 그것이다.

동물이나 무생물은 자연법칙에 따라 행동할 뿐이지만 사람들의 행위 가운데에는 의도한 것과 의도하지 않은 것이 있다. 눈을 깜박이는 것은 무의식적 행태이지만 윙크하는 것은 의미 있는 의도된 행태다. 이 가운데 의도된 행태가 사회학의 영역이 된다.

또 사회에서 주관-객관의 이원론은 대단히 난해하다. 마음의 상태, 즉 감정·감각·명상·욕구 등은 주관적이고 내재적인 요소에 기반을 둔 지식이다. 그런데 마음 외적인 것들, 즉 물질적 객체나 신체적 요건들은 관찰이 가능한 객관적 지식을 제공한다. 자연과학자들은 행태를 택하지 않는 무생물을 연구하기 때문에 그들은 발견하고자 하는 사실의 도덕성을 무시한다. 그러나 사회과학자들은 이러한 것들 간의 선택이 문제이기 때문에 인간 행태를 연구할 때는 도덕적 확신 같은 것을 염두에 둔다. 행태를 서술할 때 과연 도덕적 판단을 회피할 수 있는가? 인간에 관한 것은 모두 가치와 연관된다.

결론적으로 사회 현상(현실)에서는 과학적 방법론이 그대로 적용될 수 없고, 사회 나름의 철학화·이론화가 더 깊이 논의돼야만 한다.

위에서 살펴본 자연에서의 원리 발견 방법론과 사회에서의 원리 발견 방법론 가운데 공통적인 핵심 논의는 인간의 통찰력과 직관지(直觀知)이다. 분석적-연역적 지식을 넘어선 이런 과학적 지식은 주로 원리에 대한 메타 분석, 즉 선험적 지식을 말한다. 이는 플라톤에 가까운 칸트류의 현상학·분석철학·과학철학보다 스피노자(Spinoza)에 가까운 헤겔, 베르그송(H. Bergson), 화이트헤드(A. N. Whitehead)의 인식론에 근거한다.

통찰력이란 무엇인가? 자연이든 사회든 현실 인식은 경험적으로 실증돼야만 의미가 있다는 '논리적 언명', 즉 러셀(B. Russell)이 말한 '원자적 사실(atomic fact)'을 인정할 때만 가능하다. 이때 현실은 어떤 언어로 표시되더라도 왜곡되기 마련이고, '실재'의 경험을 밀어내는 형식으로 변한다. 현실이 언명으로 표현되는 순간 거짓이 된다. 그러므로 이런 언어적 중개 없는 '실재의 직접적 파악'이 이뤄져야 하며, 이때 순수명상(pure imagination)이 필요하다. 순수명상은 '언어적 공식'에 의한 '속임'을 넘어선 어떤 '양심', 실재적이고 경험적인 불교의 '카르마(Karma)' 등을 말한다. 서양과 동양의 차이가 여기서도 나타난다.

주류 경제학을 포함한 구미의 과학적 문화는 언어와 언명에 큰 관심이 있고, 이들의 정확한 의미와 해석에 관심을 둔다. 그래서 공적·법률적 질서와 형식적 의례, 그리고 불필요한 구체화나 세련화에 빠진다. 이렇게 되면 인간은 현실과 현실 속 사물을 있는 그대로 보지 않고 '현실 반영'과 인간이 이미 지닌 '언명의 증명(verification of statement)'으로 빠지게 된다. 즉 사물을 순수하게 보지 않고, 말과 공식으로 대체하며, 사실을 조작해서 편견에 편리하게 꿰맞춘 것만 보게 된다. 이러한 선입관을 버리고 실재(reality)를 직접 바라봐야 하지만 그렇지 못한 것이다. 그래서 비트겐슈타인(L. Wittgenstein)은 "생각하지 말고 보라"고 선언한 것이다.

인간의 커뮤니케이션 딜레마는 언어나 표식 없이 정상적으로 소통할 수 없고, 인간의 경험은 언어화와 합리화라는 습성 때문에 바로 오류가 되고 만다는 것이다. 언어라는 도구는 사물을 순수하게 보려는 뜻을 버리고 사물 자체를 말과 공식으로 대체하여 현실을 조작하고, 인간의 선입견에 편리하게 들어맞는 것만 보게 한다. 그러나 통찰력은 반언어적이며, 논리와는 정반대다.

제3절

인성에 관한 철학·방법론

인간이 보는 자연이나 인간이 만든 사회는 인성의 뿌리를 알아야만 비로소 그 원리의 본질을 터득할 수 있다. 인간의 생각과 관심은 끝없이 넓고 깊어서 우주와 세상만사 모두를 포함한다. 인성 연구에는 여러 종교(불교, 힌두교, 이슬람교, 그리스도교 등)에서 논의되는 인성뿐 아니라 비종교적인 프로이트, 사르트르 등도 논의해야 하지만 이 책에서 찾는 원리의 본질과 발견에 직접적인 도움이 되지 않기 때문에 여기서는 제외하였다. 그러나 인성 연구가 원리 연구에 직접 연관되는 플라톤, 아리스토텔레스, 칸트, 윌슨 등은 가장 핵심인 데다 우리 연구에 도움이 되기 때문에 그 내용(인식론)을 알아보기로 한다.

우리가 가장 먼저 살펴봐야 할 인성에 관한 비종교적 인식론은 바로 플라톤 철학이다. 플라톤은 오로지 이성만을 체계적으로 사용하여 어떻게 지식을 얻고(원리를 찾고), 그것을 바탕으로 우리가 어떻게 살아가야 하는지를 최초로 보여 주었다.

물론 동양에도 공자, 맹자, 노자, 장자, 사마천 등이 있었고 이들의 '인간학(人間學)'과 '오욕(五慾)' 등의 분석은 서양보다 본질적으로 더 넓고 깊었다. 그러나 이러한 동양 성인들은 직관과 통찰력으로 도(道) 또는 도리(道理)라는 대단히 추상적이고 형이상학적인 원칙에 치중했다. 이에 비해 플라톤은 이성적 논증과 질문을 사용하는 방법을 처음으로 개척했다. 가장 유명하고 많이 연구되는 저서 『국가』에서 그는 지식론, 윤리, 정치, 사회계급, 가족, 교육, 예술 등 다양한 논지를 언급하면서 특히 우리 지식을 오성(悟性)과 연관시켜 오성과 감각기관을 통해 받아들인 외부 자극을 적극 해석한다.

아리스토텔레스는 스승 플라톤이 보여 준 초월에 대한 애정에 비하면 더욱 현실적인 정신을 지니고 있었다. 아리스토텔레스의 저술은 놀랄 정도로 다양한 분야에 걸쳐 있다. 논리학, 형이상학, 천문학, 물리학, 기상학, 생물학, 심리학, 윤리학, 정치학, 법학 등의 분야는 그가 처음으로 개척하다시피 했고 그 모든 분야에서 근본 개념과 원칙을 공식화했다. 아리스토텔레스가 제공한 과학 분야의 단초들은 이후 17세기가 될 때까지 오류가 없는 것으로 간주됐다. 아리스토텔레스가 우리에게 남긴 방법론과 형이상학적 교훈은 전통적으로 '사원인설(四原因說)'이라 불리는 것이다. 즉 질료인(質料因), 형상인(形相因), 작용인(作用因), 목적인(目的因)을 분명히 하면서 아리스토텔레스는 이후 20세기 중엽 비트겐슈타인의 사상에 와서 예시된 분석철학의 시조로 간주됐다.

플라톤과 아리스토텔레스 이후 중세를 지나면서 스토아학파·에피쿠로스학파·신플라톤주의, 특히 신앙에서 이상이 하는 것이 무엇인가에 대한 아우구스티누스(Augustinus)와 아퀴나스(Aquinas)의 역할도 기억할 만하지만 이들은 여기서 제외한다.

근대 초기에 유럽에서는 역사적으로 중대한 의미가 있는 르네상스, 종교개혁, 산업혁명, 계몽주의 등이 연속해서 일어나 중세 기독교라는 색안경을 거치지 않고 고대인의 지혜를 직접 볼 수 있게 됐다. 결과적으로 회의주의·형이상학·신학보다는 인간의 본성에 집중하는 인문주의 철학이 성행했다. 그 가운데 특히 어떻게 과학적 방법을 인간에게도 적용할 수 있을까를 생각하게 만들었다.

17세기경 이러한 과학적 방법에 대해 "이제 무생물적 물질세계에서는 가히 비견될 수 없는 권위를 지니게 된 (과학적) 물리학이 도대체 어디까지 인간에게 적용될 수 있는가?"라는 질문이 대두됐다. 이에 대해서는 일원론과 이원론이라는 두 가지 상충되는 형이상학적 답변이 제기됐다. 즉 ① 인간은 스스로를 이 우주의 나머지 물질과 똑같은 요소로 구성되고 똑같은 물리법칙에 종속된 생명체로 볼 수 있다는 견해와, ② 이와 반대로 인간은 스스로를 육체와 영혼의 조합으로 볼 수 있다는 견해다. 후자의 경우 영혼은 비물질적이며 물리학 법칙에 종속되지 않았기 때문에 이성 능력과 자유의지를 함께 지닌 것으로 간주됐다.

경험론과 유물론은 이미 홉스가 명백하게 드러낸 바 있지만 이후 로크(J. Locke)는 『인간 오성론』에서 이성과 경험에 호소하는 주장을 펼쳤고, 흄(D. Hume)은 개념이 모두 경험으로부터 나오며, 세계에 관한 지식은 반드시 경험에 근거해야 한다는 철저한 경험론을 제시했다. 순수이성은 논리와 수학 개념을 연관시켰을 때만 결과를 증명할 수 있다. 즉 흄은 순수이성이 결코 이 세계에 대한 그 어떤 형이상학적 진리도 산출하지 못한다는 철저한 경험론을 주장했다. 우리가 실체에 관해 아는 것이라고는 지각 가능한 성찰의 무더기뿐이라고 주장한 것이다. 이러한 흄 철학의 바탕에는 회의와 파괴적 성찰이 깔려 있다. 이에 반해 18세기 프랑스의 루소는 이성을 적용하는 데 굳게 확신했다.

칸트는 플라톤, 아리스토텔레스와 함께 인류 역사에서 가장 위대한 철학자 가운데 한 사람으로 평가된다. 계몽주의 시대에 우리의 관심 대상인 원리의 본질과 발견의 규명에서 특히 그러하다. 그는 이성이 인간의 상태를 향상시켜 줄 것이라고 믿었다. 그가 말한 이성은 철학적 합리주의에 그치지 않고 그보다 더 넓은 의미에서의 과학과 그 사회적 적용까지를 포함한다. 칸트는 『순수이성비판』의 전반부(감성론과 분석론)에서

'직관의 형식'(우리가 시간과 공간 내에 존재하는 모든 것을 지각하는 근본 방식)과 '범주'(개념 있는 사고의 근본 형식) 이론을 상세하게 설명한다.[10] 이러한 직관의 형식과 범주는 경험에서 도출되는 것이 아니라 그보다 먼저 전제된다는 점에서 대단히 선천적이다.

칸트는 우리가 갖춰야 할 세 가지 지식으로 ① 경험 지식, ② 분석 지식, ③ 선천적 종합 지식을 들었다.[11] 다른 철학자들은 수학을 두 번째 정의에 포함시켰지만 칸트는 이를 세 번째에 포함시켰다.

『순수이성비판』의 첫 번째 유추에서 칸트는 이 세계의 모든 사건은 영속적인 실체적 물질 변화로 봐야 한다고 주장한다. 두 번째 유추에서 '보편적 결정론'[12]이 과학의 전제이자 이 세계에 대한 여러 경험론적 지식의 전제라고 주장했다. 칸트는 모든 물질적 사건의 원인을 또 다른 물질적 사건에서 찾을 수 있다고 믿었다. 따라서 그는 정신을 가리켜 두뇌의 인과적 영향을 미치는 비물질적 실체라고 주장한 데카르트의 '상호작용론'에서 말하는 이원론을 받아들이지 않았다. 그리고 세 번째 유추에서 그는 이 세계의 모든 것은 물리적 실재의 단일하며 상호작용하는 체계 가운데 일부분이 돼야 한다고 말한다.

『순수이성비판』의 후반부(변증론)에서 칸트는 인간의 이성이 왜, 그리고 어떻게 그 적법한 사용의 한계 너머로 가려 하는지를 분석한다. 칸트의 견해는 하느님의 존재에 대한 합리적 증명 혹은 경험적 증거를 제

---

10 I. Kant, *Critique of Pure Reason*, edited by P. Guyer and A. W. Wood, Cambridge University Press, 1999.

11 경험 지식은 후천적, 즉 궁극적으로 지각 경험에 의해서만 정당화되는 지식을 말하는데, 예를 들어 지리, 역사를 비롯한 다른 모든 과학이 여기에 해당된다. 분석 지식은 순수이성에 의해 정당화되며, 오로지 정의하고만 연관된 지식을 말한다. 마지막으로 선천적 종합 지식은 과학의 전제가 이에 해당하는데, 칸트는 도덕 원칙마저도 여기에 포함시켰다.

12 모든 사건에는 그보다 앞선 원인이 있어야 한다는, 즉 그 사건이 일어나기 위해서는 그보다 앞선 상태의 사건이 있어야 한다는 원칙을 말한다.

시하려 한 자연신학의 전통에 결정타를 날렸다.

칸트 철학에서 또 하나의 중요한 과제는 과학 지식을 사용해 도덕과 종교의 주장을 화해시키는 것이었다. 칸트는 인간의 본성을 물리적 자연(자연의 본성) 가운데의 적절한 곳에 놓고 싶어 했다. 이런 면에서 칸트는 17세기 과학이 대두한 이래 가장 중심적이면서 특징적인 근대 인물로 평가할 수 있다. 여기서 칸트는 자기보다 앞선 여러 합리론자와 경험론자의 편향된 의견들을 화해시키는 나름의 인식론적 이론을 발전시킨 것이다. 그는 인간의 인식이 심성의 두 기본 원천에서 발생한다고 봤다. 그 하나는 표상을 받아들이는 능력(연상의 수용성)이고, 다른 하나는 이런 표상을 통해서 대상을 인식하는 능력(개념의 자발성)이다. 전자에 의해 우리에게 주어지고 후자에 의해 생각된다는 것이다.

칸트는 인식능력의 설명에서 특히 이성을 강조함으로써 새로운 깊이를 더했다. 이것은 때때로 오성(悟性)의 또 다른 이름처럼 들리기도 하지만 칸트는 모든 지식의 편린을 하나의 통합된 체계로 만들려 하면서 이성의 특별한 역할을 강조한다. 이런 이성 개념에는 매우 뚜렷하게 현실 차원이 존재한다고 보고 단순히 지각하고 판단하고 이론화하는 존재일 뿐만 아니라 또한 행위자임을 지적한다. 『도덕 형이상학 원론』과 『실천이성비판』에서 칸트는 인간 행동을 위한 일반 개념의 대상을 그리고 있다. 여기서 그는 가언명법(假言命法)과 증언명법(證言命法)을 분명하게 구별한다.

이유와 원인의 구분, 나아가 합리적 설명과 인과적 설명의 구분이야말로 인간 행동에 대한 적절한 설명을 위해 대단히 본질적인 것이다. 이와 같은 주제를 처음으로 제시한 사람이 바로 칸트다. 가령 (종종 '물리주의'라는 형태로 나타나는) 유물론이 세상에서는 (물리적 원인을 부여하는) 단지 한 가지 설명만이 가능하다는 의미를 함축하고 있다면 칸트는 우리에게 그러한 환원적 논제를 거부하도록 설득할 것이다. 하지만 인간이 전적으로 물질(그리고 에너지)로 만들어진 존재인지, 인간이 '실체의 이원론'이라기보다 오히려 '개념 체계의 이원론'(이성과 원인) 상태에 있는지 그는 미해결 입장을 취하고 있다.

제4절

경제에 관한 철학·방법론

경제학자들도 철학자들 못지않게 고민을 많이 했지만 그 결과는 지금 입장에서 보면 그리 결정적이지 않다. 다양한 주장과 이론이 백화제방 식으로 개진됐지만 아직도 융합되지 못한 부분이 여간 많은 것이 아니다. 특히 고전파 경제학과 신고전파 경제학은 자연과 인성 관계에서 합일점을 찾지 못하고 여전히 격론 중이다. 따라서 그 내용을 이 책의 줄거리(자연≠인성)와 함께 살펴볼 필요가 있다.

1. 고전파 경제학

경제학에서도 자연 vs 인성을 어떻게 생각하는가에 따라 여러 경제학파로 나누어졌다. 애덤 스미스가 중농주의와 중상주의 이후 처음으로 경제학을 이론화한 뒤 고전파 경제학자들은 스미스의 경제학을 확장하고 심층 분석하려 했으며, 그 후 여러 학파로 나누어지면서 논의가 전개됐다.

1) 스미스와 그 후 분석 영역 확장

고전파 경제학, 즉 경제 현실의 이론화는 스미스의 『국부론』에서 처음으로 구축됐다.[13] 중농주의와 중상주의를 넘어선 것이다. 스미스의 자연 체계는 스코틀랜드 계몽사상에 따라 뉴턴의 기계론, 자연신학, 자연철학 등 세 기둥 위에 서 있게 됐다. 이 세 기둥은 자연법칙관을 축으로 상호작용한다. 그러나 스미스는 뉴턴의 기계적 방법을 그대로 복사하지 않고 더 복합적으로 접근했다. 스미스의 사회관은 앞에서 언급한 기계론과 유기체론을 모두 포함하는 것으로, 다양성과 동일성 등을 인지하고 사회를 과정으로 보는 견해다. 사회화 과정은 자연 제작자(author)의 창조물이며 이미 결정된 과정이라 본다. 또 인성은 고정돼 있고, 인간의 성질에 자연법칙이 내포돼 있다고 본다.

스미스의 자연법칙과 개념화 및 설계의 최종 원인 인정, 즉 사회의 힘과 기제 가운데 '초월적 원인'에 대한 고려는 그의 과정으로서의 사회관을 제약한다. 그러나 최종 원인을 고려할 때 자연법칙관을 포기한다는 점에 유의할 필요가 있다. 스미스의 기여는 사회를 '과정'으로 본 점이고, 거기서 그의 통찰력을 엿볼 수 있다. 물론 그의 큰 기여는 경제학의 자연법칙관에 미친 영향이면서 리카도와 신고전학파 경제학에 미친 영향이다. 그러나 좀 더 실제적이고 유용한 경제 이론이 스미스의 역사적이고 제도적인 분석과 방법, 관점에서 출발됐다는 것, 즉 '사회 과정'에 사회제도와 습관의 변화·발전을 고려한 것 등은 그의 더 큰 업적이라 할 수 있다.

스미스 경제학은 분석 영역에서 통합·변증론과 사회경제학으로 더 확장됐다. 방법론적 통합이란 상향과 하향인 선험과 논리실증, 반증 또는 추상, 연역과 귀납, 실험은 물론이고 제도·심리·경제수사·사회경제

13 A. Smith, *Wealth of Nations* (1776), Modern Library, 2000.

등을 모두 합쳐(화학적 통합) 경제 이론 구축에 함께 활용하는 것을 말한다. 절충성은 이들 모두를 (화학적으로가 아니라) 물리적으로 종합한다는 것이다. 변증성은 이들 상향과 하향을 화학적으로 종합하고, 철학적으로 경제만이 아니라 자연과 사회·인성 모두가 변증법에 따라 변화·발전하는 것을 말한다. 즉 선험이나 실증, 연역이나 귀납 가운데 하나에만 의존하는 방법보다는 이 둘을 통합·융합하거나 변증하는 방법이 더 선호됐다.

이런 의미에서 스미스와 케인스는 통합적이고 슘페터(J. Schumpeter)는 절충적이며, 마르크스는 변증적이다. 이들의 분석 범위는 경제 변수는 물론 비경제 변수인 정치, 사회, 문화, 역사 등을 아우르며, 원천도 이성(理性)과 내성(內性)뿐 아니라 현실과 관찰 모두를 포함한다. 범위와 원천도 주류 경제학보다 훨씬 넓다. 이에 따라서 이론 구조도 비분석적·문맥적·문장적인 것이 보통이다. 슘페터는 방법론 논쟁의 무용성, 즉 '방법론적 관용(methodological tolerance)'이라는 입장을 취했다. 통합론자, 절충론자, 변증론자 등은 모두 경제학에서 가장 위대한 저작물들을 남겼다. 그러나 그 내용이 모두 다른 것은 방법론의 차이가 아니라 경제학의 목적·전제·가정, 특히 주요 변수 선택이 서로 달랐기 때문이다.

사회경제학에 들어와서는 분석 영역이 더욱 확장됐다. 사회경제학은 마르크스의 『자본론』과 베버의 『경제와 사회』를 시초로 한다. 마르크스에게는 경제가 사회의 다른 모든 부분에서 중심축이었으며, 베버도 마르크스만큼이나 경제 문제에 집착했다. 그러나 그들은 사회 내의 다른 요인(주요 변수)에도 독립적인 지위를 부여했다. 그 결과 베버는 경제의 사회학적 한계를 좀 더 명확하게 인식할 수 있었다. 뒤르켐(E. Durkheim)의 『사회분업론』과 지멜(G. Simmel)의 『화폐철학』, 파슨스(T. Parsons)와 스멜서(N. J. Smelser)의 『경제와 사회』가 출간된 이후 사회경제학은 20세기 그 어떤 사회학 분과와도 견줄 만한 훌륭한 이론적 토대를 갖추게 됐다.

2) 밀의 인성 분석

스미스의 경제학은 밀과 연역론자, 제도론자 등에 의해 경제학에서 인성을 중시하는 방향으로 더욱 심층 분석됐다. 특히 밀의 철학과 방법론은 이 책 구성의 핵심 바탕 가운데 하나다.

밀 당시의 사상 배경을 보면 먼저 계몽사상의 목적은 자연철학과 함께 도덕철학의 창조, 즉 '사회의 과학'을 만드는 것이었다. 도덕철학의 발전 과정은 지금은 사회과학이라 부르지만 원래는 자연철학을 모델로 했다. 여기에 역사가 들어가면 계몽사상의 목적인 '사회의 과학'을 불가능하게 만든다. 그런데 계몽 시기에는 역사에 대한 관심이 고조됐고, 인간과 사회에 대한 관심이 교회와 사회적 권위를 대체했다. 사회적 질서에 대한 의문, 도덕과 권위, 법률의 합법성, 제도와 국가, 지식과 지각의 기초 등이 중세에는 권위와 전통으로 쉽게 풀이됐지만 이제는 설명을 요하게 되고 계시가 아닌 이성과 과학으로 답하게 됐다.

'사회의 과학'은 항상적이고 보편적인 인성에 기초한다. 인성은 역사적 변화와 인간 행태에 영향을 미친다. 영구불변의 '하위 계층'이 가정됐고, 역사는 반복되지 않으며 인성은 영구히 변하지 않는 것으로 간주됐다. 이러한 전제는 도덕철학에 자연철학과 같이 시간 또는 공간상으로 동일한 보편성을 제공하기 위해 필요한 것이었다. 또 인간의 다양성과 비통일성을 인정하지만 인성의 기본은 언제, 어디에서나 궁극적으로 동일하다는 흄의 사상을 전제로 한다. 역사는 과학적 도덕철학에 자료를 제공할 뿐이며, 칸트의 보편적 역사관은 그의 계몽이론에서도 명백히 나타났다.

그러나 계몽사상 가운데 '역사적 분석의 비교분석법'과 '역사단계론'이 대두됨에 따라 사회도 변하기 시작했으며, 사회 연구는 자연법칙관에 의한 연구와 달라지게 됐다. 스스로 자연법칙적 타당성을 인정하는 수준을 넘어서게 된 것이다.

과학적 도덕철학(사회과학) 구축을 위한 이러한 역사 자료원 의존성은 '과학적 역사'의 가능성에 기초한다. 스미스는 역사 지식을 과학적·보편적 역사의 기초로 활용했다. 데카르트적 과학 개념과 역사의 존재 이유 간 모순을 극복하려는 기도, 즉 비교법→인류학 및 단계론→진화론으로의 발전은 '자본가적 역사(bourgeois history)'라는 새로운 역사관을 낳았다.

'보편적 인성'의 계몽사상적 개념화는 고전 경제 이론의 '합리적 경제인(rational economic man)', 벤담의 공리철학, 심리학에서 극점에 달했다. 그러나 새로운 역사적 지식의 축적은 보편적 인성 개념의 폐기를 촉진하고, 진화의 새로운 우주론을 탄생시켰으며, 따라서 사회 개념도 크게 변화하게 됐다.

이에 발맞춰 밀은 '사회의 과학'이라는 계몽사상의 목적을 더욱 진전시켜 나가는 한편 이러한 생각이 직면할 수 있는 수많은 어려움도 인식하게 됐다. 밀의 욕심은 '사회과학'의 자연법칙관(연역적 방법)을 유지하는 동시에 역사적·사회적 분석(귀납적 방법)의 중요성도 함께 강조하는 것이었다.

밀은 공리주의를 믿었다. 공리주의는 '사회의 과학'을 탐구하고, 과학은 물리학을 모델로 하는 자연철학의 일부로 봤다. 과학을 물리과학과 도덕과학으로 나누고, 인간의 '개성 형성'에 교육의 역할이 중요함을 인지했다(인성의 변화 인정). 이러한 공리주의 개념은 경제 이론에 큰 영향을 미쳤고, 경제 이론의 내용과 구조에는 지금도 공리주의와 자연법칙관이 그대로 남아 있다.

공리주의는 자연법 이론의 세 가지 요인인 사회물리학, 자연주의, 자연도덕이론을 모두 포함하고 있다. 이 모두는 벤담, 밀, 제번스(W. S.

Jevons)에게 상당한 영향을 미쳤다. 벤담은 로크와 뉴턴으로부터도 많은 영향을 받았다. 즉 로크에게서는 관념연합론적 심리학을 이어받았고, 뉴턴에게서는 과학적 탐구의 중심 모델을 발견했다.

밀은 물리과학과 유사한 '사회의 과학'을 벤담에서 이어받는 한편 벤담의 공리주의에 있는 부적합성을 지적했다. 밀은 벤담의 인성관이 '비정상적으로 얄팍한 전제의 저량(unusually slender stock of premises)'에 집중하고 있다고 보았다. 즉 인간은 쾌락, 고통, 동정, 반감(antipathy) 등으로 나타나는 '열정(passion)'에 지배된다고 본 것이다. 이런 제한된 인성관은 역사 연구나 다른 문화에 접속하게 되면서 더욱 명백해졌다. 역사적 지식 축적과 산업혁명에 의한 급진적 사회 변화는 공리주의를 철학으로나 정치학의 기초로 삼는 데 의문을 제기했다. 공리 체계 내의 '상수(constant)'는 변수가 됐으며, 역사와 사회 내의 다른 많은 요인에 새롭게 관심을 보이게 됐다.

밀은 '사회의 과학' 구축에 어떤 방법론이 적절한지를 고심했다. 그는 자연을 옳고 그름의 표준으로 삼는 데에는 반대하면서도 인간 행태는 자연 영역 안에 있다고 믿었다. 또 밀은 『도덕과학의 논리』에서 인간 행동을 과학의 주제로 보는 데 심각한 결함이 있다고 언급했다.[14] 인간 행동이 정말 불변의 법칙에 따르는가? 자연과학 이론의 기초인 '인과의 항상성(constancy of causation)'을 얻을 수 있는가? 이와 같은 문제에 답하기 위해 밀은 '정확한(exact) 과학'과 '부정확한(inexact) 과학'을 구분했다. 정확한 과학은 천문학과 같이 고도로 발달된 과학을 말하며, 이들은 자연법칙의 발견, 설명, 예측에 필요한 자료를 제공한다. 그러나 도덕과학은 인간 행태와 관련된 것으로, 정확한 과학으로 발달하지 못했다.

14 J. S. Mill, *The Logic of the Moral Sciences*, edited by John Mill, Open Court, 1999.

이러한 밀의 방법론은 아직도 논란이 되고 있다. 논쟁의 핵심은 밀이 연역적 방법을 지지하는지 귀납적 방법을 지지하는지에 집중된다. 전자는 밀을 '전성기자(前性器者, pregonitor)'라 간주하고, 후자는 귀납법을 과학의 기초라 여긴다. 이러한 혼란은 역사 및 사회적 분석과 '사회의 과학'을 자연과학 모델로 구축하려는 데에서 연유한다.

밀의 자연법칙관은 '보편적 인과성 법칙'을 고수하려는 데에서 엿볼 수 있다. 사회 현상을 포함한 모든 현상은 언제나, 또 예전부터 존재해 온 것에 의해 결정된다는 이 견해는 우주의 '결정론적 견해'에 속한다. 보편적 인과성 법칙이 남긴 것은, 적어도 단기적으로는 밀의 인성과학에서 보는 바와 같이 '자유의지의 자기운동(self-movement) 가능성'이다. 밀의 방법론은 설명 수준에서 차별성이 느껴진다. 최고 수준은 자연법으로, 여기에는 연역법이 적용된다. 그러나 그런 정확한 과학은 밀의 시대나 지금이나 그리 흔하지 않다. 그래서 이러한 과학도 귀납법에서 추출된 일반화, 즉 경험적·통계적 법칙에 의존해야 한다. 귀납법은 정확한 과학의 기초가 될 수 없지만 자연법칙의 제의나 검증에는 유용하다. 밀은 이러한 연역과 귀납의 종합 사용을 '역연역(inverse deductive)'이라 부른다.

역사가 공리주의적 부적정성을 보이긴 했지만 귀납을 통해 도덕철학의 기초가 될 수 있는지에 대해서 밀은 부정적이다. 밀의 이성은 역사적 관찰의 신뢰성과 귀납의 논리적 문제(특수에서 과정으로의 이전)에 있다. 밀은 인간 연구를 자연 연구의 실험과 유사하다고 본다. 밀은 역사란 사회의 경험법칙을 보여 줄 뿐이며, '사회의 과학'을 구축할 수 있는 것은 인성법칙과 그것으로부터의 연역이라고 생각한다. 밀은 인성법칙, 특히 사회 현상은 인성 현상이고 이것은 외부 현상의 영향을 받는다고 본다. 이때 인간의 인성이 고정된 법칙에 따른다면 사회 현상도 이런 고정된 법칙에 응할 수밖에 없다. 즉 사회집단의 행동도 결국 인간 개개인의 인성으로 귀결되기 때문에 사회법칙도 인간 개개인의 성격에서 우러나오는 법칙, 즉 인성법칙으로 귀결된다고 본다.

인간 행태는 자연법칙과 (역사적으로 주어진) 환경에 의해 결정된다. 이것이 정확한 과학이 되려면 정보를 모두 수집할 수 있어야 하고, 특히 개개인의 '마음의 지식'을 모두 갖추고 있어야 한다. 우리의 지금 마음은 과거의 결과일 뿐만 아니라 우리의 미래 기대에도 영향을 미친다. 이것은 본인도 잘 모를 뿐만 아니라 알 수도 없는 것이다.

더욱이 인성의 '적응능력(pliability)'은 변화하는 사정에서 유래된다. 이것이 인성학과 사회물리학이 충돌하는 이유다. 인간은 장기적으로 자신의 성격을 개별적으로나 사회 전체적으로 적응하고 변화시킨다. 교육은 개개인의 성격 형성에 핵심 역할을 한다. 이때 '사회화 이론'에 관한 밀의 암묵적 약점은 성격 형성 시 사회제도의 역할과 인간의 자유의지, 의도, 목적, 믿음, 기대, 규칙의 인지 등을 무시했다는 점이다. 종국적으로는 자기 성격과 행동을 결정할 다른 요인을 변화시킨다고 보지만 그들의 행태는 여전히 법칙과 환경에 의해 결정되고, 이때 환경의 하나인 성격이 변화할 뿐이다. 그러나 만일 인간이 장기적으로 자기 성격을 형성할 자유의지가 있다면 역시 단기적으로도 자유의지가 있을 것이다.

여기서 밀은 '보편적 인과성 법칙'이 자연법칙관과 상충되는 상황에 직면하게 된다. 인성 연구, 즉 사회는 인간의 창조물이지 자연이 창조한 것이 아니라는 생각은 사회과학 구축에 물리과학 모델의 원용을 거부하게 만든다.

밀은 벤담의 인성 개념화를 거부했지만 사회 개념화나 사회의 과학관에 반대한 것은 아니었다. 역사 연구에서 밀은 인성의 특별한 적응능력과 사회의 다양성을 알고 있었다. 이것이 어떻게 사회와 인성의 자연법칙관과 조화를 이룰 수 있을까?

밀은 사회와 인성도 자연의 한 영역이고 자연법칙에 따르지만 이런 법칙은 다른 요인, 특히 주어진 환경과 현상의 맥락에 맞춰 작용한다고 보았다. 장기적으로 보면 인성도 교육을 통해 개발 또는 변화시킬 수 있는 것처럼 인간 행태를 결정하는 요인도 변화시킬 수 있다. 환경은 스스로의 법칙과 인성법칙에 따라 결정되지만 이 환경이 인성의 성격을 형성하고, 거꾸로 인간이 환경을 조성하기도 한다. 이런 상호작용에 의해 사회의 순환이나 진보가 이뤄진다.

인류의 진보는 '사회과학 내에서 어떻게 철학화되고 이론화되는가'에 기초한다. 진보는 누적된 변화이며, 현대 진화론처럼 이러한 진보 과정에 신적 설계를 개입시킬 수 없다.

여기서 밀이 '과정으로서의 사회관'에 근접했음을 알 수 있다. 밀도 스미스의 개념적·연역적 분석과 역사적·제도적 분석의 혼합 또는 종합을 답습한다. 그러나 밀은 스미스를 넘어 성격 형성과 제도 장치의 다양성을 인정한다. 정치제도도 상대적이며, 제도는 발전 단계에 따라 서로 다르다는 것이다.

밀의 사회 사상도 자연법칙에 지배되는 결정론적이고 원자론적인 우주관의 제약을 받는다. 사회 현상의 '개체 분석'도 여기에 매몰된다. 밀은 선험적 이론화의 위험성을 알고 있었다. 그래서 (연역적이고 자연법칙 수준인) 순수이론과 (관찰로 실제 사회 현상을 다루는) 응용이론을 구분하고, 후자의 경우에는 사회 개혁이 중요하다고 봤다. 그러나 최종 분석에서는 역사를 이론의 타당성 검증과 경험법칙의 구축으로 봤으며, '사회의 과학'에서는 언제나 제2의 위치에 놓았다.

끝으로 밀의 '정치경제학'은 어떻게 풀이될 수 있는가? 자연법칙 탐구와 사회·역사적 맥락 분석 간의 긴장은 정치경제학에서 더욱 두드러졌다. 정치경제학에서 밀의 '사회 개혁'이 다뤄지기 때문이다. 이런 현상은 생산과 분배 간의 유명한 '이중성'에서 분명하게 드러났다.

밀은 리카도의 생산이론을 받아들인다. 생산과 부의 법칙은 물리적 진실에 따르고, 인간은 물질과 마음의 궁극적 속성을 바꿀 수 없다. 정치경제학은 기하학과 같이 추상적이고 선험적인 과학법칙을 추구한다. 정치경제학은 '국부(國富)'를 다루는 인성의 한 부분으로, 다른 연역적 과학과 동일하다. 그렇지만 여기에서 밀은 정치경제학의 연역적 과학으로서의 한계를 잘 알고 있었다. 그래서 이론의 결과를 실제 경제 문제에 적용할 때 역사적·사회적 현안을 고려하지 않으면 이것은 "자신을 잘못된 곳에 위치시키는 것이 된다"고 봤다.

특히 분배에는 자연법이 적용되지 않기 때문에 인간의 법칙과 마음으로 대체해야 한다고 했다. 부의 분배는 법과 관습, 사회 지배 계층의 의견과 정서에 따라 결정되므로 시대와 나라에 따라 다르기 마련이다. 밀의 개혁은 경제학의 이와 같은 측면에 집중되었고, 여기서 밀은 역사적·사회적 분석에 크게 의존한다.

또 기술은 자연법칙의 발전과 응용이기 때문에 자연이 여전히 지배적인 동력이라고 파악한다. 그러나 기술의 진보도 역사, 사회제도, 공장제도, 사회분업, 연구개발(R&D) 관리, 정부지원책과 나아가 인간 자체의 연구 없이는 진전될 수 없다. 화폐, 정부, 국가도 마찬가지다. 사회제도에 대한 밀의 역사적 분석은 그 자신의 이론을 풍부하게 만들었으며, 거기서 대단한 통찰력을 보여 줬다.

3) 연역(선험)론자의 합세

스미스와 밀을 전후해 연역론자들도 자연 vs 인성의 논의를 대단히 깊게 파고들었다.[15] 초기 연역론자들은 고전경제학의 자연법칙관·인성관과 맥을 함께했다. 시니어(N. W. Senior), 케언스(J. E. Cairnes) 등이 대표

15 이들은 스미스의 뒤를 이어 인성도 자연법칙적으로 이해했다. 그레셤 법칙, 시장법칙, 상업법칙, 인구법칙, 임금철칙, 근대 사회의 경제적 운동법칙 등이 그 예다.

학자였다.

그러나 연역적 방법론의 대가는 경제학의 방법론적 혁명을 일으킨 리카도(D. Ricardo)였다. 그는 몇 개의 가정 아래에서 결론을 유도하는 획기적인 방법론을 제시함으로써 경제학 연구에 좀 더 논리적이고 연역적인 길을 열어 놓았다. 리카도가 1823년 세상을 떠나자 리카도 체계의 타당성과 관련해 격렬한 논쟁이 전개됐고, 이런 논쟁은 방법론 규명에 관심을 불러일으켰다. 이때 비로소 시니어와 밀이 정치경제학 연구방법론의 지배적 원칙 문제에 관심을 기울이기 시작했다.

시니어는 실증경제학과 규범경제학을 최초로 구분했다. 즉 과학적 경제학은 본질적으로 관찰 혹은 의식의 결과 모든 사람이 즉각 받아들일 수 있는 몇 안 되는 일반명제를 찾는 것이라고 언급했다. 그는 이러한 일반명제로 다음의 네 가지를 들었다. 즉 ① 모든 사람은 가능한 최소한의 희생으로 최대한의 부를 획득하려 하며, ② 인구는 생존 수단의 증가보다 더 급속하게 증가하는 경향이 있고, ③ 기계를 장착한 노동은 정(正)의 순생산을 낳을 수 있으며, ④ 농업에는 수확체감 법칙이 존재한다는 것이다.

밀은 똑같은 문제에서 시니어보다 더 신중했고 더 깊이 파고들어갔다. 밀은 시니어보다 순수이론 규명에 더 깊은 관심을 보였다. 밀은 경제학을 시니어의 방식대로 경제 생활에서 인간의 동기, 행위, 규범 등에 관여하는 정신과학이라고 규정하고, 정치경제학을 본질적으로 추상과학이라 하면서 그것은 선험적 방법을 취한다고 보았다. 그러면서 후험적·귀납적 방법에 대해서는 진리를 발견하는 방법이 아니라 그것을 검증하는 방법이라고 보았다. 밀은 초기에 선험적 방법만을 중시했지만 나중에는 후험적 방법에도 중요성을 부여했다.

이와 관련해 밀은 자신의 저서 『논리체계』에서 이론의 검증 필요성을 언급하는 한편 '경향법칙(tendency law)'에 대해 유명한 말을 남겼다.[16]

뒤에 마셜이 더 발전시킨 '세테리스 파리부스(ceteris paribus)', 즉 '다른 조건이 일정할 때'라는 가정이 그것이다.

일반적으로 '세테리스 파리부스'가 사회과학에서만 널리 사용되고 자연과학에는 거의 사용되지 않는 것으로 알고 있지만 이는 잘못된 생각이다. '세테리스 파리부스' 가정은 인과관계를 조사할 때 자연과학에서도 사회과학 못지않게 사용된다. 즉 조사 대상이 아닌 최초의 조건이나 그에 따른 결과가 없는 것으로 가정하고 전형적인 인과관계에 대해 진술한다. 간단히 구분하면 자연과학은 과학법칙을 검증할 경우 설정하는 임의의 가설에 대해 언급하고, 사회과학은 '세테리스 파리부스' 가정이 만족될 때 진실이 되는 법칙이나 가설을 언급한다. 그러나 목적은 서로 동일하다. 즉 이론에 의해 규정된 것 이외의 변수는 모두 제거하려는 것이다.

이에 따라서 자연과학, 사회과학 할 것 없이 모든 이론적 명제는 사실상 '경향법칙'이라 할 수 있다. 그러나 물리학이나 화학의 경향법칙과 경제학·사회학의 경향법칙 간에는 상당한 차이가 있다. 예를 들어 갈릴레오의 낙하법칙에도 '세테리스 파리부스' 조항이 내포돼 있다. 모든 물체는 떨어질 때 공기의 저항을 받을 것이기 때문에 이에 따른 차이를 제거하기 위해 '완전 진공' 개념을 채택했다.

그러나 사회과학, 특히 경제학에서 '세테리스 파리부스' 조항은 변수에 포함돼 있지 않은 잡동사니 주머니에 불과하다. 규정돼 있다 하더라도 질적인 항이지 양적인 항은 아니다. 따라서 '세테리스 파리부스' 조항을 명확히 규정해 교란 혹은 반대 요인의 작용에 확실한 한계를 설정하지 않으면 모든 논의는 변화의 양뿐만 아니라 그 방향에 대한 신빙성 있는 예측도 할 수 없게 된다.

---

16 J. S. Mill, *A System of Logic* (1843), University Press of the Pacific, 2002.

휴얼(W. Whewell)과 제번스(W. S. Jevons)는 밀의 후험적 방법론에 반대하면서 '가설연역적 방법'을 옹호했다. 이들은 후에 각각 경제학의 수리화와 한계주의의 창시자 가운데 한 사람이 됐다. 케언스는 리카도보다 50-60년 후 『정치경제학의 특성과 논리적 방법』을 발표하면서 밀의 방법론을 이어 리카도주의의 논리적 타당성을 확신했다.[17] 케언스는 정치경제학의 전제 조건이 모두 실세계의 명백한 사실에 근거를 두고 있으며, 가정된 것은 없다고 말한다. 최소한의 희생으로 최대한의 부를 획득하려는 욕망, 인간이 사용하는 자연 원리, 특히 토지의 물리적 특질은 모두 사실일 뿐만 아니라 쉽사리 확신될 수 있는 것들이다. 이런 점에서 보면 경제학은 사실상 자연과학보다 유리하다고 할 수 있다. 경제학자들은 궁극적 원인을 알고서 출발하며, 그들의 가정은 추측이 아니라 직접 증명이 손쉽게 가능한 관찰로부터 도출된다는 것이다.

시니어, 밀, 케언스 모두에게서 우리는 검증이 이론의 옳고 그름을 판단하는 것이 아니라 이론의 적용 범위를 설정하는 방법에 불과하다는 생각을 확인할 수 있다. 교란 요인이 이론적으로 명백한 사유와 실제 간의 차이를 설명할 수 있는지를 알기 위해 검증하는 것이며, 만약 차이가 있다면 그 이론을 잘못 적용한 것이지 이론 자체가 틀린 것은 아니라고 보는 것이다. 그러나 그들은 이론이 잘못됐음을 증명할 다른 방법이 있는가의 문제에 대해서는 전혀 언급하지 않았다.

1880년대는 경제 사상과 방법론에서 멩거(C. Menger)와 슈몰러(G. von Schmoller)의 유명한 '방법론 논쟁' 시기로 기록된다. 이 시기는 독일의 역사학파가 영국에 상륙해 영향력을 미치기 시작한 때이기도 하다. J. N. 케인스(J. M. 케인스의 아버지)는 『정치경제학의 범위와 방법론』에

17 J. E. Cairnes, *The Character and Logical Mothod of Political Economy*(1857), Routledge, 1966.

서 시니어·밀·케언스의 전통적인 주장과 새로운 역사학파의 주장을 화합하려 했다.[18] 그러나 그는 사실상 추상적·연역적 추리를 옹호하는 입장에 더 가까웠다.

J. N. 케인스는 시니어·밀·케언스의 전통적 견해를 다음과 같이 요약했다. ① 실증경제학과 정치경제학의 규범적 진술은 구별이 가능하며, ② 경제 현상은 다른 사회 현상과 어느 정도 구별된다는 것, ③ 구체적인 사실의 직접적 귀납을 경제 이론의 출발점으로 삼는 것은 부적절하고, ④ 인간 본성의 필수적인 몇몇 요소에서 출발점을 마련하는 선험적 방법이 적절한 절차이며, ⑤ '경제인'이란 추상 개념이므로 정치경제학은 성향의 학문이지 사실의 과학이 아니라는 것이다. 그래서 관찰이나 실험은 이론의 적용 범위를 규정하기 위해 필요할 뿐이라고 말했다. 이런 주장은 경제 이론의 가정이 일반적으로 옳고, 따라서 그것의 예측 역시 일반적으로 타당하며, 그렇지 않을 경우에는 사실을 면밀히 관찰함으로써 예측과 차이를 설명해 주는 요인을 찾아야 한다는 것이다.

이후 로빈스(L. Robbins)는 시니어·밀·케언스의 입장을 현대적 용어로 재주장하며 새로운 의미를 부여했다. 로빈스는 저서 『경제학의 성격과 의의에 관한 에세이』에서 "경제학이란 경제 목적과 희소자원 간 개인들의 선호를 서술적으로 표시할 수 있고, 사실 그렇게 할 수 있다고 전제하는 것"이라면서 이러한 기본 가정은 선험적 진리이고, 경제 행위 개념화의 본질적인 요소라고 주장한다.[19]

한편 로빈스는 J. N. 케인스와 마찬가지로 경제 효과를 수량적으로 예측할 수 없다고 하면서 경제학자가 할 수 있는 것은 특정한 경우에

---

18 J. N. Keynes, *The Scope and Method of Political Economy* (1890), Kessinger Publishing, 2007.

19 L. Robbins, *An Essay on the Nature and Significance of Economic Science*, Macmillan, 1932.

적용되지 않을 수도 있는 질적 계산이 아니라고 파악했다. 그는 경제적 진리(원리)가 시간과 장소에 대해 상대적이라는 역사학파의 주장을 반박하고, 미국의 제도학파에서는 진정한 법칙이나 타당성이 영원한 수량적 일반화는 어느 것 하나도 그들의 이론에서 나오지 않았다고 논박했다. 그리고 이론(원리)의 타당성은 그것이 상정하고 있는 일반적 가정으로부터의 논리적 추론 문제인 반면에, 특정 상황에서 그 이론의 적용 가능성은 이론이 그 상황에서 작용하는 여러 요인들을 얼마나 정확히 반영하는가에 달려 있다고 했다. 로빈스는 순수하고 어느 정도 명백한 전제 조건에 기초를 둔 경제적 진리가 특정한 경우에 적용 가능한가를 알기 위해서만 검증이 필요하다고 믿었다. 그러나 경제사상사에서 검증주의자의 글이 옹호되기는 그것이 마지막이었다.

제2차 세계대전 이후에는 후기 오스트리아 경제학자들이 시니어·밀·케언스의 전통을 더욱 적극적으로 해석·옹호했다. 미제스(L. von Mises)와 하이에크(F. von Hayek)가 두 거두였다. 미제스는 순수 지식과 그 지식의 실용적 사용이 사회과학에서 경제학 특유의 위치를 부여하는 것은 특정 이론이 경험에 의해 증명되거나 반증될 수 없다는 사실 때문이며, 경제 이론이 옳고 그름을 판단하는 궁극적인 척도는 경험과 상관없는 이성이라고 말했다. 하이에크는 과학주의에 대한 맹렬한 공격과 방법론적 개인주의를 고무시켰다.

오스트리아 경제학 방법론의 핵심 요소는 ①선험적 전제 조건으로서의 방법론적 개인주의, ②국민총생산(GNP), 일반 물가지수 같은 거시경제 변수에 대한 회의, ③경제 예측에 대한 수량적 조사 거부, 특히 수리경제학이나 계량경제학류의 거부, ④정태적 균형 상태의 특성을 분석할 것이 아니라 시장이 균형 상태로 접근해 가는 과정을 살피는 것이 더욱 유익하다는 믿음 등을 들 수 있다.

나이트(F. Knight)는 허치슨(T. W. Hutchison)이 발표한 『경제 이론

의 의의와 기본 공준』에 반대하면서 경제학이란 본질적으로 내적 경험을 통해 얻어지고, 그 자체가 외적 검증에 개방돼 있지 않은 몇 가지 기본 조건들로부터 도출되는 순수 연역 체계라고 생각했다. 경제학의 진리(원리)는 자연과학의 진리와 같은 것이 될 수 없으며, 경험적 절차에 의해 경제 행위에 관한 명제들을 검증하는 것은 불가능하다고 주장했다.

4) 마셜의 신중론

마셜은 밀과 연역론자들의 생각을 더 발전시키고 경제 현실의 이론화를 추구하면서 경제학 구축에 대단히 신중한 접근을 시도했다.

마셜은 원리 발견에 공식(公式) 유도로 쓰기에는 수학이 너무 복잡하고 다양한 것을 무모하게 단순화한다고 보았다. 이 세상은 수리 모델로 표현하기에 적합하지 않고, 그리 단순하지도 않기 때문이다. 또 전문가만이 아는 전문 용어로 논의하기를 피했다. 경제학에는 사회 기능이 있어서 세상을 더 낫게 만들어야 하고, 누구에게나 쉽게 이해돼야 하기 때문이다. 마셜은 또한 경제학을 '인간 동기의 과학'이며 '일상생활 속에서 인간을 연구하는 학문'이라고 정의했다.

마셜 경제학의 특징은 그가 형이상학적 불가지론, 진화론, 공리주의를 비판하고 형이상학→윤리학→경제학으로 사상이 변화됨으로써 윤리경제학이 된 것이다. 그에 따르면 경제학에서 이론은 경제 현상의 설명과 분석 도구이며, 구체화된 진실 발견을 위한 엔진이라는 것이다. 즉 경제학의 목적은 역사나 경험의 특별한 문제에 쉽게 응용할 수 있는 분석 도구 찾기다. 경제학의 원천은 인간의 내성, 과학의 통일성 거부, 관찰 인정, 수학 경시, 역사학파의 구체적 사례 연구, 상식, 본능, 서술에 있다. 경제학의 정의는 일반 생활에서의 인간 연구, 살기 위해 필요한 재화의 획득과 사용에 관한 개인 및 사회의 행태 연구였다.

경제학의 방법은 ① 경제의 복잡성, 가격 신축성, 완전 자유경쟁과 완전정보를 가정, ② 이론적·수학적 방법과 역사적 방법 혼용, ③ 세테리스 파리부스 접근법,[20] ④ 생물학적 유추론 인정, ⑤ 수학의 제한적 사용과 도표 사용, ⑤ 한계 개념이 미적분학으로, 또 기하학·대수학·확률이론까지 도입하는 것이었다.[21]

이러한 마셜의 주장은 신고전파적 현대 경제학의 이론적 기초를 마련했다. 이론의 기이성(oddity)을 인정하면서도 이것 역시 논리적 성격을 띤다고 보고 논리와 합리성으로 과학성을 추구하되 수학 용어 사용은 피하는 등 일반적인 도구주의와 다른 면을 보였다. 이와 같이 마셜은 신고전파의 창시자였으나 그의 방법론은 그들과 크게 상이했고, 그들보다 훨씬 더 넓고 깊은 식견을 보였다.

5) 제도주의·경제심리학·행동경제학의 인성 분석 본격화

한편 제도주의는 경제 분석에서 자연과학적 접근을 멀리하고, 인간이 만든 제도, 문화, 사회 문제 사이의 상호작용을 명시적으로 다룬다. 고전학파의 자연법칙관을 떠나 제도와 인성을 경제 변수로 취급하면서 자연법칙과 다른 경제 원리를 찾으려 한다.

이들 가운데 베블런(T. B. Veblen)의 생각이 특히 주목할 만하다. 베블런의 이론은 신고전학파와 설명적 vs 예측적, 제도 vs 개인, 주관주의 vs 행태주의, 증거 유형에서 차이가 있으며, 주요 변수의 선택이 특징적이다. 사회·인성 가운데 지배적 사고관습, 습득적 이해, 인간의 일상생

---

20 부분 균형의 틀에 문제를 좁게 제한하고 대부분의 변수를 고정시킨 뒤 분석 범위를 서서히 넓혀서 (다른 사정의 변화를 허용하면서) 한 번에 한 가지씩 확대해 가는 방법을 말한다.

21 발라는 푸앵카레(J.-H. Poincaré)의 일반균형이론과 연립방정식 체계로 현실 세계의 이상적 균형을 계산했지만 마셜은 이런 추상화의 일반화 시도를 배격했다.

활[本能], 자정력(自淨力), 효율철수(效率撤收) 등 이법(理法)에다 양친본능(兩親本能), 게으른 호기심, 획득본능, 의전적(儀典的) 행태의 이중성, 과시소비, 무사안일 정신, 타협, 증오, 담합, 궤변, 부재자 소유 등 새로운 변수와 개념을 도입했다. 나아가 기업은 주먹구구로 가격을 결정한다는 등 가격 결정에 대한 제도적 제약에도 초점을 뒀다.

분배는 제도의 법적 구조와 권력에 따라, 시장은 그 자체가 하나의 제도로서 수많은 다른 제도로 구성된다는 이론을 전개한 특징을 띤다. 이 이론은 원자론적 분석 방법을 거부하고, 경제를 문화와 사회·경제의 총체 속에서 본다. 전통 경제학을 무시하고 그 위에 인류학과 역사학, 심리학을 통합해 사회과학을 구축했다.

스미스가 사회의 설명에 약하다는 것은 베블런의 설명과 비교하면 쉽게 알 수 있다. 스미스는 자연적 설계 질서는 목적론적으로 자연이 각 형태를 결정한다고 봤으나, 베블런은 특수한 사회의 기제가 이런 형태를 정한다고 본다. 베블런의 과정으로서의 사회 접근은 여러 형태의 '사회적 형성(social formation)'을 인정하고, 지배와 착취 관계를 유추한다.

경제심리학도 자연법칙관을 떠나 인간의 본성을 중시하며, 여기서 자연법칙과 다른 인성법칙을 찾으려고 노력한다. 특히 소비와 그 외 다른 경제 행태의 밑바탕을 이루는 심리적 기대와 과정을 연구한다. 필요와 욕구의 만족에 관한 결정 및 선택을 비롯하여 이에 영향을 미치는 선호, 선택, 결정 요인을 모두 다룬다. 나아가 외부 경제 환경이 인간 행태와 생활에 미치는 영향에서 가계, 기업, 국가 등 여러 수준을 모두 언급한다. 여기서 심리 변수로 감성, 태도, 기대, 시장, 광고, 소비자 정보 과정, 소비자 만족과 불만족, 가격 행태와 투자 행태, 재정심리학, 실험, 에너지 보존 등의 문제를 다룬다. 심리 연구가 경제학에 처음 응용되기 시작한 분야는 소비자 행태 외에 실험심리학, 사회심리학, 조직심리학, 마케팅 등이다.

최근 들어 행동경제학이 자연 vs 인성 논의에서 자연과 함께 인성의 고려도 중요함을 인식하는 이론으로 등장했다. 즉 행동경제학은 자연과학적 방법의 모순과 한계가 드러나면서 인간 심리를 주류 경제학에 접목시키는 등 최근에 발전한 경제학이다. 사실 경제학과 심리학은 원래 하나였다. 스미스, 마셜, 케인스, 하이에크 등은 경제 활동에서 심리의 역할이 크다는 사실을 인정한 학자들이었다. 이들의 경제 이론에서는 이미 경제학과 심리학을 함께 만나고 있었다.[22]

행동경제학의 발전에 기여한 학자로는 사이먼(H. Simon), 애컬로프(G. A. Akerlof), 셸링(T. Schelling), 뉴얼(A. Newell) 등이 있다. 그러나 결정적으로 기여한 것은 카너먼(D. Kahneman)과 트베르스키(A. Tversky)의 기념비적 논문 「프로스펙트 이론: 리스크하에서의 결정」이다.[23] 이에 따르면 행동경제학은 주류 경제학의 합리성이라는 비현실적 기본 가정 및 개념을 부정하고 특히 발견력(heuristic)과 왜곡(bias)을 연구한다. 2017년 미국의 경영학자 세일러(R. Thaler)는 경제학과 심리학을 잇는 가교를 놓아 비합리적 의사결정도구를 만들어 냈다는 공로로 노벨경제학상을 수상했으며, 행동경제학의 대중화에 크게 기여했다.

최근에 급속히 발전하고 있는 인간 뇌의 연구, 특히 인간의 인지능력을 과학적으로 분석해 보면 인간의 인지능력은 합리적인 것이 아니라 오히려 '어수선한 구석이 있으며 왜곡되고 있음'이 임상적으로 확인됐다. 전통 주류 경제학이 인간의 심리를 가정에서 배제함으로써 인간이 합리적이라는 비현실적 과학이 된 점을 보완한다고 말한다. 인간의 심리에도 합리성이 아닌 다른 고유한 법칙성이 존재함을 연구하면서 단순

---

22 이 가운데 케인스의 '야성적 충동(animal spirits)'은 심리적 요인인 자신감, 공정성, 부패와 악의, 두려움, 이야기 등의 중요성을 강조한 유명한 개념이다.

23 D. Kahneman and A. Tversky, "Prospect Theory: An Analysis of Decision under Risk", *Econometrica* 47(2), 1979.

한 인성 연구에서 끝나는 것이 아니라 이제는 인지심리학, 진화심리학, 철학, 뇌신경과학, 진화생물학 등 관련 학문과 연구 범위를 함께함으로써 경제 현실을 더 현실적으로 이해·설명·해석하고 정책화해야 한다는 것이다.

6) 경제수사론

경제수사론자들은 주류 경제 이론을 비판할 뿐만 아니라 경제 이론 및 모델(원리)도 그 자체로서 은유이며, 경제학을 시(poem)로까지 이해한다. 매클로스키(D. McCloskey)는 수사학의 4요소로 사실(facts)·논리(logic)·은유(metaphor)·이야기(story)를 들고 사실은 귀납, 논리는 연역, 은유는 발상(abduction), 이야기는 이해로, 이들이 모여서 완전한 사고를 가능하게 한다고 봤다. 매클로스키는 새뮤얼슨의 연구에도 매트릭스 방식을 취하고 있는 비교정태분석(comparative static analysis)의 결과가 제시돼 있다고 보았으며, 주류 경제학자의 한 사람인 솔로(R. Solow)의 저작과 마르크스의 경제학에도 많은 수사가 동원되고 있다고 본다.

경제수사론자들은 논리실증주의·반증주의·도구주의의 조합인 모더니즘 십계명을 비판한다. 또한 그들은 사회·경제에 법칙, 이론 등 원리는 없고 은유를 포함한 스토리로 해석하여 이해하고 설명하면 된다고 말한다. 이들의 주장은 자연 vs 인성의 구분을 근본적으로 부정한다.

2. 신고전파 경제학

1870년대에 들어와 경제학에서 자연 vs 인성 가운데 인성을 완전히 배제하는 이론이 대두됐다. 한계효용혁명의 시작과 신고전파 경제학의 등장이 그것이다.

1) 초기 한계론

초기 한계론은 경제사상 측면에서 보면 한계 속에서 등장한 과학적 발견의 지속적 과정의 경우 방법이나 규모·내용 면에서 고전경제학적 사상과 공통된 점이 별로 없다. 그러나 장기균형가격이나 자유방임정책, 나아가 경제의 힘 및 법칙과 '경제인'을 자연의 요소로 간주하는 것 등은 고전경제학과 동일했다.

한계론자들은 자신들이 과학적 경제학을 개발했다고 믿었으나 실은 고전경제학의 '과학적(법칙적)임'을 계승한 것으로, 고전경제학에 체계화된 자연법칙관을 계속 유지한 것이었다. 그러나 이들은 실체보다 기법에서 독창적이었다. 처음에는 '효용'보다 '한계' 원칙을 중시했지만 한계효용이론은 주로 가치이론으로서 가치의 일반적 질서를 그려 나갔다. 효용이 가치를 결정한다는 생각은 공리주의 소비 행태, 즉 인간 행동의 공리적 모델을 원용한 것이었다.

제번스와 멩거, 발라는 약간씩 다르긴 하지만 모두 '사회적 우주', 특히 경제 현상이 자연법에 의해 규제된다는 생각을 했다. 발라의 자연법관은 제번스와 멩거를 혼합한 것이었다. 발라는 제번스와 같이 경제학을 '물리적·수학적 과학'이라고 보았고, 멩거와 같이 '우주'라 불리는 현상의 본질에 관심을 뒀다. 후기 한계론자인 클라크(J. B. Clark), 에지워스(F. Edgeworth), 파레토(V. Pareto)의 사상과 이론도 이와 비슷했다. 한계효용경제학은 자연법(최종 원인)이란 역사·사회·인성을 빼면 사회와 경제에 관해 공허한 가상에 불과한 것인데도 그들은 그것을 절대 진리로 생각했다. 다만 같은 신고전파 경제학자인데도 마셜은 그들과 다른 생각을 하고 있었다.

이들의 사상과 이론에서 가장 핵심적인 것은 "경제학이 정확한 과학이 되려면 균형 개념을 통해서만 가능하다"라는 슘페터의 말대로 '유일결정균형(uniquely determined equilibrium)'을 찾는 것이었다. 물론 이를 증명하려면 매우 제약적인 가정을 대가로 치러야 한다. 그러나 이들은 이런 증명의 가능성이 없으면 어떤 좁은 수준의 추상에서도 경제 현상은 분석적 통제권 밖에 있는 '혼란(chaos)'이 된다고 봤다.

경제학에서의 균형 개념은 처음에는 화학, 다음에는 기계학과 물리학에서 차용한 것이다.[24] 과학은 자연법칙을 발견하며, 그래서 이들 자연법칙은 언제, 어디서나 발견될 수 있는 보편성이 있다고 믿었다. 경제 현상은 상호의존적이며, 거기서 일반균형을 찾을 수 있다고 생각했다.

17세기에는 경제 변수가 사회·정치적 통제에서 독립될 수 있었다. 19세기 들어서는 시장이 유효하게 작동될 수 있어 균형 개념이 더욱 가치를 지니게 됐다. 이것으로 발라의 일반균형이론이 경제 이론의 중요한 전환점이 된 것이다. 이때부터 이론적으로 경제 이론이 사회과학을 떠나 자연과학화되기에 이르렀다.

사회 이론에서 '수학적 합리성'이란 무엇인가? 홉스가 말한 이성, 특히 올바른 이성이란 수학이었다. 하느님이 우주의 '최종 원인'이었지만 이제는 계시 대신 데카르트적 이성과 과학, 그 가운데 수학이 대체했다고 본 것이다. 제번스와 발라는 수리경제학의 필요성을 인지했으나 그것은 지금의 '수학적 형식주의(mathematical formalism)'와는 다른 것이었다. 경제 현상은 양적이기 때문에 수학이 필요했으며, 통계 분석의 필요

24 경제학자들은 플라톤, 아리스토텔레스와 아퀴나스에서도 이 용어의 원천을 찾았다.

성을 인정한 것이다. 그러나 가치와 효용은 과학적 관찰과 측정 자체가 불가능함에도 신고전파 경제학자들은 경제의 자연법칙을 탐구하기 위해 수학적 형식주의로 일관했다.

빈 학파, 즉 논리실증주의에 와서는 그런 경향이 정점에 달했는데, 이들의 목적은 '통일과학'이었다. 여기에는 사회학, 화학, 생물학, 기계학, 심리학, 행태학과 광학(optics)까지 모두 포함됐으며, 이들 과학의 상호연관성도 연구 대상이었다. 이러한 통일과학이 인간 지식의 기초로 여겨졌다. 이러한 사상이 개인이나 공공의 생활, 교육, 양육, 건축, 나아가 합리성에 근거한 사회·경제 생활 전반에도 침투했다.

논리실증주의자들은 '독일 이상주의(Deutscher Idealismus)'의 형이상학과 싸웠고, 역사주의의 이념을 공격했다. 이들은 비트겐슈타인의 저서 『논리철학논고』의 영향을 크게 받았으며, 이론 구조를 논하면서 이론의 경험적 내용에서 멀어져 갔다. 논리실증주의자들이 중시한 경제 이론의 공리화는 경제학에서 역사와 사회(제도 포함)를 완전히 분리시켰다.

균형 개념도 구조적 균형, 즉 생산 방법이나 사회·역사 요인에 의해 결정되는 경제 주체 간 균형에서 개인 심리의 상호작용을 통해 이뤄지는 균형인 '행태균형(behavioral equilibrium)'으로 대전환됐다. 이때의 최종 균형 상태는 경제 활동을 통해 만족 수준을 더 이상 제고할 수 없게 될 때 경제학이 정지한다는 것이다. 이런 비교적 덜 실재적인 균형 개념에서는 강조점이 실제에서 이상 또는 가상으로 옮겨진다. 균형 개념이 변할 뿐만 아니라 균형의 역할도 바뀐다. 이제 실제보다 모델이 중시되고, 경제 구조가 아닌 모델의 속성을 이해하는 것으로 균형의 관심사가 옮겨진다. 20세기의 균형 개념은 경제 문제 자체보다 이들을 푸는 도구와 추상으로 옮겨지고 균형의 존재, 유일해(唯一解)와 안정성 탐구로 기울어지게 됐다. 이것은 모두 빈 학파 때문이었다.

그런데 빈 학파의 가장 큰 문제점은 수학적 형식주의가 더 강화됐다는 점이다. 실증주의가 철학이 아니라고 거부된 후에도 수학적으로 정확한 측정 가능성과 논리연산, 양적 예측 가능성 달성에서 필수 도구 역할을 한다. 이에 수학이 경제 이론의 언어가 됐으며, 시장 논리가 아닌 수학 논리가 연구의 주된 목적이 됐다. 더 나아가 '통일과학'의 언어로서 물리적·사회적 우주의 자연 질서를 발견하는 경제학 언어로 채택됐다.

경제 이론이 수학을 자기 언어와 논리로 확실하게 최종 수용한 것은 드브뢰(G. Debreu)가 '공리적 일반균형이론'을 개발했을 때 최고조에 달했다. 공리적 일반균형이론은 빈 학파의 경험적 내용에서 논리적 구조로 관심을 바꿨을 때 만들어졌다. 이때 공리(axiom)의 기본 전제는 다음과 같다.

① 분명하게 정의된 공리에서 이론을 개발한다.
② 수리적 논리 규칙을 따르는 한 이론은 논리적으로 타당하다.
③ 만일 경제 현상을 적절히 측정할 능력이 없어서 경험적으로 수용 가능한 이론을 개발할 수 없다면 진실이라 믿는 전제를 내세우고 거기서 이론을 개발한다.
④ 이론은 그것이 설명하고자 하는 경제 현상과 독립적으로 개발된다.

드브뢰는 『가치이론』의 서론을 통해 공리적 방법을 주장하면서 이론과 정리(theorem)는 모두 공리적 방법을 위해 존재한다고 봤다.[25] 힐베르트(D. Hilbert)도 유클리드 기하학을 공리적으로 제시할 때 점·

25 G. Debreu, *The Theory of Value: An Axiomatic Analysis of Economic Equilibrium*, Yale University Press, 1959.

선·면을 이론의 진실성을 희생하지 않고도 의자·책장·맥주잔으로 대체할 수 있다고 했다. 여기서 그는 수리 이론을 전개하면서 '내용의 공화(emptying of content)'를 강조했다.

이런 공리적 방법은 경제과학의 경계선을 크게 좁혔다. 사회과학에 응용할 때 사회 구조도 순수 논리 구조와 비슷하다고 가정한다. 여기에 암묵적인 것은 우주가 수학(하느님의 언어)과 설계 원리로 쓰였다는 갈릴레오의 생각이다. 이때 설계 원리는 분석에 다음과 같은 두 가지 방법으로 개입된다.

① 만일 세계가 합리적 질서로 지어졌다면 이성인 수학이 원리로 작동해 수학을 탐구하면 설계를 발견할 수 있다.
② 사회가 우주·자연와 같이 합리적 질서로 지어졌다면 그때의 법칙은 수학 방정식으로 표현될 수 있을 뿐만 아니라 이런 수학 방정식의 속성 탐구로 발견될 수 있다.

그런데 이런 현대 일반균형이론의 공리는 관찰에서 유도된 것이 아니었다. 코르나이(J. Kornai)는 일반균형이론이 포함한 많은 가정이 경험적으로 옳지 않고 의미도 없음을 다음과 같이 말한다. "현실에는 거대한 기업이 있고 정부의 역할도 대단하다. 개인 이익의 조화보다 충돌이 더 심하고 집중과 기술 개발, 규모의 경제, 복잡한 정부 구조가 존재한다. 이 모두 균형이론의 가정과 상치된다."

나아가 공리적 방법 자체가 일반균형이론의 유용성을 약화시키기도 한다. 공리적 방법은 '형식 논리'에 따라 이론의 경험성을 공허하게 만든다. 드브뢰의 이론은 '자기충족적' 형식 구조로, 모델로서의 특징도 잃고 있다. 또 이론 개념도 실제 현상에서 추상하는 과정 중에 얻은 산물이 아니고, 현실과 관련된 사고나 지식의 형식주의도 아니게 된다. 더욱이 이론의 타당성 획득에서 경험적 검증을 요하지도 않는다. 수학적 구조와 그 구조의 해석 및 내용 사이의 '이중성'은 경제적 일반균형이론이 경쟁시장 경제의 실제 기능을 분석한다는 의의마저 종국적으로 상실하게 한다. 나아가 이론의 '형식적 발전'은 경쟁시장이 자원의 유효한 이용을 극대화한다고 믿지만 사실은 실패하기 마련이고, 결국 중앙계획경제에서만 가능한 명령과 지식만이 남게 된다.

공리적 접근의 발전으로 경제 이론은 '자연의 개념화'와 멀어지고 실제 현상과 독립된 '가설적 가정(hypothetical assumption)'에 빠지게 된다. 이런 방법을 주류 경제학자들이 신고전파 경제 이론을 대할 때 경제 분야를 넘어 '경제적 제국주의(economic imperialism)'에서 보는 바와 같이 가족, 법, 사랑, 이혼, 정치 등으로 영역을 넓혀 나갔다. 이유는 순수이론이 자연에 기초한 보편법칙이라 믿었기 때문에 형식화 수준을 높여 예측에까지 과감히 뛰어든 것이었다.

다음에 이어질 여러 신고전파 경제 이론과 주류 경제 이론은 상치되는 내용도 있지만 하나같이 자연법칙관을 준수한다는 공통점이 있다. 고전 경제 이론도 자연법칙관을 따르고 있지만 이들은 역사와 사회도 받아들이는 반면, 주류 경제 이론은 역사와 사회, 인성을 처음부터 인정하지 않는 특징을 보인다.

2) 실증주의·논리실증주의·반증주의와 형식적 모델링 기법

현재 주류 경제학은 형식적 모델링 기법으로 더 굳어지고 있다. 경제학 연구방법론상 주류 경제학자들의 전통적 견해는 논리실증주의의 아이디어에 포퍼의 '구획 기준(demarcation criteria)'을 보완·조합한 것으로, 현대 경제학자들은 대부분 여기에 속한다. 이들은 실현 가능하고, 반박 가능하며, 반증 가능한 가설에 관심을 둔다. 현대 반증주의 경제학자에는 허치슨(T. W. Hutchison)과 블로그(M. Blaug)가 있다.

허치슨은 『경제 이론의 의의와 기본 공준』에서 경제학에 실증주의자적인 포퍼의 방법론을 소개하고 로빈스의 선험(연역)주의를 다뤘다.[26] 이로 인해 시니어와 J. N. 케인스, 케언스와 미제스의 견해를 간접 반박하게 됐다.

허치슨의 저서 이전에도 실증주의 사상은 경제학자들의 방법론 연구에 큰 영향을 미치기 시작했지만 계량경제학회 창설은 실증주의 사상을 공고히 하는 기반이 됐다. 이 가운데 슘페터가 *Economica*에 기고한 글이 경제학의 통일성과 수학적 영향에 커다란 영향을 미쳤다. 새뮤얼슨(P. Samuelson)의 『경제 분석 기초』는 조작적으로 의미 있는 정리를 제시했다.[27] 허치슨의 글과 용어가 다르긴 했지만 내용은 마찬가지였다.

포퍼의 반증주의는 물론 논리실증주의와 다르지만 경제학자들이 원용할 때는 실상 아무런 차이가 없었다. 결과적으로 경제학에서는 상응성을 시험할 때의 반증주의자적 표준을 보이는 경험주의자나 실증주의자적인 입장이 됐다. 이들은 애로-드브뢰의 1954년 논문 이후 형식적 모델링 기법으로 통합됐으며, 새로운 패러다임을 형성하면서 지금의 주류 경제학을 이루었다.

논리실증주의와 반증주의를 믿는 대부분의 현대 경제학자들은 반박이 가능한 가설을 만들고 실험하는 것, 반증 가능한 이론을 개발하는 것을 목적으로 한다. 이론은 일반적·추상적 언명의 집합 또는 법칙의 총 체계 → 보편적 언명·경향·추세·근사·규칙·항상성·일반성 → 우발적 보편성으로, 또 법칙 → 경향법칙 → 논리적으로 연결된 일련의 명제다. 이론은 법칙이 서로 연결된 하나의 집합체이며, 간명한 규칙으로 정

---

26 T. W. Hutchison, *The Significance and Basic Postulates of Economic Theory*, Macmillan, 1938.

27 P. Samuelson, *Foundations of Economic Analysis*, Harvard University Press, 1947.

의한다. 법칙을 발견하기 위한 정리(theorem)를 먼저 공리적으로 연역하고 이를 검증해서 구축한다. 여기에는 전제, 명제, 공리, 가정, 가설은 물론 개념, 술어, 명사, 착상, 분류 등이 분명해야 한다고 주장한다. 또 경험적 이론은 법칙을 체계화한 것이며, 법칙은 개념을 연결한 것이고, 개념은 어떤 사실을 일반화한 것으로 본다.

현대 미시·거시 경제학자들의 형식적 모델링 기법은 과학주의, 개인주의, 자유주의, 물질주의, 수학주의, 한계주의(≠공리주의) 등을 사상으로 한다. 방법으로는 한계, 수학, 정량화, 형식화로 모델을 구축하는 것이었다.

3) 과학적 실재론과 생물학적 유추론

과학적 실재론과 생물학적 유추론도 경제 분석에서 자연과 인성 가운데 자연에 치중한 이론들이다. 그러나 내용은 좀 다르다.

실재론(實在論 ≠現實論)이란 원리(이론)가 현실 내면의 실재, 즉 존재에서 찾아져야 한다는 사상이다. 여기에는 '인과적 준거 이론(causal theory of reference)'에서 '진화적 자연주의 실재론(evolutionary naturalist realism)'에 이르기까지 수많은 이론이 있다. 그러나 이들은 다음과 같은 공통점이 있다. 첫째, 철학적 도구주의와 달리 이론의 문장은 참 또는 거짓 중 하나다. 쿤이나 라카토스 같은 상대주의자와 달리 실제 세계가 우리와 어떻게 독립적이냐에 따라서 이론의 문장이 참 또는 거짓이 된다. 둘째, 실제 세계에서는 '알 수 있는 대상(knowing subject)'과 독립적으로 존재한다는 것이다. 칸트적 이상주의에서 객체는 알 수 없지만 실재론자들은 독립적으로 존재하는 세계를 비롯해 불변의 객체나 자연 유형, 본체를 알 수 있다고 말한다.

로슨(T. Lawson)적 실재론자들은 하이에크나 신오스트리아 학파와 달리 그 안에 숨겨진 인과의 메커니즘을 발견할 수 있다고 낙관한다. 경제 이론도 잘 구성하면 가능하다는 것이다. 이것은 경험주의나 포퍼적 발견 혹은 추리 방법인 귀납과 연역만으로는 안 되고 '발상(abduction)', '추론(inference)' 등으로 가능하다. 사실을 연구하고 발상으로 이론적 개념을 만들면 된다는 것이다.

뉴턴-스미스의 '최소실재론'은 물리 세계가 인간 심성이나 언어, 양심과 독립적으로 존재한다는 것이다. 그러나 사회와 경제의 실재는 독립성을 지니지 않는다. 만일 모든 인간이 지구상에서 사라져도 우주는 그대로 존재할 것이지만 지방, 국가, 시장 등은 사라질 것이다. 여기서 사회와 경제는 주어진 것이며, 자연적인 것이 아니라 '인간의 구축물'이라고 본다.

생물학적 유추론도 자연법칙관을 계승하고 있다는 측면에서 주류 경제 이론에 포함된다. 그러나 주류 경제학, 즉 기계적 은유를 수학으로 풀면서 경제 현상을 설명·예측하려는 접근법은 여러 측면에서 한계에 직면하고 있다는 지적을 받는다. 기계적 은유는 지식, 질적 변화, 시간 불가역성 등을 설명하지 못한다. 또 체계적 오류와 누적적 발전 없는 균형 도식의 경제학에 그친다.

기본적으로 기계적 은유는 우주 내의 모든 운동은 '뉴턴적 기계 체제' 내에서 '시간의 화살(arrow of time)'이란 존재하지 않으며 질적 변화도 없다고 가정된다. 또 합리성과 균형성을 기본 개념으로 하면서 계측할 수 있는 운동법칙에 따라 운동의 방향이 결정된다. 이 경로의 선택도 극대·극소의 원칙, 즉 최소운동법칙에 따르기 때문에 언제나 균형점에서 최적화된다고 본다. 정보와 학습 등도 초기에는 논의의 대상이었다. 이때 '생물학적 유추(biological analogy)'가 주류경제학의 결점을 치유하는 대안으로 등장한다. 특히 방법론적 개인주의와 환원주의의 대안 역할을 한다.

그동안 많은 학자가 '경제 이론의 위기'를 극복하기 위해 생물학적 유추가 필요함을 강조했다. 베블런 같은 제도학파에서 연유된 진화경제학자들과 스펜서(H. Spencer), 다윈 같은 진화론 창시자, 마셜 같은 근대 경제학 창시자 등도 생물학적 유추의 필요성을 강조한 바 있다. 전후 1950년대의 베커(G. Becker)와 허슐라이퍼(J. Hirschleifer), 1980년대의 넬슨(A. Nelson)과 윈터(S. Winter) 등은 합리적 선택이나 정태균형의 틀을 넘어선, 생물학에서 유추한 진화론적 방법을 동원해 주류 경제학을 질타하는 이론적 틀을 마련한다.

여러 문제점이 있음에도 진화론적 접근법을 경제학에 적용하면 많은 도움이 된다. 특히 시간의 가역성·지속성과 단기 한계적 조정보다 장기적 발전, 질적 변화, 다양성, 불균형, 체계적 오류 발생 가능성, 비최적 행태 등을 다룰 수 있게 된다. 정태적 제약에 따라 기계적 극대화, 합리적 선택, 안정적 의사결정과정 등 주류 경제학의 핵심 이론을 직접 비판할 수 있다.

최근 급속도로 발전하고 있는 생명공학기술(BT), 나노기술(NT), 정보기술(IT)로 인해 DNA 구조가 상세하게 밝혀진 후 통합생물학과 통섭론이 인간의 사회·인성까지 통섭할 수 있다고 보기 시작했다. 물론 아직도 해결되지 않은 부분이 많음은 전술한 바와 같다.

4) 패러다임론과 과학적 연구 프로그램론

쿤의 패러다임론과 라카토스의 과학적 연구 프로그램론은 원래 자연과학을 대상으로 한 것이었지만 경제학에도 새로운 지평을 열었다. 경제학자가 알지 못하던 미지의 세계가 개척된 셈이다. 이로써 경제 원리의 모습, 성격, 구축 방법과 평가, 기능, 문제점 등이 소상히 알려지게 됐다. 그러나 여전히 개척이 완료되지는 않았으며, 아직도 미지의 부분이 많이 남아 있다.

한 사고 체계가 다른 사고 체계를 대치해 간다고 하는 쿤의 과학혁명론, 즉 패러다임론은 이론(異論)이 없는 것은 아니지만 자연과학 방법론에서는 유용한 도구가 될 수 있다. 쿤은 뉴턴의 중력이론 다음에 아인슈타인의 상대성 원리가 과학 원리의 패러다임적 변화라 하면서, 이를 '과학혁명'이라 명명했다. 경제학자들은 이에 따라 지난 200-300년 동안 경제학에서 스미스적 혁명 또는 자유방임혁명, 멩거·발라·제번스적 혁명 또는 한계효용혁명, 마르크스 혁명, 케인스 혁명 또는 거시경제혁명과 같은 대혁명이 있었다고 보았다.[28]

그런데 현재까지 경제학 발전 과정을 가장 잘 설명한 이론은 쿤의 과학혁명론보다 라카토스의 자연과학철학론이라는 견해가 있다. 라카토스는 과학사를 여러 과학적 연구 프로그램이 경합을 벌인 역사라 보고 과학적 연구 프로그램을 하나의 이론이 아니라 검증에 의해 결코 반증되지 않는, 불변의 견고한 '중핵(hard core)'을 공유하는 일련의 이론으로 생각한다. 같은 과학적 연구 프로그램에 속하는 개개의 이론은 이런 견고한 중핵에 서로 다른 가설인 '보호대(protective belt)'를 부가해서 만들어진다. 다만 보호대가 반증되면 새로운 보호대가 생기기까지 다른 연구 프로그램에 의해 부진하거나 휴면 상태에 빠질 뿐이다.

라카토스와 브론펜브레너(M. Bronfenbrenner)는 현대 경제학과 마르크스 경제학을 경제학에서 서로 경합하는 비중 높은 과학적 연구 프로그램이라고 언급한다. 또 경제학 내에 서로 경합하는 여러 개의 과학적 연구 프로그램인 ① 공정가격과 중상주의, ② 맬서스(T. R. Malthus)의 공황론, 룩셈부르크(R. Luxemburg)의 과소소비설(過少消費說), 칼레츠키(M. Kalecki)와 케인스의 일반적 과잉생산 및 유효수요 부족, ③ 중농주의, 노

28 이 외에 소혁명으로는 중상주의 혁명, 중농주의 혁명, 리카도의 방법론적 혁명, 신고전파 종합의 케인스 반혁명, 스라파(P. Sraffa) 혁명, 신(新)케인스 혁명, 수학 및 수량혁명, 통화주의자의 반혁명 등을 들었다.

동가치설, 자연가격과 비교생산비설, ④ 잉여가치, 재생산구조와 제국주의론, ⑤ 한계효용과 균형이론, ⑥ 인적자본론 등에는 모두 견고한 중핵이 내재돼 있다고 본다.

제5절

지난 50여 년간 발전한 새로운 학문

지난 50여 년간 여러 철학과 방법론도 급속히 변모·발전했고, 원리를 찾는 길도 새롭게 전개됐다. 특히 인지과학과 통섭론은 지금까지의 여러 철학과 방법론을 근본적으로 바꾸고 있다. 한때 치열하게 전개된 소위 '방법론 논쟁'과 이원론, 철학의 절대주의와 상대주의 논쟁까지도 넘어서고 있다.

다윈혁명은 150년 전 다윈에 의해 제시된 자연선택 메커니즘으로, 생명의 변화와 다양성을 설명하게 된 혁명적 변화를 뜻하는데, 다윈혁명 이후 분자혁명과 인지혁명이 이어지고 있다. 분자혁명은 DNA 구조 발견 이후 지난 50년간 눈부신 발전을 거듭한 분자생물학의 혁명적 변화를 지칭한다. 인지혁명은 본래 심리학 분야에서 행동주의에 반대하며 마음을 정보처리장치로 보기 시작한 인지주의를 뜻하지만, 넓은 의미에서는 신경과학의 급속한 발전이 인간의 인지에 대해 이해의 지평을 넓히게 된 사건을 포함한다. 그중에서 위의 세 혁명과 연관된 것은 진화인문학·분자인문학·신경인문학이다. 진화인문학은 진화철학·진화심리학·진화경제학 등, 분자인문학은 분자심리학·분자사회학 등, 신경인문학은 신경법학·신경사회학·신경경제학 등을 포함하면서 발전했다.

진화인문학 가운데 진화철학은 다윈의 자연선택이라는 진화 메커니즘을 철학에 적용한 것이다. 이것은 플라톤 이후 존재론의 양대 기둥을 형성해 온 본질주의와 반본질주의의 논쟁과도 관계가 있다. 즉 다윈의 진화론은 본질주의적 세계관을 거부하지만 진화철학은 진화론으로부터 윤리에 관한 새로운 원리들을 도출해 내면서 인간의 도덕능력 진화를 설명하려 한다.

진화심리학은 인간의 마음에 대한 계산주의 이론과 행동생태학이 결합해 탄생한 학문으로, 인간의 마음은 수많은 종류의 적응(adaptation)으로 구성돼 있다고 본다. 인간의 신체가 적응적인 여러 기관(눈, 다리, 심장 등)으로 구성돼 있듯이 인간의 마음도 하나의 적응 기관이라는 뜻이다. 이러한 생각은 인간의 마음이 어떻게 설계돼 있고, 어떤 식으로 작동하는지를 탐구하는 인지신경학에 큰 도전이 된다. 20세기 전반부를 풍미하던 프로이트의 정신분석학과 스키너(B. F. Skinner)류의 행동주의가 쇠퇴하고 인지주의라는 새로운 사조가 등장함으로써 지난 50년 사이에 인간의 마음을 이해하는 방식은 또 한 번 크게 변화했다.

인지주의란 마음이 자극과 반응으로만 설명되는 블랙박스가 아니라 컴퓨터나 두뇌처럼 복잡하고 정교한 정보 처리가 일어나는 장치로 보는 관점이다. 인지주의는 컴퓨터공학, 인공지능학, 인지심리학, 뇌과학 등의 분야를 한데 모은 것으로, 인지과학이라는 새로운 융합 분야를 낳기도 했으며 신경인문학을 태동시켰다.

신경인문학의 주제는 크게 다음과 같다. 신경윤리학은 뇌 영상 기술 발전으로 발생할 수 있는 윤리 문제를 다루고, 신경법학은 뇌 프라이버시 문제를, 신경사회학은 뇌 강화 주제를 각각 다룬다.

신경경제학은 뇌과학, 경제학, 심리학 등이 융합된 학문으로, 인간의 의사 결정과 선택 과정에 뇌가 어떻게 작용하는지를 파악함으로써 경제 주체의 감성적 행동을 분석하는 학문이다. 신경경제학을 마케팅에 적용해 광고 효과 등을 분석하는 세분화된 신경마케팅을 비롯해 신경정치학, 신경윤리학, 신경공학 등도 발전하고 있다.

인간의 뇌는 1.4킬로그램에 불과하지만 우주와 인간에게 알려진 것 가운데 가장 복잡한 구조로 돼 있으며, 동시에 가장 신비롭고 아직 밝혀지지 않은 것이 많이 남아 있는 미지의 영역이기도 하다. 20세기 후반에 들어와서는 뇌과학과 인지과학의 발전 속에서 신비의 영역으로 간주되던 의식까지도 과학적으로 설명을 시도하고 있다.

1천억 개의 신경세포로 이뤄진 뇌의 신비도 한 꺼풀씩 벗겨지고 있기는 하지만 아직도 사람의 생각이 어떤 과정을 거쳐 일어나는지 등 잘 알지 못하는 부분이 훨씬 더 많다. 신경세포 하나가 작동하는 방식의 큰 얼개는 사실 간단하지만 사람의 놀라운 지성을 신경세포 하나로 환원시켜서 이해할 수는 없다. 하나하나의 작동은 단순해도 신경회로를 연결해서 커다란 인공 신경회로망을 만드는 일은 극히 어렵다. 인공지능도 결국 사람에게서 배우고 사람에 의해 만들어진 것이지만 사람이 만든 최신 인공지능이 어떻게 작동하는지는 과학자들도 아직 자세히 알지 못한다. 사람의 지성에 대해서도 파편화된 단서만 있을 뿐 어떤 과정으로 정보가 기록되고 다시 의식의 표면으로 떠오르는지 여전히 잘 알지 못하는 상황이다.

20세기의 가장 위대한 과학 업적으로 평가되는 DNA 이중나선 구조의 발견은 각종 생명 현상의 비밀을 풀어 주는 수많은 유전학 연구의 출발점이 됐다. 이를 바탕으로 인간의 유전자 지도를 작성하고 유전자 배열을 분석하는 인간게놈 프로젝트가 완성됐다. 이와 더불어 인류 최후의 연구 분야인 뇌 연구를 위해 세계는 현재 새로운 기술 르네상스 시대에 들어서고 있다. 21세기에는 동종 기술 영역의 한계를 극복하고 이종 기술의 장점과 효율성을 결합한 새로운 수요 및 시장 창출을 위해 독특한 과학기술 패러다임이 등장하고 있다.

이와 더불어 퓨전이나 이종교배(hybridization)는 여러 심리학자가 창의성의 핵심이라고 강조하는 연관적·동공간적·야누스적 사고를 가능케 한다. 이것이 새로운 학문 간 융합의 근간이다. NBIC 컨버전스에서 NBIC는 나노(nano), 생물(bio), 정보(info), 인지(cogno)를 뜻한다. 이들은 각각 또는 서로 융합하면서 발전하고 있다.

기술의 융합은 1970년대 이후 정보기술 분야에서 가장 먼저 시작된 이래 인터넷과 디지털화를 매개로 컴퓨터와 통신·방송 등이 융합돼 융합형 정보통신서비스가 제공됐다. 이후 1990년대에 생명과학 연구를 주도하던 인간게놈 프로젝트가 생물학, 물리학, 윤리학, 정보학, 공학, 화학 등 여섯 개 분야의 공동 연구 끝에 성공을 거뒀다. 1990년대 말부터 미래 기술의 총아로 등장한 나노기술은 화학, 물리학, 재료공학 등의 분야가 수렴되어 만들어진 새로운 분야로 평가받았다. 인지과학혁명은 1990년대 이후 기능적 자기공명영상(fMRI) 등의 출현에 힘입어 인간 정신의 미지 영역을 탐구하기 시작했다. 이렇게 독립적으로 발전하던 기술 가운데 나노-바이오 컨버전스가 가능해졌고, 여기에 정보와 인지가 합류해서 2000년경에 미국을 중심으로 NBIC 컨버전스가 새로운 기술 패러다임으로 탄생한 것이다.

모든 과학기술과 학문은 통섭이라는 융합의 궁극적 형태로 막을 내릴 것이라고 말하는 사람들도 있다. 궁극적 통섭은 자연과학, 사회과학, 인문학을 융합해서 하나의 통일된 학문을 만드는 것이다. 그러나 통섭에 대한 비판도 만만치 않다. 그 비판의 요지는 통섭이 자연과학 제국주의, 그 가운데에서도 생물학 제국주의 프로그램이라는 것이다.

경제학에서 합리성에 대한 도전은 일찍이 사이먼(H. A. Simon)과 카너먼(O. Kahneman)에 의해 이뤄졌다. 제한적 합리성, 휴리스틱, 프로스펙트 이론 등으로 과거의 전범이 크게 바뀌고 있다. 대표 사례로 경제학 가운데 신고전경제학이 행동경제학으로, 또 이것이 인지경제학으로 바뀌는 것을 들 수 있다. 합리성 및 이성에 대한 회의와 도전은 마셜의 '생물학 존중', 케인스의 '야성적 충동(animal spirits)'에서 보여 주는 바와 같이 오래전부터 있었으나 행동경제학에서 속도를 더한 것이다. 이제 인지과학의 영향으로 사회과학의 각 분야 자체가 어떻게 변화할 것인가뿐만 아니라 사회과학이 다른 분야와 어떻게 융합되는가도 밝혀야 할 단계에 이르렀다. 특히 최근의 인공지능(뇌 연구)은 그 속도, 범위, 영향 측면에서 가히 혁명적이다. 이 가운데 경제학은 인공지능의 범위와 영향에 대한 연구 없이는 이미 그 존립 자체가 위협받는 지경에까지 이르고 있다. 인공지능을 갖춘 메신저 봇(messanger bot)은 스마트폰의 앱을 대체하면서 경제학자가 가장 중요한 개념 가운데 하나로 여기는 '선택'까지 경제학자들보다 더 잘 다루게 됐다.

통섭론은 윌슨(E. O. Wilson)의 『통섭: 지식의 통합』이 출간된 이후부터 본격화됐다.[29] 철학도 통섭에서 예외일 수 없다. 윌슨은 철학과 과학을 구별하면서 철학을 '모르는 것에 관한 숙고', 즉 '과학이 아직 답할 수 없는 질문들을 다루는 학문'으로 정의한다.[30] 그러나 철학자들은 이런 생각에 반대한다. 철학은 '모르는 것에 대한 숙고'가 아니라 '근원에 관한 학(學)'으로 이해해야 한다는 것이다. 또 근거·원리·원천·뿌리·전제 등 다양한 유형의 존재·인식·행위의 근원을 이해하는 학문으로, 철학에서 분리된 여러 분파의 학문이 다시 성찰되면서 새로운 철학 분야가 하나씩 더 생겨났음을 상기해야 한다.

29 E. O. Wilson, *Consilience: The Unity of Knowledge*, Alfred A. Knopf, Inc., 1998.

30 이 말은 과학이 모든 것을 풀이하게 되면 철학은 자연히 소멸된다는 것이다. 즉 윌슨은 모든 것을 포괄하는 철학에서 점차 여러 분파의 학문이 독립된 것으로 본다. 실제로 뉴턴의 물리학이 철학으로부터 독립한 이래 화학, 생물학 등이 떨어져 나왔다. 경제학, 심리학, 사회학, 정치학, 인류학, 역사학 등도 과학이라는 이름으로 철학으로부터 독립해 나오고 있다.

윌슨은 인간 조건을 이해하는 방법이 무척 다양한 것처럼 보이지만 실제로는 단 하나, 자연과학에서 나온다고 본다. 자연과학은 근래 들어 사회과학과 인문과학으로 범위를 확장하면서 이 세 영역을 한데 묶고 있다.[31] 지금으로서는 그들 사이의 인식론적 연결을 만드는 데 아직은 확실한 진전을 보지 못하고 있지만 이들이 서로 연결, 통합되는 방향으로 나아가고 있다는 것은 확실하다.

31 지식의 통섭은 서로 다른 학문 분과를 넘나들면서 인과 설명을 하는 것을 의미한다.

제6절

종합 평가와 경제 원리에의 함의

제2장에서는 자연·사회·인간·경제에 관한 선인들의 여러 시각과 방법을 정리하고 설명했다. 이런 긴 터널을 거쳐 우리는 색안경을 벗고 원리 탐구의 빛을 맞이할 수 있을 것인가? 과연 터널의 끝에서 경제 원리를 찾기 위한 작은 길의 문을 열 수 있을 것인가? 즉 원리 탐구의 긴 터널을 구체적으로 어떻게 경유하고[大道], 그 끝에서 과연 무수한 인과의 전후관계에서 가장 핵심이 되는 요인을 찾는 길[小道]을 열 수 있을 것인가를 알아본다.

1. 먼저 색안경을 벗기 위한 여러 철학과 방법론 가운데 인간 본질에 관한 이론을 찾기 위해 인성의 형이상학적 배경과 경험적 배경을 바탕으로 '인식론' 조합적인 시각의 윤곽을 그려 보자. 우선 칸트의 사상 체계야말로 우리가 다른 이론들에서 각기 받아들일 만하다고 생각한 내용을 하나의 모순 없는 전체 견해로 통합하며, 어느 정도 현대화가 필요하겠지만 포괄적인 적절한 틀을 제시하고 있다고 본다.

칸트는 서로 다른 종류의 진리(선천적인 것과 후천적인 것)로부터 유래하는 서로 다른 층위의 사고를 구분했다. 우리는 이에 근거해 철학적

반성과 논증을 위한 자리는 물론 과학과 역사, 인류학에서처럼 관찰과 경험에 의거한 경험적 사실을 위한 자리도 마련할 수 있다. 이에 따라서 우리는 어떤 생물을 이성적 사고자이며 행위자로 간주하기에 충분한 특성이 무엇인지에 관해 선천 개념의 정의를 형성할 수 있다. 여기에는 칸트뿐만 아니라 플라톤과 아리스토텔레스도 포함된다.

과연 무엇이 인간으로 하여금 그런 최소한의 이성을 갖게 해 주는 것일까? 플라톤은 인간이란 본질적으로 비물질적 영혼이며, 따라서 우리의 가장 뚜렷한 합리적 본성은 과학적 탐구의 영역을 넘어선 곳에 존재한다고 믿었다. 아리스토텔레스는 인간에게 특징적인 이성적 형태의 정신적 기능이란 이른바 동물적 기능(지각과 자기운동)에 덧붙여진 것으로 생각했다. 즉 인간은 동물이며 본질적으로 신체를 지니고 있지만 동시에 특출하게도 이성적이고 언어를 사용하는 유형의 동물이라고 생각한 것이다. 그렇다면 과연 무엇이 우리의 언어 능력과 이성 능력을 가능하게 해 주는 것일까? 그것은 아마도 우리 두뇌일 것이다.

칸트가 말한 것처럼, 그리고 다윈의 이론을 살펴볼 때 나타난 것처럼 우리는 설명 방식에서부터 그야말로 환원 불가능한 이원론을 사용하고 있다. 한편에는 인간 행동에 관한 설명이 있다. 이는 이유(이성)에 의거하며, 실천적 추론에서 전제와 결론 사이의 개념적 연관성에 호소한다. 다른 한편에 있는 설명은 인과(원인)에 의거하며, 보편적인 자연법칙에다 특정한 선행 초기 조건을 덧붙인 것에 호소하는 것이다. 하지만 칸트나 다른 이론가들도 이 영역에서의 철학적 난맥을 풀어내지 못했다. 이 주제에 대한 지속적인 논의야말로 오늘날 마음과 행동에 관한 철학의 중심 주제인 동시에 심리학과 사회과학의 근본 논제이기도 하다.

이러한 선천적 틀 안에 자연과 인간에 관한 모든 종류의 경험적 사실을 끼워 맞출 수 있다. 특히 다윈의 진화론을 칸트의 경험론 측면에 통합시킬 수 있다는 것이다.

2. 우리의 관심은 위와 같은 깊고 넓은 여러 가지 철학적 논점 가운데 하나의 원리인 경제 원리란 무엇이고 또 그것은 어떻게 찾을 것인가에 있다. 그래서 제2장에서는 E. H. 카의 원리(역사 원리)를 발견함에 있어 풀어야 할 주요 논쟁점을 살펴본 뒤 여러 철학적 논의를 자연 vs 사회·인성으로 양분해 상술하고, 이런 과제가 예부터 지금까지 어떻게 다뤄졌는가를 살펴봤다.

원리 발견과 관련해 그동안 전개된 논의는 크게 다음과 같이 정리된다. 즉 ① 연역 vs 실증 등 이원론과 이후 진화론에 따른 일원론의 대두, ② 르네상스 때부터 시작된 자연과학의 발달이 인식론에 미친 영향, ③ 21세기 들어 혁명적으로 발전하고 있는 두뇌연구·빅데이터·슈퍼컴퓨터 등에 의한 인공지능혁명, ④ 통섭론의 진전 및 한계 등이다.

3. E. H. 카는 원리 발견을 위한 여러 과제를 풀지 못한 채 그대로 남겨 두었다. 반대로 말하면 이런 논쟁점을 해결하지 못하면 역사 원리를 찾을 수 없다며 손을 놓은 것이다. 그런데 이들 논쟁점이 다윈의 진화론이 발표된 이후 일원론과 인과론(因果論)으로 흡수되는 양상을 보이기 시작했다. 특히 윌슨의 통섭론으로 인해 사회과학 표준 모델을 새로운 것으로 대체하려는 노력이 뒤이어 나타났다. 그들은 진화론 때문에 자연에서 인간의 위치를 표시하는 것이 가능해졌고, 역사상 최초로 인간을 이해할 수 있게 됐으며, 인과관계의 모습이 두드러지게 됐다고 생각했다. 또한 하나의 현상을 초래하는 모든 요인과의 인과적 상호작용에 대한 분석에 그런 연관관계를 이용함으로써 인식론상 지식의 진보를 가능하게 한다고 주장했다. 그들은 인과관계야말로 이 세상을 지배하는 원리이며, 모든 자연·인간 현상 뒤에는 항상 복잡한 인과관계의 이음새가 존재한다고 생각했다. 결정론과 인과적 완벽성에 대한 그들의 선호는 대단히 노골적이었다. 그러나 결정론에 관한 이러한 믿음 혹은

최소한의 '인과적 완벽성'에 대한 믿음은 엉성한 데가 있으며, 아직도 비판의 여지가 많다.

4. 특히 경제학에서의 함의를 찾기 위해 경제학도 자연법칙관과 사회·인성관으로 나누었다. 고전파 경제학에서는 스미스와 밀을 비롯하여 밀 전후의 선험(연역)론(리카도, 미제스, 시니어, 로빈스, 하이에크), 도구론(마셜), 종합·변증론(케인스, 슘페터, 마르크스), 제도론(베블런), 경제심리학·행동경제학(카너먼), 사회경제학(베버)을 다루었다. 주류 경제학에서는 초기 한계론(발라, 멩거), 실증·논리실증·반증주의와 형식적 모델링 기법(대부분의 현대 미시·거시 경제학자들), 과학적 실재론(로슨), 생물학적 유추론(알치언, 넬슨)을 비롯해 패러다임론(쿤)과 과학적 연구 프로그램론(라카토스)까지 다뤘다.

이들 경제학자는 '사회적 인간 본성', 더 좁게는 '경제적 인간 본성'을 비교적 상세하게 다루려 했다. 스미스와 마르크스, 케인스와 베블런 등은 각각 다른 시각으로 경제적 본성 분석에 많은 시간을 할애했다. 특히 밀은 경제적 인간 본성을 어느 경제학자보다 깊이 고민했다. 사회·인성에는 자연과 다른 나름의 사회·인성 원리가 존재한다고 봤지만 사회·인성에 특유의 법칙이 있는지는 의문으로 남겨 놓았다.

한편 주류 경제학은 이들과 달리 사회·인성에도 자연법칙관이 그대로 적용된다고 보고 사회·인성을 자연과학적 방법으로 풀이해야 한다고 주장한다. 그 가운데 현대 형식적 모델링 기법은 더욱 그러하다. 이러한 흐름은 현대 주류 경제학에까지 이어지고 있다. 생물학적 유추론은 물리학적 기계론에는 반대하지만 자연에는 물리법칙이 아니라 생물법칙(다윈의 환경적응 등)이 적용된다는 입장이다. 패러다임론과 과학적 연구 프로그램론은 현대 주류 경제학과 다른 자연과학적 방법론을 제시하여 주목을 끈다. 그들은 자연법칙이나 사회·인성 모두에 중핵과 보호대의 원리가 있다면서 자연법칙에도 중핵과 보호대가 있고, 보호대는 여건에 따라 변화한다고 봤다.

5. 제2장에서는 철학·방법론의 다양성 속에서도 자연 vs 인성을 구분하여 정리하고, 특히 플라톤과 아리스토텔레스가 밝힌 인식론상 이성의 중요성(추론적 사고 능력과 지성의 능력)을 넘어 칸트의 직관과 범주에 대한 이론 및 이원론 초월, 즉 결정적인 인과관계 세계 속에서 어떻게 자유의지가 가능한지를 이해할 수 있다는 희망을 품을 수 있게 됐다. 또 그의 선천적 틀 안에서 자연과 인간에 관한 경험적 사실을 끼워 맞출 수 있는 길이 제시됐다. 나아가 다윈의 진화론을 칸트의 경험적 측면에 통합하는 것이 가능해짐에 따라 일원론과 인과론으로 흡수하여 인식론상 지식의 진보를 가능케 하는 길을 찾을 수 있게 됐다. 인과관계야말로 이 세상을 지배하고 있는 기본 원리 가운데 하나이며, 이런 관계를 알게 되면 인식론상 새로운 지식의 진보를 가능케 할 수 있다. 즉 경제 원리의 현실 적용성(정책성)까지 확보할 수 있게 된다는 것이다.

그런데 인과 문제, 즉 원인과 결과의 관계는 종교·자연·사회뿐 아니라 경제 영역에서도 핵심 난제 가운데 하나다. 플라톤, 아리스토텔레스, 러셀 등 철학자들도 서로 다른 해석을 내세웠다. 흄, 밀, 하이에크 같은 경제학자들도 달리 풀이하고 있다. 이와 같이 인과 문제는 아직 근본적으로 풀리지 않은 난제다. 이런 인과 문제를 최근 들어 칸트, 다윈, 윌슨 등의 이론으로 그 해결의 실마리를 찾을 수 있게 됐다는 것이다. 물론 이것만으로는 완전할 수 없다. 결국은 이런 인과 문제 해결과 정책화 때까지의 간극은 빅데이터, 클라우드, 인공지능 등의 힘을 빌려 메워야 할 것이다. 인공지능은 경제 원리 발견에 필수 도구로 등장하고 있다. 나아가 연구자의 통찰력이 마지막으로 작용할 것이다.

특히 최근 들어 인지과학, 두뇌과학 등 인지혁명이 일어남에 따라 인간의 의식과 감정도 두뇌 작용으로 이해되고, 따라서 사회·인성도 물리·생물에서와 같이 과학적 분석이 가능하게 됐다. 이런 이유로 인성 원리는 자연 원리와는 다른 모습과 성격을 띠면서 변화하고 움직일 것이다. 특히 경제 원리는 자연 원리와 본질적으로 같을 수 없다. 불완전하며 현실과 원리 간 간극이 크기 마련이다. 법칙, 이론, 모델, 가설, 일반화, 단순화, 추상화, 경향, 패턴, 규칙 등 여러 원리의 모습 가운데 어떤 모습을 띠게 될지는 원리의 특성, 분야, 지역, 기간 등에 따라 달라질 것이다. 그러는 중에도 인지혁명에 따라 이론화가 빠르게 진전돼 나갈 것이다.

이와 같은 종합 평가를 바탕으로 보면 자연히 다음 제3장과 제4·5장의 분석이 뒤따르게 된다. 제3장에서는 이 책의 기본 입장, 즉 우주·자연관, 사회·인성관, 경제관 및 이들을 관통하는 근본 철학·사상과 이에 맞는 경제학의 새로운 정의를 찾아본다.

제3장

이 책의 기본 입장과 철학·사상

제1절

이 책의 기본 입장

자연·사회·인성에 관한 여러 철학·방법론과 인지과학 및 통섭론을 통해 경제 원리의 본질과 성격 등을 파악하고 경제 원리를 발견하기 위한 이 책의 기본 입장을 먼저 다음과 같이 정리한다. 그런 다음 이 책의 기본 줄거리인 ① 자연≠인성을 먼저 정리하고, ② 경제=자연+인성, ③ 경제 현실→경제 원리, ④ 경제 원리의 뿌리인 현묘성과 그 바탕인 '현실'의 의미를 실체론 vs 관계론 및 연기론을 통해 더 구체적으로 알아보고 경제학의 정의를 새로 정립한다. 이런 분석과 논증은 다른 글에서 볼 수 없는 이 책만의 백미이며 특징적인 기여라 할 수 있다.

1. 우주 · 자연관

세이건(C. Sagan)의 '우주'와 윌슨(E. O. Wilson)의 '통섭'을 보면 우주와 생물체는 모두 분자로 구성돼 있어서 '물리 환원적 일원론'으로 천지만물의 움직임을 묘사하거나 예측할 수 있다고 본다. 이처럼 현대의 자연과학 기술은 우주의 구조와 실체를 하나씩 밝혀내고 있으며, 나아가 태양권 밖에까지 탐사의 손길을 뻗치고 있다. 소우주라 하는 인체에 대해서도 이제 인간게놈 프로젝트로 신의 영역이라는 생명까지 다루고 있다. 특히 아인슈타인의 일반 상대성 원리는 뉴턴의 중력이론을 넘어서면서 블랙홀과 빅뱅, 나아가 암흑물질의 내용도 밝혀내고 있다. 이제는 중력파 원리 검증으로 우주의 탄생과 종말 시점까지 예측하려 하고 있다. 이러한 거대하고 격변하는 우주의 신비도 현대 첨단과학이 하나하나 풀어 나가고 있는 것이다.

물리 환원적인 통섭적 첨단과학기술의 힘은 위대하고 강력하며 명백하다. 이런 자연 원리에는 인간의 가치 판단과 오욕이 개입될 여지가 없다. 만일 인간의 감정이나 가치 판단이 개입된다면 지구 밖으로 한 발자국도 나아갈 수 없으며, 우주 공간 속에서 영원히 미아 신세를 벗어나지 못하게 될 것이다. 이런 사실을 볼 때 자연 현실을 대상으로 현대 자연과학이 개척한 연구 방법은 실로 강력함을 알 수 있다. 그래서 오래전부터 주류 경제학은 이런 자연과학 탐구 방법을 경제 현실 분석에 그대로 적용하려는 유혹을 받는다.

우리는 이 책에서도 우주·자연은 실재하며, 거기에는 어떤 모습이든 원리가 반드시 존재한다고 말했다. 신이 만들었든 아니든 간에 우주·자연은 인간의 의식과 독립된 그 나름의 고유한 실재성을 띤다. 또 그 안에는 언제나 서로 다른 모습의 원리가 존재한다. 원리의 존재를 믿는 이유는 원리가 존재하지 않으면 우주·자연이 곧바로 혼돈에 빠지기 때문이다. 그리스 철학에서와 같이 우주·자연·사회·경제는 모두 원리(물론 원리의 성격은 같지 않지만)로 짜여 있고, 모든 학문은 이런 원리를 찾는 것이다.

2. 사회·인성관

인간의 사고 과정은 명확한 인과관계를 통해 분자의 운동을 기술하는 물리법칙의 방식을 따르지 않는다. 인간 사고의 뇌 확정 패턴을 뉴런·분자·이온 수준에서 100만 분의 1초 단위로 정확히 알고 100만 분의 1초 후에 어떤 상태가 될지를 정확히 예측할 수 있는, 뇌보다 더 복잡한 작동 방식을 채택한, 엄청나게 큰 컴퓨터는 아직까지 없다. 자연과학에서도 서로를 잡아당기는 물체가 세 개만 있어도 이들 간 관계는 비선형 방정식 문제(이른바 '고체 정리')가 되고 만다. 그런데 인간관계에는 수천, 수만, 수억의 관계가 복잡하게 서로 연기(緣起)돼 있어서 이들 간 인과관계를 완전히 파악하고 예측한다는 것은 불가능할지도 모른다. 최근 인공지능(AI)이 발달함에 따라 인공지능 로봇이 딥러닝을 통해 스스로 학습하고 인간의 심리까지 파악하며, 거기에 적응해 사고할 수 있게 됐지만, 한마디로 이런 놀라운 발달도 인간이 만든 인공지능에 불과하기 때문에 인간의 두뇌와는 다르다. 특히 창조, 통찰력, 생명, 도덕 등에서는 한계가 확연하게 드러난다.

호킹(S. Hawking) 박사는 우주의 블랙홀뿐 아니라 생명 탄생의 비밀도 과학적 방식으로 분석한 바 있다. 그에 따르면 생명은 수소와 산소가 결합하여 만들어졌으며, 40억 년 전에 생명의 기본 요소인 아미노산이 에너지와 시간의 작용으로 스스로 공 모양의 DNA로 구성되는 과정에서 자연과학으로는 해명될 수 없는 어떤 신비와 확률이 내재하고 있었다는 것이다. 이것은 마치 인간 두뇌 속의 여러 뉴런 사이에 수많은 시냅시스가 있고, 이들이 불꽃처럼 상호작용하는 가운데 인간의 마음이 형성된다는 신비와 같음을 말한다. 이는 결국 생명의 형성과 인간의 마음에는 자연과학으로 풀 수 없는 신비가 있음을 지적한 것이라 볼 수 있다. 즉 생명·인성의 원리는 자연 원리와 다름을 입증한 것이다.

흥미롭게도 이와 같은 생각은 중국의 춘추전국시대에도 있었다. 기원전 300여 년경 순자(荀子)는 『천론(天論)』에 "하늘에는 하늘의 이치가 있고 사람에게는 사람의 이치가 있다"라는 말을 남겼다. 순자의 '천인이분설(天人二分說)'을 요약하면 천(天)과 인(人)은 서로 감흥하지 않는 별개의 존재로, 천은 자연이고 음양일 뿐이며 지각도 의지도 없이 영원불변한 원리에 의해 운행될 따름이라는 것이다. 이를 현대어로 바꾸면 자연의 조화는 위대하지만 그 원리는 알 수가 없고, 사람은 사람으로서의 할 일을 잘하면 될 뿐 자연의 원리까지 알려고 넘볼 필요가 없다는 것이다.

이러한 순자의 사상은 공자(孔子)와 전혀 다르다. 공자는 『중용(中庸)』에서 하늘의 도, 땅의 도, 사람의 도는 모두 일맥상통하며 결국 모두 같은 것이라고 본다. 그러나 순자에 따르면 하늘의 도는 하늘에만 통하고, 사람의 도는 사람에게만 적용되는 것이다. 즉 자연과학과 다른 이론화가 가능하다는 생각이다. 사회·인성에 자연과학의 원리를 그대로 적용하면 사회·인성 원리는 원래의 모습을 잃게 될 것이다.

이 책의 자연 vs 인성의 구분은 서양에서 데카르트적 심신이원론(心身二元論) 및 윌슨의 통섭론과 연관된다. 우리나라에서는 예컨대 조선왕조 때 이퇴계의 '이기론(理氣論)' 및 미국 브라운대학교 김재권 교수의 '수반(supervenience) 이론'과 연관된다. 데카르트와 윌슨은 심신(心身)이 양극에 있고, 이퇴계와 김재권은 자연과 인성의 중간 지대에서 주종 관계로 성립된다. 데카르트와 윌슨의 대립은 아직도 논쟁 중이다. 퇴계와 김교수도 이 가운데에서 대단히 고민한 흔적이 역력하다.

요즘의 인공지능, 인공지성, 인공생명의 연구도 모두 자연 vs 인성의 구분과 직접 연관되어 있다. 이 역시 아직도 일원론으로 통섭되지 못하고 있다. 자연과 인성 논의는 이 책의 주된 논점이긴 하지만 인공지능으로는 아직 자연과 인간의 상호관계를 풀이하지 못하고 있다.

3. 경제관

우리가 찾으려 하는 경제 원리는 경제 현실 내의 경제 원리이기 때문에 우주·자연과 사회·인성에 한 발씩 딛고 그 위에 서 있다. [그림 3-1]과 같이 경제는 자연과 사회 위에 서서 이들과 서로 영향을 주고받으면서 자연과 사회로 더 확장된다. 경제에서는 과학성과 사회성이 동시에 인정된다. 이런 면에서 이 책의 논의는 마르크스의 유물론적 일원론이나 통섭론과 상치된다.

자연과 사회에서 경제의 중요성은 산업혁명 이후 두드러졌다. 오늘날 세계 경제가 성장함에 따라 지구 역사상 소득이 가장 크게 증대됐으며, 따라서 사회 내의 어느 부문보다 경제가 막대한 비중을 차지하게 됐다. 또 정보기술(IT), 생명공학기술(BT), 나노기술(NT) 등 최근 첨단과학기술의 혁신적인 발달로 사회 구조와 경제 구조가 패러다임적으로 바뀌고 있으며, 이와 더불어 경제와 문화의 비중은 더욱 커지고 있다.

이 책에서는 이와 같이 기본적으로 자연과 경제는 다르며, 경제는 자연과 인성의 합(合)이라는 입장을 취한다. 한편 경제는 인간이 만든 종교·역사·정치·사회보다는 덜 넓고 덜 깊으며, 현황(玄黃)하지도 않다

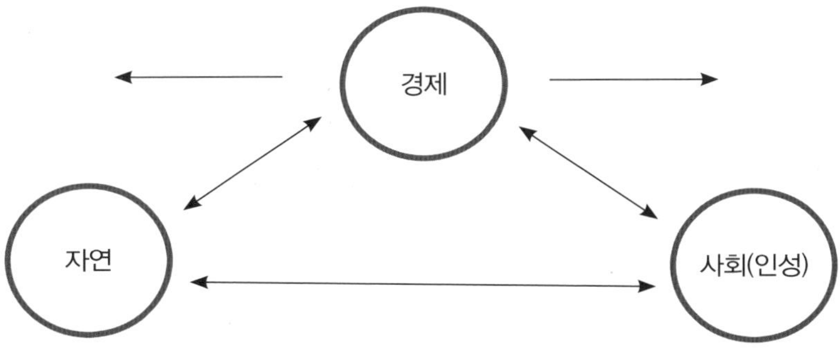

[그림 3-1] 경제·자연·사회의 상관성

는 입장을 취한다. 경제는 물질과 인간을 동시에 다루기 때문에 물질에 관한 한 자연과학도 작용하고 있어 경제학을 알기 위해서는 자연철학뿐만 아니라 사회철학, 경제철학과 방법론도 알아야 한다. 이에 따라서 자연·인지과학과 함께 경제철학과 방법론, 특히 '인간학'에 천착하지 않으면 안 된다.

요약하면 자연에는 자연 원리가 엄연히 존재하고 경제에도 경제 원리가 존재한다. 경제란 인간의 본성(오욕 등)이 적나라하게 드러나는 분야 가운데 하나다. 이에 따라서 경제 원리는 자연 원리와의 유사성과 상이성을 정확히 인식하고 나름의 방법을 찾아야 한다는 것이 이 책의 기본 입장이다.

제2절

근본 철학·사상과 경제학 정의

1. 근본 철학·사상: 실체론, 관계론, 연기론

앞에서 언급한 우주·자연관, 사회·인성관, 경제관의 바탕에 흐르는 이 책의 근본 철학·사상은 무엇일까? 이 책이 처음부터 끝까지 일관되게 주장하는 바는 다음과 같다. 경제 원리는 자연 원리와 다르며, 자연 원리와 인간 원리를 합한 것이고 현묘하다. 그러나 종교·역사·정치·사회 원리보다는 덜 현황(玄黃)하다. 경제 현실은 자연 현실보다 더 복잡하고 변전, 연기되기 때문에 그 속에서 경제 원리를 찾기 위해서는 색안경을 벗고 철학·방법론의 긴 터널을 경유해야만 한다. 또한 이 책에서는 처음부터 끝까지 "경제 원리의 뿌리를 찾는다"고 말했고, 그러면서 경제학은 "경제 원리를 경제 현실 속에서 찾는 학문"이며, 이런 "경제 현실을 있는 그대로 보라"고 했다.

이런 주장은 서로 상반된 철학과 사상에 근거를 두고 있는 것으로 오해될 수 있다. 다시 말하면 경제 원리의 뿌리란 진실을 말하고, 이는 결국 본질·가치·기준·목적이 있는 실체론이나 본질론으로 이어진다. 본질이란 사물을 바로 그것이게 하는 성질이며, 존재론적으로 선이며 모든 것의 기준이 되고 이상이 된다. 이들은 세계가 모두 일정하게 정해진 원리에 따라 움직이므로 세상을 봐야 하는 그대로 봐야 한다고 주장한다.

이와 반대로 관계론(關係論)으로 보는 입장에서는 현실을 있는 그대로 보라고 말한다. 이는 가치론적 의지와 상관없이 실상 그대로에 반응하는 방식이며, 기존 지식과 경험에 지배되지 않는, 즉 색안경을 버리고 세상을 바라보는 태도다.

이를 좀 더 상술해 보자. 먼저 노자는 관계성 철학을 『도덕경』에서 밝히고 있다. 그는 실체론을 부정하는 세계관을 피력하면서 세계가 실체적 본질에 반하는 관계에 있다고 보는 한편, 공자류의 본질 자체를 부정하면서 본질과 전혀 다른 방식으로 자기 세상을 바라본다.

본질이란 무엇인가? 본질은 '어떤 것을 다른 것이 아니라 바로 그것이 되게 하는 성질', 즉 그와 같이 존재하게 하는 근거를 말한다. 그래서 그 존재에게 본질은 선(善)일 수밖에 없다. 노자가 공자와 갈라지는 근원이 되는 부분이 바로 이것이다. 본질을 긍정하면 확장의 최극단인 이상(理想)이 설정될 수밖에 없고, 이 이상은 기준으로 기능하여 구분하고 배제하고 억압하는 작용을 한다. 본질을 인정하게 되면 가치론에서 벗어날 수 없게 된다. 다른 어느 것보다 그것이 더 좋다는 의미가 들어 있기 때문이다. 본질주의는 가치론에 빠지게 된다.

서양의 근대 철학은 기본적으로 이 세계가 가장 근원이 되는 어떤 토대 위에 서 있다고 생각하고, 실체론적 세계를 이해하고 그 세계와 합리적 관계를 맺도록 지탱해 주는 것을 인간의 능동적 이성(理性)이라고 보았다. 이런 흐름의 절정에 도달한 학자가 헤겔이었고, 동양에서는 공자였다.

노자가 볼 때 공자의 유학은 필연적으로 가치론에 빠질 수밖에 없다. 그러면 세계와 자기 사이에는 불화가 조성될 수밖에 없으므로 노자는 세계와 관계할 때 자기 내면에 자리 잡은 가치론적 요소를 최대한 약화시켜야 한다고 보았다. 그는 본질 자체를 부정하고 본질과는 전혀 다른 방식으로 자기 사상의 토대를 마련했다. 그것이 바로 자연을 관찰해서 얻어낸 '관계성'이다.[1] 노자는 세계가 본질이 아니라 관계로 되어 있다고 보며, 이 관계를 바로 유(有)와 무(無)라는 두 대립되는 면의 상호관계로 본다. 유와 무의 긴장, 상호의존적 관계로 이 세계가 이뤄져 있다는 세계관이 『도덕경』의 뿌리다. 노자는 이 세계를 본질론적 실체관이 아니라 관계론으로 해석하고 유와 무의 상호관계를 '유무상생(有無相生)'으로 표현한다. 자신의 가치론적 의지 없이 세계 자체의 실상 그대로를 반영하는 방식을 노자는 '무위(無爲)'라고 표현했다. 이 세계를 '보이는 그대로 보고' 세계 변화에 맞게 반응하는 것, 이것이 노자가 말한 무위의 힘이다.

이런 관계성의 무위는 모호하며, '현(玄)'과 '명(冥)'의 모습으로 나타난다. 세상은 경계가 계속 중첩되는 모호한 상황의 연속일 뿐이며, 그래서 이 모호함을 분명함이나 명료함으로 개선하려는 순간 세계의 실상은 무너지게 된다. 이 모호함은 명료하게 만들어야 할 것이 아니라 오히려 '풀어야 할 것'이다. '현(玄)'과 '명(冥)' 두 글자 모두 경계가 분명하게 드러나지 않는 어두운 상태를 묘사한다. 분명한 구분 없이 대립 면과의 관계로 되어 있는 것이 세상의 실상이다.

관계론은 현대의 포스트모더니즘과 불교, 주역의 세계관에서도 찾아볼 수 있다. 불교에는 연기론(緣起論)이라는 더 심오한 관계성 철학이 있다. 물론 관계론에 속한 사상들 사이에도 차이가 있다. 실체론과 관계론의 차이, 관계론에 속한 사상들의 차이를 살펴보면 노자나 불교의 세계를 좀 더 선명하게 이해할 수 있다.

---

1 이런 관계성을 노자는 "소탈하거나 마치 흐르는 물과 같다"고 말했다.

연기론이란 인(因, 직접 원인)과 연(緣, 간접 원인)에 의거해서 또는 인연(因緣, 통칭해서 원인)에 따라 생겨난다는 논리로, 어떤 원인에 의해 생겨나거나 타(他)와의 관계에서 생겨나는 현상계의 존재 형태와 법칙을 말한다. 이 세상에 존재하는 모든 것은 반드시 원인[因]과 조건[緣] 아래에서 연기법칙에 따라 생겨난다는 것이다.

연기법칙에 따르면 모든 현상은 끊임없이 생멸변화하며, 세상에 존재하는 모든 것은 고립돼 있는 것이 하나도 없으며, 모든 것은 시간적으로나 공간적으로나 상호작용하고 있다고 본다. 이 법칙은 전형적으로 "이것이 있으면 그것이 있고 이것이 없으면 그것도 없다. 이것이 생김으로써 그것이 생기고 이것이 멸함으로써 그것도 멸한다"라는 말로 표현된다.

현대 사상가로는 흔히 마르크스, 프로이트, 니체, 포이어바흐를 언급한다. 프로이트는 마르크스와 달리 인간의 의식 활동을 지배하는 근본 힘은 이성이 아니라 성욕을 내용으로 하는 무의식이라고 본다. 들뢰즈(G. Deleuze)는 『니체와 철학』에서 근대 이성을 '계산적 이성'이라고 비판하면서 이성이 아니라 동물적 권력의 의지가 우주의 본질이라고 설파한다.[2] 마르크스의 사회·경제적 조건, 프로이트의 성욕, 니체의 의지도 모두 육체성이라 보고 육체성이 바로 구체성이라 생각한다.

더욱이 21세기에 들어서는 사유가 중심 역할을 하던 시대에서 경험이 부각되는 시대로, 이성이 중심 역할을 하던 시대에서 감성이 중시되는 시대로, 정신이 절대 우위를 점하던 시대에서 육체 혹은 욕망이 새롭게 작용되는 시대로, 집단에서 개별로, 보편에서 특수로 건너가고 있는 증험(證驗)도 나타나고 있다. 특히 첨단과학기술의 패러다임이 변혁을 거치면서 실체론에서 현상관계론으로 이미 움직이고 있다. 20세기

2 G. Deleuze, *Nietzsche et la philosophie*, PUF, 1962.

중반까지는 경제에서 실체론이 더 설득력이 있었지만 21세기에 들어서는 관계성 철학이 더 현실적이 되고 있다는 것이다.

경제 현실을 '있는 그대로' 보지 않으면 실상을 대표할 경제 원리, 즉 보편언명은 찾아낼 수 없다. 봐야 하는 대로 보게 되면 가상에 빠지고, 결국 현실에 없는 허상을 그리기 마련이다. 현실을 '있는 그대로' 볼 때 경제 원리는 물과 같이 흐르며, 변하면서 서로 조정돼 경제 현실을 반영하게 되며, 이때 경제 원리는 가변성·연기성·불완전성·간극성을 띠면서 흘러간다(제4장 2절 참조). 그런데 이런 경제 원리의 뿌리는 원래 현묘한 관계성에서 말하는 본질이고, 실체성에서 말하는 본질은 아니다. 이렇게 경제 원리의 뿌리를 관계 속에서 찾고, 변전하는 경제 현실에서 경제 원리를 찾는 한 이 책에서 일관되게 주장하는 두 가지 주장은 서로 모순되지 않는다. 우리는 특히 21세기 경제 원리에 관한 한 관계성 철학이 현실적이라고 본다.

2. 경제학의 새 정의

관계성과 연기성 철학은 경제학의 정의에도 깊이 연관된다. 우리가 잘 아는 스미스의 '국부', 마르크스의 '자본가 생산', 케인스의 '국민소득'을 차치하고 경제학은 '일상 속의 인간을 연구하는 학문'이라는 마셜의 정의도 제외하더라도 요즘 경제학자들은 경제학을 다음의 세 가지로 정의하고 있는 것 같다.

① 경제학은 인간의 합리적 선택에 관한 연구다.
② 경제학은 경제를 연구하는 학문이다.
③ 경제학은 경제 원리를 찾는 학문이다.

①과 같은 정의는 로빈스(L. Robbins)의 『경제학의 본질과 의미에 관한 에세이』에서 유래된다.[3] 이런 신고전파적 접근은 무한한 욕구와 자원의 희소성을 전제로 하고 합리적 선택, 효율(편익/비용), 균형 등을 기본으로 삼는다. 그 후 주류 경제학은 이런 접근을 가장 옳은 단 하나의 방법이라 생각하고(루커스), 자연과학적 방법을 경제 현실에 그대로 원용하여 결국 우주와 인간 만사까지 모두 다룰 수 있다는 '경제학 제국주의'(베커)에 이르게 된다. 국내 대학에서 강의되고 있는 경제학원론도 대부분 이런 입장을 취하고 있다. 더욱이 경제학이란 '경제학자들이 하는 학문'이라는 엉뚱한 자기 혼란에 빠지기도 한다.

②와 같은 정의는 ①에 대해 비판적이다. 특히 산업사회가 패러다임 변혁을 겪고 있는 지금의 경제 현실은 ①의 영역을 훨씬 넘어선다고 본다. 경제 현실은 합리적 선택이나 효율, 한계, 균형 등만으로 풀이할 수 있는 것이 아니다. (이들 개념도 훌륭한 경제 원리이지만) 경제 현실은 자연 현실과 달리 더 복잡하고 다원적이기 때문에 여러 경제학설을 이종교배해야만 풀 수 있다는 것이다. 이들은 경제학에 많은 경제학설이 있다고 본다. 그래서 고전주의, 신고전주의, 마르크스 학파, 오스트리아 학파, 슘페터 학파, 케인스 학파, 제도학파, 행동주의, 개발주의 등 백화제방(百花齊放)이라고 말한다.

경제에서 고전주의는 생산, 신고전주의는 교환과 소비, 마르크스 학파는 생산, 오스트리아 학파는 교환, 슘페터 학파와 케인스 학파의 일부는 생산에 각각 관심을 둔다. 제도학파는 신고전학파보다 생산을 더 강조하고, 행동주의도 제도학파와 비슷하다. 경제에 변화를 가져오는 요인에 대해서 고전주의는 투자 등 자본축적, 신고전학파는 개인의 선

3 L. Robbins, *An Essay on the Nature and Significance of Economic Science*, Macmillan, 1932.

택, 마르크스 학파는 계급투쟁·자본축적·기술발달, 오스트리아 학파는 개인의 선택, 슘페터 학파는 기술혁신, 제도학파는 개인과 제도의 상호작용을 든다. 케인스 학파는 경제학자마다 다르고, 행동주의는 강한 의견이 없다.

추천하는 정책에서도 고전주의는 자유시장, 신고전주의는 자유시장 혹은 개입주의, 마르크스 학파는 사회주의 혁명과 중앙계획, 오스트리아 학파는 자유시장, 슘페터 학파는 모호하긴 하지만 주로 기술혁신 정책, 케인스 학파는 능동적 재정 정책과 빈곤층을 위한 소득재분배 등으로 차이를 보인다. 제도학파는 경제학자에 따라 다르고, 행동주의는 강한 의견은 없지만 정부 개입을 인정하는 편이다.

③과 같은 정의는 ②의 견해에서 한 걸음 더 나아간다. 백화제방이나 이종교배의 생각과 접근법을 훨씬 넘어서며, 더욱 본질적이다. 이들은 모두 경제 현실을 중시하고 경제 문제를 경제 현실에 맞게 처리하려 하지만 ②는 경제학설의 다원화를 인정하면서도 근본적으로 해석, 종합, 정책화에서는 이종교배한다는 선에서 그쳤다. 그러나 ③은 경제 현실에서 직접 경제 원리를 찾고 그 뿌리를 집중 탐구하는 특징이 있다. 경제 원리는 봉건 농촌 사회에도 있었다. 이런 경제 원리는 현실을 반영하는 '보편언명'이므로 경제 현실 속에서 찾아내 잘 정돈하고 체계화하면 이를 바탕으로 경제 현실을 ①과 ②보다 더 잘 풀이할 수 있다는 것이다.

이 같은 경제 원리는 예나 지금이나, 동서양 어디에나 존재하며, 경제 현실이 변함에 따라 연기성·다양성·다의성·불완전성·간극성을 띠면서 물처럼 흐른다. 자연 원리는 강고해서 물처럼 흐르지 않지만, 경제 원리는 유연하기 때문에 경제 현실에 맞춰 조정되고 조절된다. 특히 21세기 경제 현실은 합리, 선택, 효율, 한계, 균형, 융합, 창조, 혁신, 생명, 사랑 등이 대립·긴장하면서 상호의존관계로 공존하는 사회·인문적인 비경제 요인들이 함께 작동한다.

이런 모습과 성격의 경제 원리에 집중해서 분석하면 경제 현실을 더 넓고 깊게, 있는 그대로 풀이할 수 있다. 나아가 법칙, 이론, 모델, 가설, 흐름, 패턴, 경향, 추세 등 경제 원리의 여러 모습도 구분·정리해서 하나씩 분석할 수 있게 된다. 이들 가운데 '좋은 겨자씨와 가라지'를 구분하여, '좋은 겨자씨'를 골라 올바른 경제학 원론을 저술할 수 있게 될 것이다.

제4장

경제 원리의 본질과 성격

제1절

경제 원리의 본질: 물처럼 흐른다

이렇게 찾은 경제 원리를 이 책에서는 한마디로 "물처럼 흐른다"로 요약했다. 물의 특성이 경제 원리와 닮은 데가 많기 때문이다. 예컨대 물은 자연스레 막힌 곳을 피해서 땅의 형세에 따라 흐름을 조절한다. 이렇듯 경제 원리도 그 본질이 불완전하고 가변적·연기적이며, 그 모습과 뜻도 여러 가지다.

도가의 경전인 『도덕경』에는 인구에 회자되는 '상선약수(上善若水)'라는 명구가 나온다. 노자는 "최고의 선은 물과 같다"라는 말이 도(道)를 잘 표현해 준다고 생각했다. 노자가 말한 물의 특징은 『도덕경』 제8장에 ①물은 만물을 이롭게 하며, ②물은 다투지 않고, ③물은 가장 낮은 곳으로 임한다로 요약돼 있다. 또 『맹자』에 '불영과불행(不盈科不行)'이란 말로도 표현된다. 즉 흐르는 물은 구덩이를 다 채우지 못하면 앞으로 나아가지 못한다는 뜻이다. 이렇듯 물은 건너뛰거나 가지 않아야 할 길을 억지로 가지 않는다. 채워야 할 것을 채우면서 우직하게 정도(正道)로 나아가는 물의 특성이 바로 '다투지 않음'이다. 다툼이란 무리하고 억지를 쓸 때 생겨난다. 그릇이 작은데 더 많이 받으려고 하거나, 아직 무르익지 않았는데 성급하게 열매를 맺으려고 억지를 부릴 때 다툼이 일어난다.

"최고의 선은 물과 같다. 물은 만물을 이롭게 하지만 다투지 않으며, 모두가 싫어하는 낮은 곳에 머무르기 때문에 도에 가장 가깝다." 여기서 말하는 도는 『장자』 「서무귀(徐無鬼)」편과 「제물론(齊物論)」 등에서 언급한 사물의 뿌리인 유진지(有眞知), 즉 우주의 궁극 실재 혹은 근본 원리와 같은 뜻이다. 노자와 맹자, 장자 등이 말한 도는 원리이며, 이들은 똑같이 도와 원리는 선하며 물과 같다고 말한다. 이들 성인의 말을 요약하면 다음과 같다.

도(道) = 근본 원리 = 선(善) = 근원 = 생명 = 물

물은 만물을 이롭게 한다. 물 없이 삶을 지탱할 수 있는 것은 아무것도 없다. 물 없이는 처음부터 삶이 있을 수도 없다. 이런 의미에서 물은 실로 '생명의 근원'이다. 사람이 물을 마셔야 살 수 있다는 것은 말할 필요도 없지만 사람 몸의 대부분이 물로 이뤄져 있기도 하다. 이는 사람뿐 아니라 모든 생명체에 공통된 현상이다. 그래서 물을 '생명수' 또는 '생수'라고도 한다. 물은 또 더러운 것을 씻어 정결케 한다. 이 밖에도 물의 특성으로 '다투지 않음'과 '자기 낮춤'을 들 수 있다. 만물은 물 없이 살 수 없지만 물은 만물을 이롭게만 할 뿐 그 공로를 인정받으려 하거나 군림하려 들지 않는다.

물의 존재 방식은 무엇인가? 낮은 곳을 향해 자신을 낮추면서 흐르는 것이다. 모두가 높은 곳을 향해 오르려 하지만 물은 우주 원리에 자신을 맡기고 유유자적하며 낮은 데로 임할 뿐이다.

『도덕경』 제78장에서는 "세상에 물보다 부드럽고 여린 것은 없다"고 말한다. 단단하고 힘센 것을 물리치는 데 물보다 훌륭한 것은 없고, 이를 대신할 것도 없다. 물은 바위도 뚫고, 큰 배도 들어 올리고, 산도

옮기고, 쇠도 녹인다. 이렇게 물처럼 약한 것이 강한 것을 이기고 물처럼 부드러운 것이 굳센 것을 이긴다.

『도덕경』 제76장에서는 이러한 도가 생명 원리로서의 부드러움과 여림을 띠고 있다고 말한다. 사람도 살아 있을 때는 부드럽지만 죽으면 단단하고 굳어진다. 풀과 나무도 살아 있을 때는 부드럽고 연하지만 죽으면 말라 뻣뻣해진다. 강하고 큰 것은 밑에 놓이고, 부드럽고 약한 것은 위에 놓이게 된다. 물처럼 부드럽고 약한 것이 바위처럼 단단하고 뻣뻣한 것을 이긴다는 진리를 사람의 몸, 풀이나 나뭇잎 같은 것을 들어 더욱 극명하고 생생하게 보여 준다. 이처럼 단단하고 뻣뻣한 것은 죽음의 원리요, 부드럽고 약한 것은 생명의 원리라는 것이다. 즉 한 걸음 더 나아가 이것은 이기고 지는 문제일 뿐만 아니라 결국은 각각 생명과 사망의 원리가 되고 있음을 역설하는 것이다. 『도덕경』은 5천 자 정도의 짧은 글이지만 이와 같이 우주의 근본 실재와 근본 원리를 다 보듬고 있다.

손자(孫子)도 『손자병법(孫子兵法)』 「시계(始計)」편에서 이와 비슷한 말을 했다. "전술이란 물과 같다[兵形象水]. 물이 높은 곳을 피해 낮은 곳으로 흐르듯 전술도 방어가 철저한 곳을 피해 허점을 친다. 물이 땅을 따라 흐르면서 모양이 만들어지듯 전술도 적의 움직임에 따라 결정된다. 물에 일정한 형태가 없듯 싸움의 흐름도 늘 변한다. 오행이 바뀌고, 계절이 바뀌고, 밤낮이 바뀌고, 달이 바뀌듯 적에 따라 전술을 바꿔 승리를 거두면 신의 경지에 오른 것이다."

손자는 최상의 선택을 위해 상대의 허실을 파악해야 하고, 성공을 확대하기 위해 사전에 테스트하여 상황에 따라 대응해야 한다고 강조한다. 이를 실행하기 위해 갖춰야 할 마음가짐이 바로 물의 마음가짐이다. 즉 "무릇 군대의 모습은 물과 같아야 한다. 물의 모습은 높은 곳을 피해 아래로 흘러내린다. 군대의 모습도 적의 강한 곳을 피하고 약한 곳을 공격해야 한다. 물이 지형에 따라 물줄기를 이루듯 군대도 적의 상황에 따라 승리의 방법을 변화시켜야 한다."

손자의 '사지론'을 적절하게 실행하기 위해서는 물과 같은 유연한 마음과 태도가 필요하다. 끊임없이 변화하는 환경에 고정된 관점과 생각으로 대응하는 것이 불가능하기 때문이다. 물이란 일정한 형태가 없다. 또 물은 한없이 약하기도 하며, 때론 한없이 강하기도 하다. 그래서 물처럼 상황에 따라 함께 변할 수 있는 유연한 마음과 태도가 있어야만 끝없는 변화 속에서도 균형을 잡을 수 있다. 물의 모습을 본뜬 전략이 바로 '병형상수(兵形象水)'다. 물이 강에 이르면 흐름이 거세지고, 계곡을 만나고 댐에 갇히기도 하며, 거센 바람을 만나 격랑을 일으키기도 한다. 그런데도 이를 넘어 더 큰 강, 더 넓은 바다에 이르는 것이다.

위와 같이 노자는 '도(道)=선(善)=물' 중심으로 큰길[大道]을 그렸고, 손자는 이를 현실(전쟁)에 적용할 수 있는 작은 길[小道]을 구체화했다. 사마천은 이를 경제 현실에 적용하여, 경제 원리도 이와 같음을 서술했다. 서양에서 플라톤과 아리스토텔레스·칸트가 큰길을 찾아내고, 스미스·마르크스·케인스가 경제 현실에서 작은 길을 각각 찾아낸 것도 똑같은 것이다. '물=생명=근원=실재=선=도=원리'라는 큰 틀 안에서 원리와 경제 원리는 물과 같이 흐른다는 것이다.

21세기에 들어와 더 거세진 인간의 오욕과 첨단과학기술 혁신으로 인한 의식 및 구조 변혁으로 사회의 복잡성이 더 가중되게 보일지라도 물과 같은 속성을 띤 원리는 스스로 이에 맞춰 모습을 바꾸면서 더 큰 도의 바다로 합류한다. 원리에 고정된 모습이 없는 것은 물이 일정한 모양을 띠지 않는 것과 같다. 원리가 현실의 변화에 따라 그에 맞게 모습을 바꿀 때 비로소 참된 원리가 된다.

우리가 찾는 새로운 원리는 이와 같은 원리다. 이것이 천지만물의 이치(원리)다. 그러나 이 원리는 완벽하지 않기 때문에 모습을 달리할 수 있고, 그래서 다른 원리와 섞여 생활 속에서 함께할 수 있는 것이다. 인간의 삶과 현실, 원리, 그리고 경제 원리도 마찬가지다.

"경제 원리는 물처럼 흐른다"는 말은 경제철학적으로 경제 원리의 현실성·가변성·연기성(緣起性), 다양성과 다의성, 불완전성과 현실 간극성을 뜻한다.

제2절

경제 원리의 성격

경제 원리의 성격은 경제철학적으로 대단히 다양하게 해석된다. 아래에서는 그중 세 가지만 택해서 상세하게 풀이해 보자.

1. 경제 원리의 다양성

1) 경제 원리의 여러 가지 표현

경제 원리의 모호성과 불확실성은 경제 원리의 뜻이 경제철학과 방법론에 따라 서로 달리 정의되고 있는 데서 그 첫 번째 성격을 찾을 수 있다. 경제 원리는 논리실증론, 선험론, 도구론, 실재론, 생물학적 유추론, 과학혁명론, 과학적 연구 프로그램론, 종합·변증론, 제도론, 경제수사론 등에서 각각 달리 정의·설명되고 있다.

①논리실증론: 경제 원리 가운데 이론은 일반적·추상적 언명의 집합, 법칙의 총체 및 체계 또는 "논리적으로 연결된 일련의 명제, 즉 법칙의 체계"(Hempel)라고 말하지만 학자에 따라 조금씩 달리 정의됨

• 법칙적 일반성을 띠면서 체계적으로 연관된 일련의 언술로 경험

적 검증이 가능한 것(Rudner)

- 서로 논리적으로 연결된 진술들의 집합(Gibbs)
- 논리적으로 연결된 명제로서 경험적 제일성(齊一性, uniformity)이 도출될 수 있는 것(Merton)
- 체계적이고 상호 연결된 일련의 명제(Zetterberg)
- 변수들 간 인과관계를 명시하는, 체계적으로 연관된 명제들의 집합(Black and Champion)
- 암시적이고 연역 가능성이 있는 관계에 의해 구성된 일련의 가설(Galtung)
- 연역적 체계를 형성하는 가설 등의 집합(Braithwaite)
- 상호 관련된 일련의 명제로 구성되며, 이 명제는 변수 간 관계를 검증해 놓은 것(Forcese and Richer)
- 통일되고 정립된 법칙들(Kaplan)
- 현상 설명과 예측을 목적으로 변수 간 관계를 밝힘으로써 그 현상에 체계적인 견해를 제공하는 상호 관련된 일련의 구성, 정의 및 명제(Land)
- 상호 관련된 개념과 정의로 구성된 명제들의 집합(Kerlinger)
- 개념 간 의심스러운 관계에 관한 언명(Dooley)
- "모든 X는 속성 P이다"라는 형식의 보편언명(Silberger)

② 선험(연역)론

- 이론은 몇 가지 자명한 전제의 공리 위에 건립된 논리 구조로, 선험적 지식은 이론적 결론이 유도되는 전제와 공리에 따름
- 이론 평가, 전제의 타당성이 가장 중요하며, 전제는 논리적으로 결론을 함축하고, 상응 조건은 동어반복적임
- 일반화는 어떤 경험적 결과와 동일한 조건 아래 미래의 다른 상황에서도 같은 사실이 반복된다는 보편화를 말함

• 경제 이론의 전제는 선험적 공리에서 추론되며, 참된 전제에서 추론된 논리이기 때문에 올바른 연역은 실재의 참된 성격에 정보적임

③ 도구론: 경제 이론은 구체적 진실체가 아니라 구체적 진실 발견을 위한 도구이자 엔진에 불과하며, 관찰 가능한 현상 간 규칙성을 책임질 수 없는 이론은 모두 허구임

④ 실재론: 이론 등 원리는 현실 안에 실재하며 독립적·궁극적임

⑤ 생물학적 유추론: 경제 이론과 생물 이론은 동형(同形)임

⑥ 과학혁명론: 원리는 서로 전혀 다른 중핵으로 구성되며, 이들은 통약(通約)이 불가능함

⑦ 과학적 연구 프로그램: 자연 원리는 중핵과 보호대로 구성되고 중핵은 불변하지만 보호대는 반증으로 진보 또는 퇴보, 쿤의 이론(중핵) 20%와 포퍼의 이론(보호대) 80%로 합성됨

⑧ 종합·변증론: 이론이란 '경제 변수의 상호작용'(스미스), '변수 간 함수관계'(케인스), 전쟁·혁명까지도 포함한 '자본주의적 생산 양식에 내포된 경제 법칙'(마르크스)을 규명하는 것

⑨ 제도론: 경제 활동을 이끄는 사고와 습관으로 경제제도를 구성, 이런 제도 변화를 이해하는 것이 경제학의 기본임

⑩ 경제수사론: 경제학은 탄력성, 불황, 균형, 경쟁, 통화 유통 속도, 인력 자본, 투하 노동, 관계, 인간화, 재생산, 가치 부하 등 어느 것이나 은유와 담론 기술의 4요소(사실, 논리, 은유, 이야기)로 구성되며, 결국 이야기에 불과하다고 봄

2) 이론의 성격, 이론과 법칙·준이론의 차이

이론과 법칙이 유사하다는 것은 기본적으로 이론의 성격이 일반화되고, 법칙의 성격이 시공을 초월해 진리로 받아들여지는 보편화된 일반성 때

문이다. 일반화란 어떤 경험적 사실과 동일한 조건 아래 미래의 다른 상황에서도 같은 사실들이 반복될 수 있는 정도의 보편화를 뜻한다. 이렇게 보면 일반화는 가설에 비해 정확한 경험적 근거를 갖고, 법칙에 비해서는 진실로서의 성격이 희미한 것이라 할 수 있다.

루드너(R. S. Rudner)와 같이 이론을 일반화와 동일시하는 견해도 있다.[1] 그러나 일반화가 이론의 근본 성격을 나타내긴 하지만 양자가 같은 것은 아니다. 일반화는 이론과 경험보다 개념과 더 많이 관계된다는 특징이 있다. 일반화는 경험적 사실과 직접적인 관계가 있지만 이론은 일반화라는 수단을 통해 경험적 사실을 이론에 흡수한다. 그런데 일반화의 정도를 유지하기는 그리 쉽지 않다. 즉 일반화의 정도가 높아지면 사실과 거리가 멀어져서 구체성과 정밀성이 떨어지고, 반대로 일반화의 정도가 낮아지면 사실에 너무 가까워져서 개념적 보편성을 띠지 못하게 된다. 그래서 일반화는 추상성과 구체성을 조화시키는 수준을 유지해야 한다. 이것은 이론에도 해당된다.

경험적 사실 - 일반화 - 이론의 관계를 볼 때 이론과 경험적 사실 간에는 일정한 거리가 있다. 왜냐하면 자료가 제시하는 경험적 근거와 이론이 설명하는 경험적 사실의 범위는 일반화의 정도에 따라 일정한 거리가 생길 수밖에 없기 때문이다.[2] 그래서 준이론, 전이론, 중범위이론 등의 개념이 생기게 된다. 준이론은 이론의 기능을 다소 수행하는 개념이다. 정의, 요인, 접근법, 유형론, 개념적 도식, 모델 등을 그 예로 들 수 있다. 전이론과 준이론의 경지를 넘어 이론과 같은 수준에 있으면서도 성격과 적용 범위가 상이해서 엄격한 이론이라고는 할 수 없는 개념이

---

1 R. S. Runder, *Philosophy of Social Science*, Prentice-Hall, 1966.

2 이론은 현실과 거리가 있을 수밖에 없다. 즉 이론은 이상을 포함하고 있어서 실천될 수 없는 성격을 띠고 있고 사실의 완전성과 비교할 만한 수준도 아니다.

중범위이론이다.

이론은 경험으로부터 추측된 개념이다. '이론적 법칙'은 추측된 경험적 사실을 일반화해서 나온 산물로, 구체적 개별성보다는 추상적 보편성을 더 많이 띤다. 이론적 법칙이란 엄격한 의미에서 세상을 묘사하기보다 어떤 묘사의 진실성과 관련된 설명을 붙여 주는 것일 수도 있다.

3) 모델의 성격, 모델과 이론의 차이

이론은 모델과도 다르다. 모델은 '사물을 닮은 것(alikeness of something)', 즉 현실을 모방하거나 추상화한 것이다. 모델은 사물이나 현상의 '동상유질적 구성물'이며 '환상(幻想)의 소산'이다. 형식적으로는 '현상적인 경제 변수 간 함수관계인 연립방정식 체계'로 표현된다. 모방 대상은 실제 혹은 이상적으로 모방할 가치가 충분히 있는 것이어야 하며, 이렇게 모방하거나 추상화함으로써 아직 완전하게 틀이 잡혀 있지 않은 실체를 보는 우리의 관점을 단순화할 수 있다.

모델은 구조뿐만 아니라 기능 면에서도 '실상(實像)'(현실)과 동상유질적 관계에 있어야 한다. 구조적 관계에서 현실과 모델이 '일대일 상응관계'에 놓이며, 기능 면에서도 모델의 기능이 경험 세계에서 이해되는 현실과 유사한 성질의 것이어야 한다. 또 실상을 단순화한 것으로, 실상의 대표성을 띤다.

이처럼 모델의 대표 기능은 사물이나 현상 인식을 가능하게 해 주는 일로, 알찬 내용이 소상하게 담겨 있는 의미 있는 맥락을 알게 해 준다. 이와 같은 기능을 갖게 되는 것은 모델이 상징화된 것, 사실적(寫實的)인 것이기 때문이다. 그러나 모델은 어디까지나 이론보다 하위 개념이며 캐플런(S. Kaplan)에 따르면 다음과 같은 한계를 보이기도 한다.[3]

---

3 A. Kaplan, *The Conduct of Inquiry*, Chandler Pub., 1964.

① 상징에 대한 지나친 강조: 모델은 이론과 달리 흔히 가시적 형태(그림, 문자, 숫자, 부호, 수학 등)로 표시하기 때문에 쉽고 정밀하게 알아볼 수 있으면서도 표현상(문자나 수식) 제약이 있다.
② 형식에 대한 지나친 강조: '합리주의적 형이상학' 입장에서 진리계(眞理界)를 논리적 체계나 그 수준과 동일한 것으로 보기 때문에 형식 논리에 빠져 진리를 보는 눈이 흐려질 가능성이 있다.
③ 지나친 단순화: 과학이 원래 단순화하는 작업이긴 하지만 어떤 주제를 단순화할 때 빠져서는 안 될 요인을 빠뜨리고 중요하지 않은 요인을 집어넣는 경우가 흔히 있다.
④ 정밀도에 대한 지나친 강조: "교육을 받은 사람은 정확성을 원치 않고 주관적인 문제를 다룬다"라는 아리스토텔레스의 말보다 칸트의 "직관에 의한 공리 원칙"을 신봉하는 등 고도의 수학에 함몰될 수 있다.
⑤ 실상과의 불일치: 실체와의 '일대일 상응성'이 유지되지 못하는 경우가 많다.
⑥ 사실적 실재주의(pictorial realism)에서 오는 오류: 과학적 은유 기능보다 '외부적 속성'에 빠져서 현실을 있는 그대로 그리지 못하는 수가 있다.

이와 같이 모델은 어디까지나 추상화를 통해 실체를 대신하는 것이기 때문에 여러 가지 한계가 있음에 유의해야 한다. 지나친 단순화, 형식 또는 정밀도에 대한 지나친 강조 등에서 오는 오류에서 벗어나야 한다는 것이다.

이상을 감안해 좋은 모델이 되기 위해서는 취급용이성, 극도의 검약성(parsimony), 개념적 통찰성, 일반화 가능성, 반증 가능성, 경험적 일관성, 예측적 정확성 등의 조건을 만족해야 한다.

지금까지 살펴본 것처럼 '모델'은 상징적·공리적·형식적 형태를 암시하는 과학적 이론을 의미할 수 있다. 그러나 그 뜻이 그리 분명하게 와 닿지는 않는다. 특히 직간접 인과관계 없이도 A라는 체계로 B라는 체계를 이해하는 데 도움이 된다면 A는 B의 모델이라 할 수 있다. 이 경우 어떤 면에서 A는 B를 닮아야 한다. 그러나 그들의 형식에서 닮았다는 것이지 내용에서 닮았다는 것은 아니다. 이것이 모델의 가장 원형질에 해당하는 속성이다.

루드너는 모델이란 이론과 다른 어떤 '이론적 구성'으로서의 논리학이나 수학 같은 형식과학(formal sciences)에서 잘 쓰이며, 이 형식과학 용어(요소)는 '언어 외적 요소'를 의미한다고 본다. 이론에 대해 모델이라는 것은 "이론 그 자체가 해석이 동일한 calculus에 대한 다른 해석으로 구성된다"고 하면서 근본적인 차이는 없는 듯 설명하고, 다만 모델이 타당성보다 발견 자체에 치중하고 있어서 차이가 있다고 본다.

모델과 이론의 차이, 모델과 이론의 관계, 나아가 경제학(경제 이론)이 무엇인가에 대해서는 캐플런과 루드너보다 케인스와 코프만스(T. C. Koopmans) 등이 그 핵심을 더 잘 설명하고 있다.

케인스는 경제학(경제 원리를 찾는 학문)을 논리학의 일종이며 생각하는 방식으로 본다. 즉 어떤 사람들은 공리와 원리만을 이용해서 꽤 가치 있는 성과를 거둘 수 있다. 그러나 새롭고 개선된 모델을 고안해 내는 것에 그치기도 한다. 경제학의 진보는 완전히 모델 선택 개선으로 이뤄진다. 최근 경제학자들이 저지른 잘못의 핵심은 지나치게 단순화하거나 오래된 모델을 사용하는 것과, 발전이 모델의 최소화에 있다고 보는 데 있다. 케인스가 모델에 관해 언급한 내용을 정리하면 다음과 같다.

- 모델의 핵심은 그 다양한 함수에 실제 값을 넣지 않는 것에 있다. 값을 넣는 순간 모델은 일반성을 상실하고, 사고 틀로서의 가치

를 잃게 된다. 통계 연구의 목적은 빠진 값을 채워 넣는 것이 아니라 모델의 연관성과 타당성을 검증하는 것이다.

- 경제학은 현실 세계와 관련 있는 모델을 택해 그 모델을 통해서 사고하는 과학이다. 모델의 목적은 일시적이고 불규칙적인 것들에서 반영구적이고 상대적으로 일정한 요인을 분리해 내는 것이다. 경제학은 본질적으로 자연과학이 아니라 도덕과학이다. 그것은 내성(內省)을 지향하고 가치 판단을 한다.

코프만스도 이론과 모델에 관해 다음과 같이 말한다.[4]

- 어떤 경제 이론의 가설도 자명하지 않고, 가설이 함축하는 의미도 관찰에 의해 즉시 검증될 수 없다. 이론의 결론과 관찰에 의한 논박은 오직 가설에만 의존한다.
- 경제 이론은 '개념 모델들의 연속'일 뿐이다. 이런 모델은 매우 단순화된 형태로서 복잡한 현실의 서로 다른 부분만을 보여 준다. 즉 모델들은 독립적으로만 현실을 설명하며, 모델들이 결합해 점차 현실을 더 잘 설명하게 된다.
- 모델들은 단지 복잡한 현실을 단순하게 보여 주는 원형이기 때문에 비현실적이라는 비난으로부터 보호받을 수 있다.
- 이와 같은 주장이 진리의 구획화를 의미하는 것은 아니다. 우리는 경험적 진리를 말하는 것이 아니라 논리적 진리와 명확성을 이야기하고 있기 때문이다. 현실의 중요한 측면을 의도적으로 무시하는 것은 논리적인 경제학 가설을 만들기 위해 필수적이다.

---

4 T. C. Koopmans, "The Construction of Economic Knowledge", in M. Brodbeck (ed.), *Readings in the Philosophy of the Social Sciences*, Macmillan, 1968.

- 경제 이론을 모델들의 연속으로 파악할 때 엄밀한 논리와 현실 사이의 충돌을 해결할 수 있다. 여기서 주장하는 것은 결코 새로운 제안이나 개념이 아니다. 대다수의 경제학자들은 경제 지식의 논리 구조가 일련의 모델을 통해 이뤄진다는 데에 동의한다. 경제학자들은 비록 개별 모델은 불완전하지만 경제 지식을 입증하기 위해 진보하고 있다고 믿는다.
- 때때로 우리는 경제 이론이 정확한 예측과 분명한 진리를 제공해야 한다고 생각한다. 그러나 지식 축적 과정은 일반 과학의 특성일 뿐 정확한 예측과는 거리가 멀다.
- 그럼에도 경제 이론이 경제 현상에 관련되는 한 사람들은 경제 이론의 결과를 과대평가하는 경향이 있다. 모델 서너 개가 모이면 하나의 이론이 된다. 이것이 경제적 진리이며, 어떤 관찰에 의해서도 논박되지 않는다는 신념을 갖게 하는 믿음이다. 그러나 내가 아는 한 모든 변수를 고려해서라도 예를 들어 경쟁 시장이 자원의 효율 배분을 가져온다는 모델과 이론은 없다.
- 만약 여기서 주장한 것처럼 경제 이론이 모델의 연속으로 정의될 수 있다면 이것은 경제학자들로 하여금 더 현실적인 모델로 개선하도록 하는 데 필요한 자극이 될 것이고, 끊임없는 모델의 축적이야말로 현실을 좀 더 올바르게 설명하는 이론이 될 것이다.

이 밖에도 베버(M. Weber)(이론과 개념 구성)와 애로(K. J. Arrow)(수리모델)의 논문도 비교, 참조할 수 있다.[5]

---

5 M. Weber, *On Law in Economy and Society*, Harvard University Press, 1954; M. Weber, *Value-Judgements in Social Science*, Cambridge University Press, 1978; K. J. Arrow, "Mathematical Models in the Social Sciences", in M. Brodbeck (ed.), *Readings in the Philosophy of the Social Sciences*, Macmillan, 1968.

2. 경제 원리의 다의성

1) 법칙의 과학철학적 해석

과학철학 및 경제철학 방법론적으로 좀 더 깊이 살펴보면 경제 원리의 뜻은 더욱 다의적으로 드러난다. 자연 원리와 다른, 즉 자연과학 방법론으로는 풀 수 없는 사회·인성의 원리가 부각되면서 경제 원리의 불확실성과 원리 사이의 간극이 더 두드러지게 된다. 이런 분석은 이 책의 특이성과 이어진다.

먼저 법칙을 과학철학적으로 보면 관찰만으로도 쉽게 찾을 수 있는 그런 규칙 등이 아님을 알게 된다. 과학 천재들은 매일매일의 경험 수준에서 규칙성을 추상하지만 이런 규칙성이 법칙이 되는 것은 아니다. 규칙성에는 우연적인 관찰을 통한 일반화도 있기 때문이다. 설명이 법칙을 요하기 때문에 '유사법칙'과 '우연적 일반화'를 구분할 필요가 있음은 앞에서 설명한 바와 같다. "이 상자 속의 초콜릿은 모두 오렌지색이다"와 같은 우연적 일반화를 법칙과 구분하기는 어렵지 않다. 일반화는 기본법칙과 달리 특수한 장소와 시간에 국한되기 때문이다. 그러나 "모든 빌딩은 1만 층보다 높지 않다"라는 일반화는 옳을 뿐만 아니라 언제나 지구 전체를 통틀어서 진실이긴 하다. 그러나 이를 법칙이라 하지는 않는다.

흔히 법칙은 무엇이어야 한다는 것을 언명한다고 말한다. 1만 층보다 높은 빌딩도 건립할 수 있기 때문에 어느 것도 그보다 높지 않다고 말하는 것은 법칙이 될 수 없다. 이런 견해는 "설명은 필요성을 포함한다"는 직관과 연관된다. 그러나 법칙이 필요성을 포함한다면 과학자들이 우연하게 참이 된 '우연적 일반화'를 반드시 참이 돼야 할 '보편적 일반화'와 어떻게 구분할 수 있을 것인가?

우연적 일반화와 법칙을 구분하는 두 번째 방법에도 비슷한 문제가 있다. 법칙은 '반사실적 조건문(counterfactual conditionals)'을 지지하지만 우연적 일반화는 그렇지 않다. "동(銅)은 전기를 통한다"는 법칙은 "만일 이 연필이 동으로 만들어졌다면 전기가 통할 것이다"라는 조건부 주장을 지지한다. 그러나 "이 상자 속의 초콜릿은 모두 오렌지색이다"라는 우연적 일반화는 "만일 초콜릿이 상자 안에 있다면 그것은 오렌지색이다"라는 반대 사실을 지지하지 않는다.

반사실적 주장의 경험적 평가, 즉 "만일 이 초콜릿이 상자 속에 있다면 그것은 오렌지색일 것이다"와 같은 일반화는 어떻게 해석하고 평가할 것인가? 이를 위해 초콜릿의 위치를 고정시키고 초콜릿의 색깔이 무엇인가를 생각할 것이다. 또 하나의 방법은 초콜릿이 상자 속의 가장 '감춰진 세계'에 있는지 여부를 고려한다고 말하는 것이다. 그러나 이런 방법은 너무 모호하고 불분명하다. 통제된 실험이 반대가설의 진실성에 증거를 제공한다고 주장하는 철학자도 있지만 이런 견해 역시 설득력이 별로 없다.

법칙과 우연적 일반화의 차이 가운데 덜 신비한 것은 법칙은 이미 수용된 과학적 이론에 의해 지지되며, 또 거기서 유도된다는 것이다. 이미 수용된 '사물 이론(theories of matter)'이 1만 층 이상인 건물의 존재를 인정하지 않는다면 모든 빌딩은 1만 층보다 높지 않다는 일반화를 단순히 우연으로 간주하지 않을 것이다. 그 대신 그것을 별 흥미 없는 '유도된 법칙'이라 간주할 것이다.

2) 과학 이론과 모델

과학 법칙을 이해하려면 자연히 과학 이론으로 이어진다. 이론은 앞에서 말한 바와 같이 '서로 체계적으로 연결된 유사법칙적 언명의 집합'으로 풀이하기도 한다. 이론이 무엇인가를 이해하려면 법칙이 무엇인가를 알 필요가 있다. 그러나 법칙을 분석하기 위해 법칙과 이론의 관계에 의

존할 수는 없다. 우리가 말할 수 있는 것은 단지 법칙은 서로 체계적으로 연결돼 있고, 우연적 일반화는 그렇지 않다는 것뿐이다.

논리실증주의자들은 이론이 연역 체계를 형성한다고 주장하면서 '체계적 관계'를 특히 강조한다. 이론이란 주로 구문상 객체이고, 그 용어나 주장을 '대응 규칙'으로 풀이한다. 대응 규칙이란 원래 이론의 용어를 분명히 정의하는 것으로 보이지만 실증주의자들은 이론과 관찰의 관계가 더 예민하고 복잡하다고 말한다. 이들은 이론이 어떻게 구축되고 사용되는지를 밝히고, 이론이 관찰과 어떻게 연결되는지 만족스럽게 분석하기 위해 반드시 과학의 대부분을 형식화하지 않는다. 결과적으로 많은 철학자는 이론이란 '서로 체계적으로 연결된 유사법칙적 언명'으로 느슨하게 형식을 갖추지 않고 구축되는 것이라고 풀이한다.

이론은 규칙성을 식별해야 되고 규칙성은 경험과학에서 궁극적으로 고려하는 것이다. 그러나 이는 관찰 가능한 사물의 속성 간 상관관계를 밝히는 것만으로 충분하지 않다. 새로운 개념을 구축하고, 현상을 분류하거나 서술하는 새로운 방법을 고안하는 것도 과학의 긴요한 부분이 될 수 있다. 이런 객관화 작업은 경제학에서 특히 필요하다.

철학자들과 경제학자들이 범(汎)이론 구조에 본격적으로 관심을 두기 시작한 것은 쿤의 『과학혁명의 구조』 때부터다. 쿤은 '정상적(normal)'인 과학 연구는 '패러다임'이 지배한다고 말한다. 정상과학은 모범적인 과거의 과학적 성취를 모델로 하고, 다음과 같은 여러 가지 암묵적 규칙에 의해 지배된다는 것이다. 즉 어떤 질문을 할 것인지, 해답 시 어떤 절차를 밟을 것이며, 어떤 양을 측정하고 어떤 용어를 구사해서 현상을 설명할지 등에 관한 일련의 암묵적 규칙을 뜻한다. 그러므로 패러다임의 과학혁명에 성공하면 암묵적 규칙의 의문점을 모두 풀 수 있게 된다. 쿤의 이런 통찰은 다른 과학 철학자들에게 큰 영향을 미쳤다.

라카토스는 과학 진보의 성격에 관해 쿤과 다른 입장을 보였다. 그는 연구 프로그램을 '발견적(heuristic)이라 부르는 이론의 집합체'로 본다. '소극적 발견법'은 중핵을 이루는 근본적 주장에 의문을 던지지 않는 것이며, '적극적 발견법'은 연구 프로그램의 중핵을 구성하는 검증 가능한 이론의 보호대를 수정·보완하게 한다.

과학적 연구의 사회학적 관심에 더해 여러 가지 철학적 의문이 제기됐다. 패러다임론이나 과학적 연구 프로그램론의 영향이 진실을 발견했다는 과학자들의 주장을 약화시키지 않는가에 대해 쿤은 패러다임이 서로 다른 사람은 다른 세계에 살고 있기 때문에 진보한 정상과학 내에서만 이런 일이 가능하다고 답한다. 하지만 라카토스는 쿤의 주장에 의문을 제기한다. 비록 패러다임이 어떤 의문을 중요하게 생각하는지, 이론 용어를 어떻게 실험하며 확증하는지 등을 정한다 해도 바른 해답이 무엇인지를 결정하는 것은 아니라는 것이다.

3) 모델론과 어프로치론의 철학적 기초

케인스 이후, 특히 형식적 모델링 기법이 경제학의 새로운 패러다임으로 등장한 이래 경제학에서도 경제 원리를 찾는 데 '모델론'이 크게 유행하고 있다. 자연과학 철학에서의 모델론은 주로 논리실증주의와 실용주의를 그 사상적 배경으로 한다. 그러나 경제학 연구 방법으로서의 모델 분석은 어떤 특정 조건 아래에서만, 특히 제한된 범위 내에서만 유효성이 있는 부차적·종속적 연구 수단이며 이를 무비판적으로 채용해도 좋을 정도로 기초가 튼튼한 연구 방법이라고 보지 않는 견해도 있다.

예컨대 슘페터는 "현상적인 경제 변수의 함수관계, 즉 연립방정식 체계로서의 도식(圖式)이 모델이며, 이것은 주관적 사유의 구성물이고, 그것에 관한 연구가 경제 이론"이라고 말한다. 왜 주관적 구성물인가 하면 모델 수립 과정에서 객관적 법칙성을 부정하기 때문이다. 슘페터는 가설 수립이 어느 정도 사실에 의해서 동기부여가 되지만, 원리적으로는 우리 자신의 절대권력으로부터 창조된 것이라고 말한다. 이런 의미에서 그것은 우리의 자의적 소산이자 환상의 구성물이며, 또 로빈슨의 말대로 '도구상자'에 지나지 않는다. 이와 같이 슘페터는 마흐(Mach)주의(현상론과 환원론, 균형론)와 칸트주의(현상론과 주관적 구성론)를 절충적으로 결합하고 있고, 그 주관적 구성론은 칸트적인 엄격한 선험주의와 실용주의적인 도구주의로 변하고 있다.

슘페터 사상의 본질은 계량경제학 모델에서도 계승된다. 즉 계량경제학의 모델 분석은 '모델=모집단 가설' 설정, 파라미터 추정, 오차 계산에 의한 '모델=모집단 가설' 검증 등의 절차를 밟게 된다. 이러한 계량경제학적 모델은 본질적인 구조 연관성을 가지고 나타나는 경제적 운동의 범주를 단순히 외적이고 현상적인 균형관계로 파악하고, 방정식의 설정과 그것의 수적 조작만으로 과학성을 표방한다.

이때 '현상주의=수학주의=균형론' 외에도 다음과 같은 몇 가지 문제점을 지니고 있다. 첫째, 경제 변수 간에 모델에서 설정한 것과 같은 간결한 수량적 관계가 존재한다는 것 자체가 보장되지 않는다. 둘째, 원래 통계학적 수법은 동질적이고 반복적인 사상, 즉 대량생산의 양적 측면에서만 사용될 수 있고, 질적 다양성을 매개로 하여 역사적 발전을 하는 대상에는 적용될 수 없다. 셋째, 검증이란 분석에 사용되는 방정식과 현실에 일치하지 않는 부분을 모두 교란항(攪亂項)에 밀어 넣어버리고 평균과 분산을 계산하여 표면적으로만 방정식과 사실을 대조한다.

베버의 '이상형(idealtypus)'에 관해서도 언급할 필요가 있다. 베버의 이상형은 어떤 의미에서 모델과 성격이 비슷하다. 베버의 불가지론은 당파성으로부터 과학성을 분리하고 '불편부당성=과학성'으로 파악하기 때문에 그는 '가치관계적 태도'와 '가치평가적 태도'를 서로 구별하며, 후자에는 과학성이 없다고 본 신칸트학파의 리케르트(H. Rickert)를 계승한다. 신칸트학파는 인식을 단지 감각·경험·현상의 주관적 복합 구성이며, 감각의 원천이고, 경험의 피안으로 파악한다. 현상 내의 물질과 법칙성, 인식 가능성은 승인하지 않는다. 이것은 근대 경제학의 철학 기반이 되는 논리실증주의의 철학적 바탕이기도 하다. 이때 몰가치성의 요청에 따라 사회 현상을 인식하기 위한 방법론으로 제안된 것이 바로 이상형이다. 그런데 이 이상형 역시 리케르트의 중간형 정도를 발전시킨 것에 불과하다는 평을 받고 있다.

베버의 이상형과 근대 경제학의 모델 간의 유사점으로는 양자 모두 모순이 없는 체계이며 사유의 구성물이라는 점, 이상형 내지 모델과 현실의 차이는 모두 편의나 교란으로 간주된다는 점을 들 수 있다. 그러나 양자의 차이도 존재한다. 첫째, 이상형에서는 접합적 인과귀속이 주장되지만 근대 경제학에서는 인과가 거부되고 관계적 기술이 이를 대신하는데, 이는 계량경제학적 모델에서도 마찬가지다. 둘째, 근대 경제학에서는 수학주의와 확률주의가 제일 앞에 내세워지지만, 이상형에서는 확률과 계산은 등장하지 않는다.

마르크스의『자본론』에서도 '경제의 이상형＝모델적 해석'이 등장한다. 근래『자본론』을 자본주의 경제에 대해 만들어진 모델 관련 기술이라고 보는 해석이 등장했다. 사실 이런 해석은 베버가 이미 근세기 초에 말한 바 있다. 마르크스에 따르면 경제학은 대상을 단순화한 모델을 통해 현상을 고찰하게 된다. 노예제 사회, 봉건제 사회, 자본주의 사회, 사회주의 사회 모두 단순한 모델로 고찰될 뿐만 아니라 자본, 토지, 노동, 이자, 지대, 임금 등도 모두 그러하다. 일본의 우노 고조(宇野弘藏)의 원리론(原理論) 체계도 실은 모델에 지나지 않는다. 이 학파는『자본론』을 물리적 모델로, 나아가 이상형으로까지 개조한다. 여기에서 베버적 방법론의 무제한적 수용이 엿보인다.

요즘 들어 모델 이외에 '어프로치', '발상', '비전' 등의 말들이 유행하고 있다. 계량경제학·미시경제학 도입 및 논리실증주의·실용주의 수용과 함께 들어온 이들 용어는 마르크스주의와 근대 경제학 교류, 나아가 양자의 통일을 외치는 마르크스주의자의 일부까지 파고들고 있다.

그런데 이런 말들이 과연 어떤 인식론적 내용과 의미를 갖는지 검토해 볼 필요가 있다. 모델이란 앞에서 언급한 바와 같이 기껏해야 선험적 분석 도구로서 외부로부터 경제 현상에 접근하고, 그런 한도 내에서 경제적 제 현상에 대해 무언가 운위하는 것에 지나지 않는다. 모델의 철학적 전제는 이들이 '불가지론=니힐리즘' 및 이와 불가분의 관계에 있는 신칸트주의의 이원론적 입장에 있다는 것이다. 이는 베버와 비트겐슈타인 등 근대주의자 일반이 공유하고 있는 근본적인 특징이기도 하다. 근대주의자들은 '혼돈'에 대응하기 위해 가설, 모델, 공리, 이상형 등을 주관적으로 무모순 형태로 설정하고 이를 도구로 하여 대상에 접근하는 것이다. 이때 하나의 예로 '확률론적 조작'을 수행하는 것이 계량경제학이다.

논리실증주의는 비경험적 동어 반복 체계를 분석 도구로 한다. 이 동어 반복 체계가 오늘날에는 타르스키(A. Tarski) 등이 말하는 자연과학철학 모델, 그 하나의 변형이 계량경제학 모델로 각각 나타난다. 모델론자들은 계량모델적 어프로치를 역사에도 적용한다. 그러나 역사적 사회와 발전의 법칙성은 확률론적 접근의 대상이 될 수 없다. 역사에 대한 계량모델적 어프로치는 역사적 사회와 그 발전의 법칙성을 거부하고 일체를 확률이라는 수학 영역에 환원시키는 입장으로, 회의론과 불가지론을 본질로 한다.

동일한 사물을 보는 시각은 다양하므로 모델에는 다양한 어프로치가 있다. 예를 들어, 소비와 소득 수준의 관계를 설명하는 관계식은 100개가 넘는다. 100개 이상의 어프로치가 있다는 것은 그런 조작의 과학성을 보여 주는 것이 아니라 오히려 그 반대, 즉 임의성을 보여 준다. 이처럼 모델과 어프로치는 주관적·임의적이며 그것을 보증하는 객관적 기초가 없다. 여기에는 '근사(approximation)'라는 개념이 등장한다. 물리학에서 계산이나 측정을 통해 실제에 가까운 값을 구하기는 하지만 일정한 실천적·객관적 의의는 상실된다. 그렇지만 대상이 혼돈스럽기 때문에 모델에 의한 어프로치가 필요하고, 따라서 우리의 인식은 근사에 그칠 수밖에 없다.

모델빌딩에서 '발상'이라는 말은 실용주의의 창시자인 퍼스(C. S. Peirce)가 사용한 'abduction'의 번역이다. 퍼스는 창조적 연구 과정의 3단계로 ① 가설을 세우는 단계(abduction에 해당), ② 가설로부터 연역적 결론을 끌어내는 단계(abstraction에 해당), ③ 결론이 올바른지를 시험해 보는 단계(induction에 해당)를 들고 이것의 전진적인 반복 과정을 파악하는 논리를 변증법이라고 한다.[6]

축차적(逐次的) 근사 방법은 추측통계학적 조작 사이클을 이론-실험-검증의 진행 과정으로 설정하고, 이 과정에서 현상 인식이 한층 깊어지고 정확해진다는 생각이다. 이를 '인식의 축차적 진행 과정'이라고도 한다. 축차적 근사는 그 세계관적 방법론의 기초가 실용주의다.

추측통계학에서의 축차적 근사 방법에서 인식론적 의미를 살펴보자. 어떤 모델이 통계적 추정과 검증을 통해 '근사'로 채택됐다고 하자. 이 경우 대부분의 모델은 대수방정식이며, 오차항이 부가된다. 여기서는 처음부터 대상의 운동 발전 법칙성과 그 반영이 문제 되지 않고 본래부터 대상의 운동 발전과 그 역사성을 포착할 수 없는 수식 모델이 제1차 근사, 제2차 근사 등으로 축차 설정된다. 더구나 이들 무수한 근사 사이에는 아무런 본질적·논리적 연관이 없다. 단지 상호 외재적 잡

6 이를 수정한 '4국면설'을 주장하는 사람도 있지만 본질적으로는 차이가 없다. 이들은 '반영'이라는 말을 사용하기도 하고 레닌의 '자기운동의 변증법'을 원용하기도 하며 마오쩌둥(毛澤東)의 모순론을 차용하기도 하지만 원형은 퍼스다. 이것이 바로 '통합논리학'이다.

다(雜多)로, 기껏해야 일정한 목적을 위해 어떤 것이 유용하고 오차가 적다고 하는 차별이 존재할 뿐이다.

한마디로 경제 모델이란 슘페터의 말과 같이 '경제 주체의 행동과 국민경제적 집계량의 관계를 각각의 요소=경제량의 상호의존관계로 묘사 내지 기술하는 하나의 체계'이다. 형식은 보통 연립방정식으로 만들어진다. 경제 시스템을 합리적으로 행동하는 개인이나 조직이 전체로 연결되는 상호체계로 보면 결국 경제 모델은 '경제 시스템을 수리적으로 표현하는 방정식군(方程式群)'이라 할 수 있다. 그 예로 마르크스의 '자본 축적 모델'을 살펴보면 다음과 같다.

생산함수: $Q = \lambda N$
노동수요: $N = K/w(1 + \delta)$
가변자본: $V = wN$
불변자본: $C = \delta V$
총자본: $K = C + V$
잉여가치: $M = Q - K$
산업예비군: $U = L - N$
실업률: $u = U / L$
임금률: $w = w(u), dw / dw < 0$
이윤율: $r = M / K$

〔λ: 노동생산성, L: 가능한 노동공급량, δ: 자본의 유기적 구성(=C/V), K: 자본(자본축적 I=dK/dt) 등〕

그러나 마르크스는 이들 변수를 자본 재생산의 틀 밖에서 정해지는 '외생 요인'으로 취급하지 않는다. 마르크스는 생산력의 발전, 산업예비군의 존재, 유기적 구성의 고도화, 자본의 집적·집중이 서로 원인과 결과가 되는 관계로 간주한다. 경제 모델에서 기호와 등식 관계는 경제 과정을 표현하는 일반 수단이다. 주의할 것은 이런 표현은 그 과정에 어떠한 실체적 지식도 추가되는 것이 아니라는 점이다. 기호화에 의해 표현되는 것은 현실의 한 측면일 뿐이며, 이것을 정밀하다고 생각하는 것은 양적 기호화에 대한 오해의 소지가 된다. 이런 분석 모델에서 내용의 간결화 또는 단순화는 기호화에 의한 '표현의 정밀화'의 대가가 되는 것이다. 그러므로 이 모델을 어떻게 뜯어고치더라도 마르크스가 분석하고 묘사한 풍부한 자본주의의 역사는 찾아볼 수 없다. 결국 이 모델, 즉 기호화에 의한 추상은 마르크스에 대한 조잡한 해석의 하나에 불과하다.

결국 모델은 과학적 인식 수단, 즉 연구 대상의 직관적이고 자기발견적인 모상(模像)으로서 대상을 분석하기 위해 가용한 하나의 수단이 될 수 있다. 그러나 이것은 모델 작성자가 대상 가운데 임의의 측면만 주목하고 기호화된 언어 체계를 창조하는 것을 무제한으로 용인해도 좋다는 것을 의미하진 않는다. 모델 분석자가 연구 목적을 잊고 모델의 기호 조작에 빠지면 연구 대상에서 점점 멀어지게 되며, 단지 기호 체계의 '구문론적 규칙(syntactical rule)'에만 관심을 두게 된다. 즉 원형으로부터 멀어진 모델은 순수한 언어 체계에 빠지게 된다는 것이다.

'모델'과 '이론'은 오랫동안 경제학계에서 서로 바꿔 쓸 수 있는 용어로 널리 사용됐다. 그러나 이 두 용어는 구분할 필요가 있다. 우리는 경제 이론을 '경제와 경제가 기능하는 방식에 대한 신념의 집합'으로도 생각할 수 있다. 그것은 현실 세계에 그대로 적용된다. 모델은 '이론들과 형식논리적인, 그러나 부분적인 표현'들이다. 그러므로 하나의 모델은 결코 그것이 적용되는 전체 이론을 포괄하지 못한다.

모델은 이론이 단순화된 부분적 진술이기 때문에 동일한 이론의 서로 다른 측면을 해명하기 위해 고안된 몇 개의 모델이 하나의 이론에 함께 속할 수도 있다. 흥미롭고도 혼란스러운 것은 동일한 모델이 때로는 둘 이상의 이론에서 나올 수 있다는 점이다. 이 점을 명확히 하는 동시에 모델로부터 이론의 '적극 발견법'을 생략하는 것이 왜 중요한가를 알기 위해 간단한 예를 하나 들어 보자.

화폐수량 방정식의 '거래 형태'와 '소득 형태'에서 최초로 주장된 가설은 '각각의 유통 속도가 일정하다'는 것이었다. 만약 두 형태 모두 화폐 스톡에 대한 동일한 척도를 사용한다면 경제 활동에서 명분 수준에서의 변화에 대한 예측은 하나가 다른 하나에 비례할 것이다. 거래 형태에서는 소득 형태보다 조작상의 문제점을 더 많이 갖는다.

그러나 분석 입장에서 보면 두 모델 간에 그리 큰 차이가 없다. 차이가 나는 것은 그들의 적극적 발견법에서다. 우리는 오늘날 수량방정식 가운데 소득 형태를 '축약형'으로 생각한다. 중요한 기본 방정식은 화폐의 수요 방정식, 즉 마셜이 말한 '화폐 보유에 대한 수요'이다. 그런데 이 방정식의 매우 단순한 형태가 성립되지 않을 때 자연스럽게 제기되는 질문은 소득 이외에 어떤 요소가 화폐 수요량에 영향을 미치는가다. 그때 즉각 제시되는 답은 '대체 자산이 창출하는 수익'이다. 따라서 관측된 변화에 관한 설명으로 '근사화폐 대체물'에 대한 이자율을 시험 삼아 사용해 본다. 그리고 만약 결과가 좋지 않으면 이제 매우 친숙해진 적극적 발견법인 '포트폴리오 이론'으로 더욱 깊숙이 들어간다.

위에서 든 예는 사소한 것이다. 그러나 분명한 것은 모델이 때때로 이론이라는 찬란한 빙산의 일각일 뿐이라는 점이다. 이론은 모델보다 복잡하며, 경제학자의 이론은 '사실에 관한 신념의 매우 커다란 집합'이라 할 수 있다. 즉 개별 시장과 작동 양식, 가계 행태, 다른 유형의 기업 행태, 정부기관의 행태 등에 관한 신념의 집합이다. 이론은 또 '어떤 종류의 논리적 주장이 사실로 믿어지는 것 사이의 상호관계를 이해할 수 있게 하는 신념들'로 구성된다. 사실에 관한 대부분의 신념들은 통제된 측정의 산물이라기보다 우연적인 경험의 산물이다. 더욱이 신념의 전체 구조가 논리적으로 일관된 체계를 형성하지 않는 경우도 허다하다. 그런 구조들은 너무 크고, 복잡하거나 다루기 어렵다. 특히 용어까지도 일관성을 보여 줄 수 없을 정도로 엄밀하지 않은 경우가 흔히 있다.

"수학은 과학 언어다"라는 말은 "수학은 성숙한 과학 언어다"와 같이 바뀌어야 할 것이다. 경제학자들이 순수이론이라 부르는 모델은 연구한 현상의 정확하고 형식논리적인 표현이라기보다 은유적 표현이다. 자연과학자들도 은유(metaphor)와 유추(analogy)를 사용해 추론한다. 주목할 예는 파인먼(R. P. Feynman)으로, 그는 양자전기역학(Quantum Electrodynamics)을 '이론화'하기 위해서가 아니라 전공하지 않은 일반 청중에게 '설명'하기 위해 은유를 사용한다. 그러나 탁월한 일련의 은유와 유추의 끝에는 어떤 은유도 존재하지 않는 수학 모델, 이론(다른 것에 의해서는 이해될 수 없는 '정밀이론')이 존재한다. 그것은 방정식 이외의 다른 방식으로는 정확하게 표현될 수 없는 것들이다.

불행하게도 경제학은 여전히 은유 또는 유추의 수준에 멈춰 있다. 그것도 대단히 느슨한 은유로, 설명을 필요로 한다. 즉 얼마나 문자 그대로 그것들을 받아들일 수 있는지, 어떤 측면에서 그것들이 적용되거나 적용되지 않는지 설명해야 한다.

4) 경제학과 법칙·모델·이론

앞에서 논의한 내용을 바탕으로 경제학에서의 법칙·모델·이론이 어떤 모습과 어떤 성격을 띠는지 살펴보는 것은 경제 원리가 왜 다의적인지 이해하는 데 도움이 된다.

(1) 경제학과 과학법칙

19세기의 콩트(A. Comte)와 밀(J. S. Mill), 20세기의 슐리크(M. Schlick), 라이헨바흐(H. Reichenbach), 헴펠(C. G. Hempel), 카르납(R. Carnap), 라이트(G. von Wright) 같은 실증주의자들은 경제 현실의 과학적 분석은

반드시 자연의 일반법칙에 따라야 한다고 주장했다.

이 가운데에서도 밀의 견해가 특히 주목할 만하다. 밀은 "어떤 현실도 과학의 주제가 될 수 있으며, 모두 불변하는 법칙에 따라 움직인다고 생각한다. 이러한 법칙은 발견되지 않을지도 모르며, 우리 자신의 힘으로는 발견할 수 없을지도 모른다. 그렇지만 어떤 경우든 현실은 변치 않는 법칙에 따라 움직인다. 특히 과학의 주제는 비과학과 달리 법칙에 의해 지배된다"고 본다. 즉 과학 자체는 연구하는 현상이 의존하는 어떤 법칙을 포함해야 한다는 것이다. 20세기 실증주의자 브로드벡(M. Brodbeck)도 "과학자는 현상을 설명하고 예측하기 위해 법칙이나 현상 간 관계를 찾는다"라고 말한다.[7] 과학 탐구란 법칙 탐구이며, 과학 산물은 한 묶음의 법칙이라는 것이다.

"인간의 연구에 참된 과학적 성격을 부여하려면 경험법칙의 가장 낮은 단계에서부터 일반화가 연역적으로 자연법칙과 연관돼야 하고, 인과법칙으로 설명돼야 한다"라는 밀의 언급은 실증주의자의 조건(positivist condition, PC)을 더 자세히 표현한 것이다. '인간성 과학'은 인간성의 일반법칙과 보편법칙으로부터 생겨나는 유사법칙과 비례해 존재할 수 있다고 보는 것이다. 그는 '인간의 과학' 또는 '인간성 과학'을 과학의 일반 개념과 연계시킨다. 그 개념에 따르면 과학자는 흥미 대상의 현상 속에서 일반성과 규칙성을 관찰하고 발견하는데, 이를 '경험법칙' 또는 '근사적 일반화'라 부른다. 과학자는 이런 경험법칙 또는 근사적 일반화를 찾고 설명하려 한다. 밀은 "과학이란 경험법칙이 다른 법칙과 연역적으로 연관되며, 다른 법칙으로 하나의 법칙을 설명하는 것은 어떻게 첫 번째 법칙이 두 번째 법칙으로부터 연역될 수 있는가를 살펴보는 것"이라고 생각한다.

7 M. Brodbeck (ed.), *Readings in the Philosophy of the Social Sciences*, Macmillan, 1968.

이와 같은 과학의 개념화는 과학철학자들에게 널리 알려진 것이다. 그 가운데 카트라이트(N. Cartwright)는 기본법칙을 현상법칙과 구분하고, 이론법칙과 경험법칙을 구분해서 현실을 분석한다. 헴펠 같은 논리실증주의 철학자도 과학 개념을 언급할 때 현상법칙 또는 경험법칙을 설명하는 이론에 특히 주목한다. 이론이란 "기본법칙이 체계적으로 연관된 한 묶음의 언명"을 의미하고, 이론을 현상법칙으로 설명하는 것은 기본법칙을 설명하는 것과 사실상 똑같은 것으로 본다. 즉 "다음과 같은 조건을 갖출 때 학문 D(discipline)는 과학으로서 필요충분조건을 갖춘 것이 된다. 즉 D는 일련의 경험법칙을 포함하고, 근사적으로 진실인 일반화를 포함한다. 이러한 법칙과 일반화는 현상 속에서 관찰되거나 발견된 보편성을 의미한다. D의 일반적 언명은 '기본법칙의 집단'을 포함하며, 하나 또는 다수로 조직화되면서 경험법칙이나 근사적 일반화를 형성하게 된다." 이 언술에 따르면, 보편성을 지닌 기본법칙이 없는 학문은 과학이 아니다.

이와 같이 콩트와 밀에서 카르납과 헴펠에 이르는 경험적 실증주의자들은 과학법칙 없이는 과학이 없다고 믿는다. 또 현상법칙은 포함하지만 기본법칙을 포함하지 않는 학문은 과학으로 보지 않는다. 실증주의자들은 일반적으로 현상법칙과 경험법칙을 진정한 법칙으로 간주하지 않고 열등한 지위를 부여한다. 밀은 경험법칙을 과학적 진실로 간주하지 않으며, 헴펠도 경험적 일반화나 케플러의 항성운동법칙을 언급하면서 많은 경험법칙은 거짓일 수 있고, 엄격히 말하면 과학적 법칙이 아닐 수도 있다고까지 말한다.

과학적 법칙의 성격을 두 가지 더 언급할 필요가 있다. 어떤 일반적 언명은 '정의' 또는 정의의 단순한 논리 결과일 수 있다. 경제학에서의 예로는 MV = PY, 즉 교환방정식을 들 수 있다(M: 통화 공급, V: 화폐의 유통 속도, P: 가격 수준, Y: 실질 GDP). 교환방정식은 V = GDP/M이라는 유통 속도 개념에서 연역할 수 있다. 그리고 실질 GDP의 정의는 다시 PY＝GDP로 쓸 수 있다(이때 GDP는 명목 GDP이다). 그러나 모든 일반적 언명을 표준 과학 개념으로 보는 한 이것은 과학법칙이 될 수 없다. 더욱이 일반적 언명은 규범적 주장을 내포할 수도 있다. 경제학의 한 예는 파레토 원칙, 즉 "최소한 한 사람이 더 낫게 되고, 다른 사람이 더 나쁘게 되지 않는다면 그런 변화는 바람직한 것"이다. 그러나 과학법칙의 표준적 철학 개념에 따르면 법칙이란 서술적 언명이지 규범적 주장이 아니다.

이런 접근법에 따르면 앞의 PC는 과학이 되기 위한 실증주의자적 조건이며 경제학은 이 조건을 충족하지 않기 때문에 과학이 아니라는 결론에 이른다. 그러나 하우스만(D. M. Hausman)은 경제학에 대해 자연주의(naturalism)를 내세우면서 신고전파식 미시경제학은 적어도 형식적으로는 다음과 같은 열 가지 기본법칙에 의해 과학이 되기 위한 필요충분조건을 갖추고 있다고 본다.[8]

(PL1) 개인은 완전선호를 보인다.

(PL2) 개인은 이행적 선호를 보인다.

(PL3) 개인은 연속적 선호를 보인다.

(PL4) 개인은 효용을 극대화한다.

(PL5) 개인적 선호는 상품 집합으로 정의되고, 다른 개인의 선호와 서로 연관되지 않으며, 만족 지점까지 개인은 적은 상품 집합보다 많은 상품 집합을 선호한다.

(PL6) 개인의 한계대체율은 체감한다.

---

8 D. M. Hausman (ed.), *The Philosophy of Economics: An Anthology*, 2nd ed., Cambridge University Press, 1994.

(PL7) 다른 투입이 일정할 때 한 가지를 더 투입하면 이 투입의 한계생산은 체감한다.

(PL8) 기업의 생산함수는 '규모수익불변'이다. 즉 기업이 사용하는 모든 투입이 어떤 상수만큼 증가하면 그 기업의 생산물도 그 상수만큼 증가한다.

(PL9) 기업은 이윤을 극대화한다.

(PL10) 시장은 청산되고, 빠르게 균형으로 돌아간다.

하우스만에 따르면 신고전파 미시경제학은 (PL1)에서 (PL10)까지의 기본법칙으로 구성된 단 하나의 이론을 가지는 '단일이론과학'이 된다. 즉 실증주의자의 PC 조건, 즉 미시경제학이 과학이 되는 필요충분조건을 적어도 형식은 다 갖추고 있다는 자연주의 입장을 취한다.

하우스만 경제학에 관한 자연주의 주장의 핵심은 신고전파 미시경제학이 위에서 말한 (PL1)에서 (PL10)까지의 기본법칙을 다 포함하고 있기 때문에 과학적이라는 것이다. 그런데 (PL1)에서 (PL10)까지를 '울타리(hedged) 법칙'으로 보는 하우스만의 생각은 옳지 않다. 또 합리적이지도 않을 뿐만 아니라 경제학에 대한 자연주의도 타당성이 없다고 보는 견해가 있다. 엥겔 법칙을 한번 보자.

엥겔 법칙이란 가계 소득이 증가하면 총지출 가운데 식품구입비의 비중이 감소한다는 것이다. 이런 일반화는 지난 오랜 세월 많은 나라에서 연구가 계속되면서 확인됐다. 그러나 엥겔 법칙 같은 일반화는 '유사법칙의 일반화'이고 경험법칙 또는 현상법칙이지 기본법칙은 아니다. 왜냐하면 소득이 증가하지 않는 가계를 보면 이때의 엥겔 법칙은 '반사실적(counterfactual)'이 되기 때문이다. 우리는 여기서 PC 가운데에도 이런 주장이 해당되는지 면밀히 살펴볼 필요가 있다.

(2) 경제학의 모델과 이론

하우스만도 케인스가 강조한 바와 같이 경제 이론은 대부분 모델을 탐구하는 것이기 때문에 경제학에서 모델의 역할은 필수라고 말한다. 이러한 모델에는 여러 종류가 있다. 특히 우리의 관심을 끄는 모델로는 수요공급모델, 티부(C. Tiebout) 모델, 완전경쟁 아래에서 기업의 단기행태모델, 고전적 국제무역모델, 발라 경제학 또는 추상적 일반균형모델, 독점기업의 가격행태모델, 케인스의 소득지출모델 등을 들 수 있다.

루빈(R. Rubin)과 영(C. M. Young)은 모델을 다음과 같이 설명한다.[9] 일반적으로 모델이란 '단순대표성(simplified representation)'을 말한다. 우리는 이것으로 그 모델이 대표하는 대상을 이해할 수 있다. 대표성은 이상형 가정(idealized assumption)과 부분대표성(partial representation)을 포함한다. 경제 모델을 단순대표성이라고 말하는 것은 옳지만 거기에 큰 의미를 부여하면 안 된다. 실제로 경제학자들의 모델이란 것은 이상적 이론이거나 이상형 가정을 포함하지 않는 부분대표성을 띤 것이 대부분이다.

그런데 경제 모델을 과학철학적 의미에서 '범이론'과 '소이론'으로 구분하는 것은 매우 흥미롭다. 이는 1960년대 초 과학철학자 가운데 쿤, 라카토스, 파이어아벤트(P. K. Feyerabend), 라우던(L. Laudan) 등 범이론가들이 제창한 것이다. 표면적 의미에서의 이론이란 적어도 사물의 형태와 연관되며, 이로 인한 용어는 보통 '공리(axiom)'나 '원리(principle)'로 불리는 매우 특수한 주장을 말한다.

이에 반해 진화론, 원자이론, 동역학 이론 등은 하나의 단순 이론에 연관되지 않고 각 이론의 전 스펙트럼을 모두 포함한다. 예컨대 진화론

9 R. Rubin and C. M. Young, *Formal Logic: A Model of English*, Mayfield Pub. Co., 1989.

은 단순 이론의 원형만이 아니라 역사적·개념적으로 연관된 모든 주장, 즉 종(species)은 공통의 후손을 둔다는 가정을 전제로 하는 주장 전부를 포함한다. 원자이론도 마찬가지다. 라우던은 이론이란 '예측 또는 설명에 도움이 되는 공리의 특수집합'이라고 말한다. 이때 소이론이란 가정이나 공리의 특수집합을 말한다. 일반적으로는 논리적·수학적 결과를 나타내는 이론이 소이론에 해당한다.

그러면 범이론이란 무엇인가? 라우던이 말하는 범이론은 '역사적·개념적으로 연관된 한 묶음의 소이론 집단'이다. 범이론인 원자이론은 물질을 비연속이라는 원자이론의 핵심을 정의하고, 그런 생각을 반영하는 모든 소이론을 포함한다. 쿤의 패러다임론이나 라카토스의 과학적 연구 프로그램론 등이 범이론에 속한다. 뉴턴주의라 불리는 범이론의 상징적 일반화는 뉴턴의 운동법칙과 중력법칙을 모두 포함한다. 다윈의 진화론도 범이론이다. 다윈은 『종의 기원』에서 진화론의 한 형태인 소이론을 견지하고 있다. 그 후 멘델이 '유전자 이론'을 포함하는 일반 종합적 진화론을 전개했다. 경제학에서는 신고전파 미시경제학이 범이론에 속한다. 이 이론은 여러 소이론 집단으로 구성돼 있다. 완전경쟁 아래에서의 기업행태 모델, 합리적 소비자 모델 등 우리가 잘 알고 있는 신고전파 미시경제 이론은 모두 소이론이다.

범이론의 특징은 형이상학적·방법론적 원리를 포함하고 있다는 것이다. 형이상학적 이론은 존재론을 포함하며, 방법론적 원리도 존재론과 연관된다. 물론 $F=ma$라는 뉴턴주의나 조직 생명체는 모두 연관돼 있다는 다윈의 주장과 같은 범이론이 방법론적 규칙이나 존재론과 반드시 일치하지 않을 수는 있다. 개인은 최적주의자(optimizer)라는 일반론과 '어떤 제약 아래에서 극대화하거나 극소화하는 행태를 취한다'는 범이론적 언명은 경제학의 범이론인 신고전파적 미시경제 이론과 연관돼 있다. 이런 일반론은 어떤 의미에서는 신고전파 경제학자들 모두가 받아들이고 있다. 물론 이런 범이론의 특징에 대해 비판이 있을 수 있고, 범이론과 소이론의 연관성에 대해서도 분명치 않은 경우가 많이 있다.

이제 경제 모델을 범이론, 소이론의 구분과 연관 지어 설명해 보자. 앞에서 말한 바와 같이 경제 모델은 대부분 소이론이다. 경제학자가 모델을 구축할 때는 가정을 먼저 세우고 정의를 분명히 한 뒤 최종적으로 수학 논리를 이용해 이를 발전시킨다. 그 결과는 연역 체계로 구성된 '한 묶음의 언명'이 된다. 이를 흔히 '경제 모델'이라 한다.

여기서 말하는 경제 모델은 신고전파 모델이나 케인스 모델 또는 주류 경제학자들의 모델에만 적용되는 것이 아니며, 범이론 가운데 마르크스 경제학에도 적용될 수 있다. 마르크스는 자본주의 및 자유기업 모델을 사용해서 이른바 '착취이론'을 전개한다. 여기서도 역시 가정과 정의를 먼저 세우고, 거기서 다른 흥미 있는 언명을 유도한다. 이러한 마르크스주의자들의 모델은 모두 소이론이다. 마르크스 이론 외에도 경제학에 적용할 수 있는 범이론은 많다.

블로그(M. Blaug)는 쿤과 라카토스의 범이론이 제한적이지만 경제학에 유용하게 적용될 수 있다고 본다. 와인트라브(E. R. Weintraub)는 『일반균형분석』이라는 저서에서 라카토스의 범이론을 신(新)발라 경제학 연구 프로그램이라 부르고 여섯 개의 견고한 중핵으로 구성돼 있다고 언급한다.[10] 하우스만은 신발라 경제학을 신고전파 미시경제학으로 보고 신고전파 미시경제학과 연관된 범이론이 더 있지만 모두가 신고전파 이론이나 소이론으로 구성된 것은 아니라고 본다. 와인트라브는 소비자 선호가 모두 이행적(transitive)이라는 가정과 한계생산성 체감 법칙을 예로 들면서 이런 범이론을 비판한다.

---

10 E. R. Weintraub, *General Equilibrium Analysis*, Cambridge University Press, 1985.

경제 모델은 계량경제학에서 쓰는 회귀모델과 같지 않다는 점에 유의할 필요가 있다. 단순회귀모델 C = a + bY + u(C: 총소비지출, Y: 총가처분소득, u: 교란 요인 또는 오차)에서 교란 요인이 주어진다고 보면 C와 Y의 관계는 정확하거나 결정적인 것이 아니라 확률적이다. 다중회귀모델은 많은 변수를 포함하고 있으며, 이런 변수에도 교란 요인이 있다. 여기서 말하는 회귀모델은 모델이 아니다. 우리가 다루는 모델이란 확률모델에 포함돼 있는 변수 간의 '확률적'인 것이 아니라 정확한 결정적 관계를 구체화하는 모델이다.

계량경제학에는 또 다른 모델이 있다. 계량경제학에서는 위의 단순회귀식에서 상수인 a와 b를 주어진 C와 Y의 자료를 사용해서 추정한다. 그때 경제학자들은 주로 최소자승법(ordinary least squares, OLS)을 사용한다. 이런 최소자승법은 특정 가정 아래에서는 '편기(bias) 없는 최량의 선형 계측'이다. 이러한 모델을 '고전적 선형회귀모델'이라 부른다. 이 모델은 오차항을 포함하고 있다. 이 오차는 정규분포 되고, Y 같은 변수와 이 오차는 서로 상관관계가 없다는 가정을 두고 있다. 그래서 이때 사용하는 '모델'이라는 개념은 특정 계량 기법으로 a와 b 같은 상수를 추정할 수 있다는 가정과 연관돼 있다. 그러나 이런 의미의 '모델'은 우리의 관심 밖이다. 경제학자들이 구축하고 사용하는 '모델'은 이러한 고전적 선형회귀모델이 아니다.

철학자들이 인지 활동을 할 때의 소이론은 목적이 두 가지다. 하나는 모델을 통해 개념 문제를 해결하려는 것이고, 또 하나는 규범 문제를 해결하려는 것이다. 개념 문제 해결의 예로는 티부 모델을, 규범 문제 해결의 예로는 베커(G. Becker)의 범죄 통제를 위한 자원의 적정 사용 모델을 들 수 있다. 이런 모델은 어떤 의미에서는 도구주의자적인 입장을 취하는데, 그렇게 되면 경제학은 진실을 추구한다는 전통주의 견해와 대치될 수 있다. 이때 도구주의란 경제학자나 과학자 등이 그들의 소이론이나 모델을 실제 세계의 참다운 서술을 위해 사용하지 않고 어떤 목적을 위한 도구와 방법으로 사용하는 것을 말한다. 반면에 실재주의에 입각하면 경제학자는 자기들의 소이론이나 가설을 전개할 때 실제 세계를 근사적이나마 진실 되게 추구한다. 그러나 경제 모델을 개념·규범적 문제 해결을 위한 목적으로 사용할 때는 '부분적 도구주의'를 인정하지 않을 수 없게 된다. '완전 도구주의자'라 해도 진실을 완전히 부인하지는 않는다. 도구주의와 실재주의는 논의에 따라 서로 경합하지만 중복 또는 합일되는 경우도 흔히 있다.

케인스 거시경제학의 핵심 개념 중 하나는 한계소비성향으로, 케인스는 "총소비의 한계소비성향(MPC)은 0을 넘지만 1 이하다($0 < MPC \leq 1$)"라는 일반화를 가정한다. 이때의 케인스 거시경제학은 범이론이다. 이와 같은 심리법칙은 케인스 경제학의 이론 전개에서 아주 중요하며, 특히 유효수요이론의 바탕이 된다.[11] 케인스는 이런 심리법칙이 인간성의 연역적 지식이나 경험에서 유도될 수 있다고 말하는데, 이는 칸트의 분류와 비슷하다. 칸트는 일반화를 인정하며,[12] 일반화를 관찰, 연역의 순서로 받아들인다. 이때의 관찰이란 매일매일의 경험에 기초하고 있다. 케인스도 마찬가지다. 경제학자들은 매일의 경험을 바탕으로 범이론을 정당화한다. 예컨대 보멀(W. Baumol)과 블라인더(A. S. Blinder)도 소비되는 단위가 올라갈수록 그 상품의 한계효용은 낮아진다는 가정을 참으로 받아들인다. 개략적인 일반화라는 의미에서 한계효용체감의 법칙을 받아들이는 것이다.

---

11 이와 같은 심리법칙은 가장 단순한 소득지출 모델에서 IS-LM 모델에 이르기까지 전 케인스 모델에 원용되고 있다.

12 이때의 일반화는 관찰로 확증된 것을 기초로 한다.

모델 사용이 경제 현상의 법칙이나 예측에 중심 역할을 하지만 과도한 형식주의에는 비판이 있다. 여기에서 '과도하다'는 말의 의미는 다음과 같다.

(P1) 실제 경제 현상이 아닌 상상적 현상을 기술하는 가정이나 공리에서 정리를 연역하려는 노력이 증가하고 있다.

(P2) 실제 경제 현실에 아무런 도움이 되지 않는 수학 사용을 선호하는 경향이 있다.

이런 과도한 형식주의는 비현실적 가정에 지나치게 의존하거나 상상 및 공상 세계를 가정하는 공리에서 정리를 너무 과도하게 유도한다. 이러한 공리 (P2)는 실제 세계에 대한 잘못된 기술을 포함하고 있다고 비판한다.

레온티에프(W. Leontief)는 (P2)의 가장 강력한 비판론자 가운데 한 사람이다. 최근의 수학 모델링은 가장 권위 있는 경제학의 한 부분을 형성하며, 새 모델을 만들 때 '형식적임'을 너무 많이 드러낸다. 이와 더불어 모델에 있는 공리나 가정이 실제 사회를 참되게 기술하고 있는지는 큰 관심 대상이 아니어서 어떤 결론을 내릴 때가 되면 그 모델이 근거하고 있는 경험적 가정들을 잊고 만다. 다시 말하면 이러한 가정의 경험 요소가 전체 작업의 유용성을 결정하는데, 경제학자들은 관찰 가능한 실제 세계보다 상상적·가설적 공상에 빠져 있는 것이다. 이런 이유로 경험적 연구의 가치를 떨어뜨리고 새로운 경험적 사실이나 자료 발견에 도움이 되지 않는 일만 한다.

자료의 기초가 빈약할수록 경제학자들은 그것을 보상하기 위해 더 정교한 계량경제학적 방법을 발전시키지만 이와 같은 기법은 실제 세계의 이해를 돕지 못한다. 이런 경제학자들은 실제 경제 체제의 작동이나 구조의 체계적 이해에 적합한 자료를 발전시키지 않고 기하학적 함수를 경제에 무모하게 끼워 맞추려고 한다.

경제수사론자인 매클로스키(D. N. McCloskey)도 과도한 형식주의자에 대해 "많은 경제 이론을 보면 실제 경제 현실에 관한 가설을 검증하려 하지 않은 채 경제 모델을 만들고 적용시키려고 하는데 모델 구성에는 찬성하지만 대부분 추측이고, 확실한 결론 없는 초공간(hyper-space)이라 부를 수도 있는 세계의 경제 모델을 만들고 있다"고 비판한다.[13]

피셔(F. M. Fisher)는 게임이론을 언급하면서 이 점을 강조한다.[14] 특히 게임이론을 산업 구조와 과정에 적용할 때 유용성이 의문시된다. 그와 같은 경향이 계속될수록 분석은 현실과 멀어지고, 독점으로 귀결된다. 이런 독점경제의 수리적 게임이론을 실제 사회의 본질적 이해 없이 과도하게 적용하면 피해가 커진다는 것이다.

물론 과도한 형식주의에 관한 불평이나 비판이 옳은 점도 있지만 모델의 역할을 모두 부정해서는 안 된다. 경제 모델은 경제 문제를 속성(P1)에 너무 많이 의존하고 있고, 특히 가정이 비현실적으로 잘못돼 있다고 비판된다. 그러나 미시경제학자들이 비현실적 가정에 의존하는 이유는 모델 탐구가 신고전파적 미시경제학의 중심이라는 사실 때문만은 아니며, 신고전파적 미시경제학 모델이 페이(B. Fay)가 말한 바와 같이 '역량이론(competence theory)'에 속하기 때문이다.[15]

페이는 역량이론과 '성과이론(performance theory)'을 구분한다. 역량이론이란 이상화됐거나 완전히 합리적인 경제 주체가 어떻게 행동하는

---

13 D. N. McCloskey, *The Rhetoric of Economics*, University of Wisconsin Press, 1985.

14 F. M. Fisher, "Games Economics Play: A Noncooperative View", *RAND Journal of Economics* 20(1), 1989.

15 B. Fay, "Naturalism as a Philosophy of Social Science", *Philosophy of Social Science* 14, 1984.

가를 구체적으로 탐구하는 이론이다. 성과이론은 그 이름이 시사하는 바와 같이 성과를 중시한다. 역량이론은 개인의 합리화 행태를 서술하는 반면, 성과이론은 개인의 실제 행태, 즉 현실 세계의 개인 행태에 관한 원인과 이유를 밝히는 것이다. 이때 성과이론이란 미시이론과 같은 단순 가설에 속한다.

혹자는 경제학이 모델을 너무 중시한 나머지 과도한 형식주의로 나아가게 됐다고 비판하면서, 특히 신고전파 경제학자들의 수학 선호는 역량이론을 선호한 데서 비롯되었다고 말한다. 로젠버그(A. Rosenberg)는 특히 미시경제학을 극단적 이론이라고 평가했다. 뉴턴의 기계론과 진화론적 생물학처럼 양을 최대화하는 체계, 특히 적정(fitness)이나 총에너지 대신 효용이나 선호 등을 극대화하는 체계를 구축한다고 말한다. 이런 특징 때문에 미적분학 용어를 사용할 수밖에 없다. 그래서 신고전파 미시경제학은 수학이론, 특히 함수의 최대치와 최소치를 발견하려는 정교한 기법을 포함한 수학이론을 널리 사용하게 된다면서 이러한 이론이 역량이론과 연계된다는 것이다.

우리는 지금까지 경제 모델, 특히 미시경제 이론이 여러 가정이나 공리와의 연역된 결론으로 고정돼 있는 것으로 보고 그런 모델의 공리를 구축하는 경제학자들이 받아들이는 범이론에 속하는 범언명을 포함하고 있다고 했다. 경제 모델도 양태적 견해, 유사법칙적 일반화, 구조론자적 시각에 따라 그 성격을 달리 해석한다.

3. 경제 원리의 불완전성

경제 이론과 모델 논의는 왜 다원적이며, 수렴 없는 이견(異見)만이 서로 격론되는가? 왜 이들은 현실 타당성이 미흡하며, 현실과의 간극이 메워지지 않는가? 왜 학설이나 주의(主義), 교과서나 논문마다 정의가 서로 다르고 혼용돼 있는가? 이는 한마디로 "경제 이론과 모델은 왜 본질적으로 불완전한가?"라는 질문으로 요약된다.

그 이유로는 ① 경제 이론에는 '사회성'과 '인성'이 본질적으로 내포되며(베버), ② 경제 이론은 본질적으로 부정확하고(밀), ③ 주류 경제학이 주로 쓰는 자연과학의 표준과학적 방법으로는 경제라는 특수한 현실을 다루는 경제 이론의 참모습을 찾아낼 수 없다는 것(하우스만) 등을 들 수 있다. 그러면 이런 베버와 밀, 하우스만의 주장을 아래에서 좀 더 구체적으로 살펴보자.

1) 베버의 '경제 이론과 현실 간의 간극'

앞에서도 언급했듯이 베버가 먼저 경제학적 현실 인식에서 이론 및 개념 구상의 의미는 무엇인가를 물으면서 18세기 자연과학 발전과 합리주의 세계관의 영향을 받은 경제학이 자연법칙처럼 이해되기 시작했다. 현상의 구성 요소 가운데 '법칙'만이 과학적 본질로 간주되고, '개별 현상'은 단지 유형으로만 고려됨으로써 그에 대한 관심은 과학적 성격을 띤 관심이 아니라는 인식이 팽배했다고 말한다.

그러나 이와 같은 주장은 양적으로 확정된 법칙과 결과를 얻기 위해 해당되는 현실의 모든 인과적 연관성을 포함하여 '주어진' 것으로 설정하고 '알려진' 것으로 전제해야만 한다는 사실을 간과하고 있다. 즉 유한한 인간 정신이 이런 지식을 얻을 수 있다면 굳이 추상적 이론을 만들 필요가 없다는 사실을 간과한 것이다. 특히 한계효용학파는 인간 심리의 속성을 전제로 경제 현상이나 제도를 설명하려 하지만 인간 심리의 속성 분석이 곧바로 사회제도 분석으로 연결될 수는 없으며, 제도들을 심리학 법칙에서 연역해 내거나 심리학적 기초 현상을 바탕으로 설명하려 해서도 안 된다는 것이다.

이론적 개념은 하나 또는 몇 가지 관점을 일면적으로 강조하고, 이렇게 일면적으로 강조된 관점들에 부응하는 일련의 개별 현상만을 뽑아 하나의 일관된 '사유상(思惟像)'으로 종합함으로써 얻어진다. 이처럼 개념은 '사고를 통해 형성된' 연관 맥락들로 구성돼 있으며, 그 자체로 모순 없는 체계이기 때문에 유토피아적 성격을 띠고 있다.

이론이 하나의 유토피아라면 주어진 현실과 이론의 관계는 무엇인가? 이론에서 추상적으로 서술된 연관 맥락이 현실에서 어느 정도 작용하고 있다고 확인되거나 관측되는 경우 우리는 하나의 이론에 근거해 현실에서 확인된 연관 맥락의 특성을 실제로 예시할 수 있으며, 이해 가능하게 제시할 수도 있다.

또 이론의 개념은 그 자체로 '가설'이 아니지만 가설 구성에 방향을 제시해 줄 수 있고, 현실 자체의 '서술'은 아니지만 현실 서술에 명료한 표현 수단을 제공할 수도 있다. 따라서 이론과 개념을 적절히 사용하면 연구와 예시 목적 수행에 기여할 수 있다.

2) 밀의 '경제 이론의 부정확성'

밀의 경제 철학은 경제 이론이 비록 다른 사회과학과 '분리된' 또는 '독립된' 성격을 띠고 있지만 연역적 방법으로 해석하기 때문에 본질적으로는 '부정확하다'는 말로 요약된다.

밀은 『논리학 체계』에서 '정확한 과학'과 '부정확한 과학'을 구분한다. 특히 경제 현실에 영향을 미치는 주요 요인, 나아가 중요한 요인과 덜 중요한 요인의 영향이 복합됐을 때 이들은 서로 구분돼야 한다고 본다. 경제 현실에는 여러 '교란 요인'이 복합 형태로 존재하기 때문에 부정확한 과학, 유사과학, 불완전한 과학이 되기 마련이다. 밀은 이를 '법칙(이론) 속의 불확실성'이라고 말한다.

밀은 부정확한 과학의 법칙이나 이론은 조잡하여 완전히 믿을 만한 것이 아니며, 진실이 아니므로 법칙(이론)도 아니라고 본다. 사회과학의 경험법칙은 대부분 조잡한 일반화이며 진실이 아니므로 설명력이 의문시된다고 생각한다. 부정확한 과학 내의 부정확한 법칙(이론)은 경향이나 규칙성을 뜻할 때가 많은데, 특히 '인성과학'에서 그러하다는 것이다.

밀은 부정확한 과학법칙은 암묵적인 세테리스 파리부스 조항을 포함할 수 있다고 본다. 흔히 세테리스 파리부스 조항을 내포한 언명을 법칙(이론)이라 모호하게 말하는 학자도 있으나, 밀은 예컨대 '우리 인간은 모두 불사(不死)하다'는 세테리스 파리부스를 포함한 법칙을 법칙이라 부를 수 없다고 분명히 말한다.

밀은 다음 세 가지 조건이 만족될 때만 한 문장이 법칙(이론)이 된다고 본다. 즉 ① 문장이 최소한 유사법칙적이고, ② 문장 내의 모호한 내용을 제거하면 문장이 확정(또는 불확정)되는 '자연스러운' 경우, ③ 과학자들이 문장 내의 세테리스 파리부스 조건을 위배하거나 간섭 또는 훼방하는 요인을 얼마만큼 알고 있을 때뿐이다.

그러나 경제학적 유사법칙 내의 세테리스 파리부스 조항은 제거가 불가능하고, 인과 요인 모두를 포함할 수도 없다. 경제학은 그래서 부정확하다. 만일 덜 중요한 요인을 모두 포함한다면 경제학은 다른 사회과학과 다를 바 없게 된다. 그런데 무엇이 중요하고 덜 중요한 요인이며, 이들을 어떻게 식별하는지가 중요하다.

3) 하우스만의 '표준과학적 방법의 한계'

하우스만은 한마디로 경제 현상은 복잡해서 표준과학적 방법으로는 다룰 수 없다고 말한다. 그러면서 '반사회과학적 자연주의'와 '방법론적 비판주의'에도 반대한다. 즉 경제학은 자연과학과 다른 데다가 철학적 사고를 필요로 하고, 경제 현상은 자연 현상과 달리 복잡하기 때문에 표준과학적 방법 그대로는 유용 또는 유효하지 않다고 말한다. 그러나 모든 과학적 방법에 문제가 있거나 나쁘다고 보지는 않는다. 다만 이런 방법으로 경제 현상을 자연 현상처럼 다루는 것은 근본적인 문제점이 있음을 지적한다. 즉 경제학의 방법론적 특성은 다른 자연과학과 차이가 없지만 이들 방법론 간에 차이가 있다면 경제학자들이 경제학이란 특수성이 제시하는 문제점에 어떻게 반응하는가에 달려 있고, 그래서 '경제학의 실패'가 잘못된 경제학 방법론 때문에 야기됐다고 볼 수만은 없다는 것이다.

경제학의 비현실적 일반화 가정 그 자체로서는 자연과학과 방법론적으로 별 차이가 없다는 것이다. 경제학의 실패란 근본적인 방법상 오류 때문에 생기는 것이 아니며, 방법론적 차이가 있다면 경제학에서는 실험이 그리 중요하지 않다는 것뿐이다. 이런 실패는 오히려 경제학의 특성에서 연유된다.

경제란 원래 복잡하며, 경제 현상에 영향을 미치는 인과 요인이 너무 많고, 경제의 본질이 변화하는 데다가 서로 다른 인과 요인의 상대적 중요성이 때에 따라 변화하기 때문이라는 것이다. 더욱이 경제학은 인간의 행태를 다루는 학문이자 이론이기 때문에 이로 인해 복잡성, 가변성, 실험곤란성 등이 가중된다. 그 결과 경제 이론은 불완전할 수밖에 없다는 것이다.

경제학이란 경제 원리(법칙, 이론, 개념 등)를 찾는 작업이며, 결국은 모델링하는 것이라고 말한다. 그런데 왜 경제 원리 발견을 위한 모델링

이 쉽지 않으며, 위와 같이 이론(異論)이 그토록 많은가? 그 이유를 간단하게 말하면 모델과 이론이 모호하기 때문이다. 모델링에 모호함이 있다면 그것은 현실과 무관한 모델경제(model economy)와 가상의 세계를 찾기 때문이다.

제5장

경제 원리는 어떻게 발견되는가?

제1절

추상화와 단순화

지금까지 경제 원리가 '경제 현실에서 발견되는 것'이고 '복잡한 경제 현실을 추상화 또는 단순화한 보편언명'이라고 설명했다. 경제 현실은 복잡하며 가변적인데 어떻게 추상화·단순화한다는 것인가? 추상화만 하면 원리와 현실의 간극이 메워질 수 있는가? 도대체 추상화란 무엇인가? 추상화란 (아리스토텔레스나 칸트 등에 따르면) 사물을 개별 상태로 보지 않고 하나의 범주로 묶어 거기서 공통점이나 의미 등을 추출하고, 이를 통해 사물을 구분해서 본질이나 실체를 알아내며, 나아가 이들의 배후 원리가 무엇인가를 물을 수 있는 길을 열어 주는 것을 말한다.

앞 장의 논의 가운데 여러 경제학설과 방법론을 분석해 보면 하나의 공통점을 발견할 수 있다. 바로 '추상체증(increasing abstraction)' 방법이다. 여기서 말하는 추상체증의 원리는 겉보기에 밀의 '구체적 연역'이나 마르크스, 쿠퍼(D. E. Cooper), 파슨스(T. Parsons)의 '점진적 구체화' 등과 유사해 보인다. 그러나 사실은 더 구체적이고 다양하며 포괄적이다. 즉 ① 경제와 관련해 이 책에서 말하는 추상체증 방법은 자연과 사회 모두를 다루는 대단히 포괄적인 성격을 띠며, ② 그 가운데 여러 학설은 추상체증의 과정(process)과 정도(degree)에 차이가 있을 뿐이고,

③ 모든 원리 하나하나도 추상체증 방법으로 구축할 수 있고, ④ 각 원리는 여건에 따라 어떤 전제와 가정, 특히 중핵과 변수 및 방정식을 선택하는가에 따라 달라지며, ⑤ 추상화의 정도는 갈릴레오의 가정과 변수 선택의 실제성과의 접점에서 찾아진다는 것이며, ⑥ 올바른 추상화는 올바른 원리의 '발견'으로 이어진다고 말할 수 있다.

여러 경제학설 또는 이론의 차이와 이론 하나하나를 구축할 때 진행되는 단순화, 체계화, 규칙화, 이상화, 일반화, 형식화, 수학화 등 추상화의 과정과 정도는 복잡한 경제 현실의 여건과 목적에 맞도록 전제와 가정, 중핵과 변수 및 이들의 배열을 어떻게 '바르게' 하는가에 따라 그 타당성이 결정된다는 것이다. 이때 '갈릴레오적 가정과 변수 선택'이라는 실제성과의 접점 발견이 원리 발견의 비결이다. 즉 추상화는 한 단계씩 단순화(나아가 이상화, 모델화, 형식화, 수학화)의 '정도'를 높이는 방법으로, 분석 영역을 좁히는 것이다. 이 '과정'에 원리 발견의 온갖 비밀이 내재되어 있다.

1. 추상화의 여러 방법

추상화에는 단순화, 체계화, 이상화, 형식화, 부분형식화 등 여러 방법이 있다.

1) 단순화와 체계화

자연과학과 달리 사회과학에서는 이론이 빈약하고 이론 구축이 다양하기 때문에 이를 직접 평가하는 기준이 있는지 여부를 살펴보는 것은 대단히 중요하다. 이런 기준으로는 개념과 이론의 유실성(fruitfulness), 명료성(clarity), 강력성(power), 단순성(simplicity) 등을 들 수 있다.[1] 이때 단순성은 존재론적 단순성, 서술적 단순성, 언어적 단순성으로 구분된다. 존재론적 단순성을 논할 때는 우주나 자연의 서술보다 그 자체의 특징을 논하는 경우가 더 많고, 이때는 비언어적 분석이 된다. 따라서 우리는 논리적·구조적 단순성에 주목한다.

단순성은 체계화와 연계해 생각할 필요가 있다. 굿맨(N. Goodman)은 모든 과학적 활동이란 가설 체계 선택에 관한 것이라고 말한다.[2] 전통적으로는 먼저 '참된 체계'를 찾고, 그다음에 '우아성'을 위해 단순한 것을 찾는다. 하지만 우리는 시스템에 관심을 두는 바로 그때부터 단순성을 찾는다. 기초의 단순성이 없을 때, 그리고 어떤 용어나 원리도 다른 것에서부터 유도될 수 없을 때 그 체계는 제로가 된다. 체계화는 기초의 단순성과 같은 말이다.

과학에서는 단순성과 체계화의 관계가 중요하다. 체계는 과학이 가장 바라는 것이며, 과학의 심장이다. 자연과 우주를 조직화된 것으로 보는 것이 과학의 이상이고, 논리 관계로 이론과 언명을 짜 모으는 것 또한 과학의 이상이다. 조직하는 것은 과학의 주된 두 기능인 '설명'과 '예측'을 달성하는 필요조건이다. 이때 논리적 단순성에 근거하지 않은 작업은 개념을 완전히 설명할 수 없다. 굿맨이 말한 체계의 단순성이란 달리 보이는 두 형식화 가운데 공리의 속성을 더 적게 띤 형식화가 객관적으로 더 단순화된 것을 의미한다는 말이다.

다음으로 '초언어적 표현의 구조적 단순성'을 살펴볼 필요가 있다. 초언어적 속성과 과학적 형식화 간에 서로 다른 단순성이 있기 때문에 이들을 평가하기 위해서라도 초언어적 속성의 단순성을 알아야만 한다.

---

1 사회과학에서 중요한 것은 '체계화의 정도'와 '구조적 단순성'이다.

2 N. Goodman, *The Structure of Appearance*, Harvard University Press, 1951; N. Goodman, "The Test of Simplicity", *Science* 128, 1958.

하지만 이런 단순성을 측정하는 방법을 찾기는 어렵고, 특히 굿맨이 말한 바와 같은 체계의 '완전형식화(full formalization)'는 더욱 그렇다. 어떤 과학에서도 완전형식화를 달성한 이론은 많지 않으며, 사회과학 이론은 특히 그러하다.

2) 이상형과 이상화

사회과학자들은 '유형(類型)'이라는 말을 많이 사용한다. 이때 '유형'이라는 개념에는 '이상형'이나 '이상화(idealization)'가 포함된다. 이에 관해서는 베버의 연구가 특히 유명한데, 그 역시도 사실상 이상형의 성질이나 사용에 관해 대단히 모호하고 상충된 견해를 보였다.[3] '이상형'이 용어인지 개념인지가 불확실한데,[4] 이 때문에 이론 구축에서 기능이 달리 나타난다. 이상형의 구축 또는 이상화의 적용이나 사용은 이상형의 유형적 체계가 가진 속성이 무엇인지, 언명적 표현인지, 숨겨진 혹은 경험적으로 비확정적인 언명적 표현인지 등과 연관된다. 이상형이란 결국 '완전경쟁', '개방사회', '완전탄력적 물체', '이상적 공산주의 사회'와 같이 개념체계에서 생기는 것이지 실체를 가리키는 것은 아니다.

비문맥적 수의 세계에서 이상화는 극단적으로 추정적인데, 예컨대 '완전경쟁'이나 '성스러운 사회'를 언급할 때 사용된다. 우리는 여기서 원인과 이유에는 관심이 없으며, 오히려 이상화의 논리적 성격과 방법론적 사용에 관심이 있다. 베버와 같이 이상화를 실제 사회와 비교하기 위한 기준으로 삼거나 이런 기준의 결과를 이론 구축의 기초로 삼을 때 그것은 방법론적 제안이라기보다 발견법의 문맥에 속하는 하나의 발전

---

3 M. Weber, "Ideal Types and Theory Construction", in M. Brodbeck (ed.), *Readings in the Philosophy of the Social Science*, Macmillan, 1968.

4 예를 들어, 어떤 동물의 특징을 본질적으로 표현하는 개념인지 용어인지, 동물이 매트 위에 있다는 것과 같은 분석적 언명을 말하는 것인지 분명치 않다.

적 제안이 될 뿐이다.

이상화의 또 다른 중요한 사용법은 이상화란 비분석적·언명적 표현이란 것인데, 이때 그러한 이상화가 과학에서 설명력을 지닐 수 있으며 대단히 유효한 결과를 가져왔지만, 사회과학에서는 성공적이지 못했다는 사실에 유의할 필요가 있다. 사회과학자 중에서 이상화를 정교하고 치밀하게 사용한 학자는 별로 없다. '완전경쟁'이라는 용어를 사용해서 가격균형이론을 설명하려 할 때도 마찬가지다.[5]

'완전경쟁'은 경제학의 이론적 논의에서 언제나 도입되는 개념이다. 정의적 언명은 '완전정보', '완전 접근 가능한 시장', '경제적으로 합리적인 개인' 같은 용어를 포함하는 언명과 연관된다. 이런 용어 가운데 일부는 '이상적 구축(ideal-type constructs)'을 구성하고, 완전히 작위적인 정교한 이론에서는 정의적 표현(definitional expression)의 형태로 대체될 수 있다.

논리 형태나 이상형의 구조언명 입장에서는 이상화를 비이상화와 구분할 방법이 없으며, 그것은 물리학에서도 마찬가지다. 부수적 문장으로서의 이상화는 어의적·준거적이며 실용적·기능적인 성격을 띤다. 어의적으로 이상화의 가장 큰 특징은 문장으로 아무것도 서술하지 않는다는 것이다. 거기에는 실체도, 과정도, 사건도 없다. 이상화가 지시하거나 서술할 아무런 대상이 없다는 것이다. 그래서 우리는 '이상화'라 부른다.

이상화의 구문론적·어의적 면뿐만 아니라 실용적인 면도 알아야 한다. 사회과학, 특히 경제학에서 이상화의 사용은 두 가지 면에서 논의

5 예컨대 경제 이론의 이상적·유형적 표현인 '완전경쟁'은 언제나 이론 형성에서 '기본 속성'으로 나타나지 않는다. 그런 이상화는 물리학에서의 '수학적 추(mathematical pendulum)', '마찰 없는 엔진', '완전탄력적 충격', '이상적 가스'와 같은 개념이고, 복잡한 여러 조건을 풀어주는 편리하고도 간단한 기법으로 주로 사용된다.

되고 있다. 사회과학은 자연과학과 다르기 때문에 이상화는 필수적인 도구라고 말하기도 하고, 혹자는 이런 주장을 자연과학에서 성공했을 때만 그렇다고 논박한다. 이런 두 논의의 공통점은 이상화란 어떤 과학에서도 과학적 설명에 도움이 된다는 것이다.

물리 이론에서 이상화는 설명적·예측적 유효성을 지닌다. 그러나 그런 경우도 이상화 하나만으로는 부족하며, 다음의 세 가지 조건을 갖춰야만 한다. 즉 ① 이상화가 이미 확인되고 증거가 독립적 일반법칙이나 포괄적 이론에서 연역이 가능할 때, ② 그러한 이상화가 물리학 내에서 연역될 때, ③ 이상화 내의 여러 개념이 명료성을 지닐 때 등이다. 이와 같은 조건은 헴펠이 「사회과학 내 개념 형성의 문제점」에서 말한 '이론적 이상화'와 구분할 때 염두에 둔 것들이다.[6] 다만 직관적 이상화는 구문론적·의미론적 측면에 관한 조건을 충족시키지만 이론적 이상화의 위치까지는 이르지 못하기 때문에 위의 세 속성을 지니지 않는 한 유의한 설명력이나 예측력을 지니지 못한다.

3) 형식화와 수학화

여러 경제 원리의 뜻, 성격, 구축 방법은 완전형식화한 경우의 형식적 방법(formal method)에서 뚜렷이 나타난다. 형식적 방법은 경제학, 특히 현대 경제학의 형식적 모델링 기법에서 많이 사용되며, 최근 들어서는 심리학, 사회학, 국제정치와 새로운 학제 분야에서도 종종 사용된다.

형식적 방법은 "실제 세계에 내재된 여러 경험적 내용으로부터 추상화된 논리적 관계의 형식 체계를 도출하는 것"이며, 그 목적은 "경험적으로 예시할 수 있는 체계나 과정의 모델을 수학적으로 구축"하는 것

---

6 C. G. Hempel, "Problems of Concept Formation in the Social Science", *Journal of Symbolic Logic* 23(3), 1958.

이다.[7]

형식적 방법의 첫 단계는 최소한의 전제와 정의를 밝혀서 첫 번째 근사(approximation) 또는 기준 모델을 정립하는 것이다. 다음 단계는 논리적·수학적 또는 컴퓨터 시뮬레이션으로 체계의 내재적 동태성, 즉 외부의 영향이 아닌 체계 내의 요인에 의해 결정되는 변화를 연역한다. 그다음 단계는 모델을 해석하고, '연차 접근 방법(method of successive approximation)'으로 모델을 실제에 근사시킨다.

형식적 방법은 모델만 만들 뿐이다. 그러나 모델의 부분 또는 모델에서의 연역은 유사법칙적 문장 형태로 재언명된다. 이런 '형식적 법칙'은 사실적이고 관찰 가능한 정규성(regularity)을 서술하는 경험적 일반화와 같은 것이다. 이때 경험 체계에 대한 강력한 적합성과 양립성, 비적합성과 비양립성을 언명하는 '기능주의자적 법칙(functionalist law)'과 혼동해서는 안 된다. 넓은 일반화와 형식주의자적 실험도 경험주의자적 실험 등과 같이 정확히 정의돼야 한다.

형식적 방법의 특징은 수학을 형식언어(formal language)로 사용하고, 공리적·연역적 구조를 개발한다는 것이다. 언어는 개념과 정의, 개념을 나타내는 관계적 상징, 방법이나 문장 속의 상징을 결합하는 규칙, 문장을 동일한 문장으로 전환(연역)하는 규칙을 나타낸다. 이때 두 가지 중요한 기법은 수학과 컴퓨터 언어이며, 상징적 논리도 사용된다.

언어의 구조는 중요한데, 이론의 언어는 아리스토텔레스적 의미에서 질료(matter)이고, 구조는 형상(form)이다. 이론의 언어는 어떤 범위의 잠재 능력을 부여하고, 구조는 그런 잠재 능력을 사용해서 만든 어떤 형태의 사물이 된다. 잠재 능력 개발은 완전형식이론에 필요하다. 정의

---

7 박우희, 『경제학의 기본원리: 과학·철학·예술과 경제원리의 발견』, 서울대학교출판부, 2007.

는 물리적 정리에 불과하며, 형식언어를 사용하는 이론만으로 형식이론을 정의하는 것은 불충분하다. 그러한 수학적 상징을 사용하는 이론도 있지만 이것은 형식이론이 아니다.[8]

'수학적'이란 용어는 흔히 너무 넓거나 너무 좁게 이해된다. 너무 넓게 이해될 때는 방법 가운데 구성분인 수(number), 정량화 또는 측정 등에 언급될 때이며, 너무 좁게 이해될 때는 상징적 논리와 컴퓨터 언어를 배제할 때다. 가장 적당한 사용은 '공리적·연역적 구조를 이루기 위해 상징 조작상 관계적 상징과 기법을 사용하는 수학적 방법'이라는 학자도 있다. 후르비츠(L. Hurwicz)는 이러한 수학적 방법에 세 가지 필요불가결한 면이 있다고 말한다.[9] 즉 상징주의, 공리구조, 축적된 기법과 결과의 보고가 그것이다.

그러면 경제학에서는 어떠한가? '완전경쟁', '경제적으로 합리적인 행태'나 "각 개인은 분별력 있게 행동한다"와 같은 이상화된 가정은 현대 경제학이 이론으로 존립하기 위해 꼭 필요한 가정들이긴 하지만 완전하고 포괄적인 사회행동이론 입장에서는 하나의 특수한 경우에 불과하다. 이렇게 보면 '경제적으로 합리적인 인간'이란 개념을 포함한 이상화는 이론적 이상화의 지위에는 이르지 못한다고 볼 수 있다. 이는 '완전경쟁'의 경우에도 마찬가지다. 물론 그러한 이상화가 언제, 어디서나 유용한 방법론적 지위에는 이르지 못할 것이라고 단정할 필요는 없다.

---

8 예컨대 방정식 B=f(P, E)는 레빈(K. Lewin)의 장이론(field theory)에서와 같이 인간성과 환경의 수학적 상호 연관을 연구하거나 도함수(導函數), 시간경로 균형조건, 점근선(漸近線), 값 영역(range of values)을 검토하지 않는다. 구조상으로는 공리적·연역적 이론이 있지만 형식언어나 형식적·연역적 기법을 사용하지 않는 이론도 있다.

9 L. Hurwicz, "Mathematics in Economics: Language and Instrument", in J. Charlesworth (ed.), *Mathematics and Social Science*, American Academy of Political and Social Science, 1963.

4) 부분형식화

사회학에서는 어느 단계에서 형식화해야 하는지, 부분형식화의 개념은 어떤 것인지가 문제가 된다. 다시 말하면 부분형식화를 잘 수행하는 기법을 찾아낼 수 있는가 하는 것이다. 부분형식화는 사회과학에서 이론적 형식화와 비이론적 형식화에 모두 적용될 수 있다. 부분형식화란 언명 간 연역적 체계를 나타내는 무시할 수 있을 만큼 형식화된 체계이거나, 개념 사용을 명시적으로 결정하는 언명 간 연역적 관계 가운데 무시할 만한 형식적 체계를 말한다.

부분형식화 형태의 상이성도 알아볼 필요가 있고 굿맨의 단순성 측정법을 부분형식화에도 적용해 봐야 한다. 완전형식화를 하지 못하는 것은 그 체계 가운데 개념이 완전형식화에 필요한지 아닌지에 대한 결정적인 지식이 없기 때문일 수 있다. 이것은 결국 '체계적 전제(systematic presupposition)', '준연역(quasi-deduction)', '상대적 원어(relative primitives)' 등으로 구분해 설명할 수 있다.

이론의 체계적 전제란 부분형식화와 동일한 것이다. 이 두 가지는 서로 다른 개념, 즉 이론의 내생 개념과 이론의 비내생 개념으로 구분할 수 있다. 준연역은 연역적으로 철저히 탐구할 때 이론에 내재돼 있는 '추정적 추론'과 같은 의미로 쓰인다. 그러나 연역을 위한 요건을 다 갖추지 못하는 경우도 있다. 그것은 완전히 형식화되지 않은 이론에서 개념 형성 시의 문제를 말한 것이다. 그래서 완전형식화된 개념의 합리성과 정당성에 관심이 모아진다. 이런 개념의 도입에는 ① 개념이 명시된 정의에 도입하는 것, ② 그들의 적용에 충분조건이 되는 명제 또는 설정을 통해 도입하는 것, ③ 개념을 상대적 원어로 제시하는 것 등 세 가지 기법이 있다.

마지막으로 부분형식화가 주의할 문제점은 무엇인지 살펴보자. 사실 추상체증 과정 가운데 부분형식화가 가능한 범위는 대단히 넓은데,

"사회과학자는 이론을 어느 정도까지 형식화해야 하는가?"라는 물음에 "과학자는 할 수 있는 한 형식화해야 한다"라거나, "과학자는 결실이 맺어질 수 있을 정도로 형식화해야 한다"라는 답변은 모두 옳지 않다. 전자는 우리를 잘못된 결과로 이끌고, 후자는 너무 약해서 어떤 결정의 기초가 될 수 없기 때문이다.

자기가 할 수 있는 만큼 형식화한다는 것은 예컨대 과학자의 유일한 목적이 이론을 가능한 한 정교하게 만드는 것일 때는 그럴듯하게 들릴 수 있다. 그러나 설명, 예측, 통제, 이론 실험 등 여러 가지 목적이 있을 때, 특히 이론의 정교성을 달성하려면 다른 목적과 상충된다. 반대로 형식화의 적정 수준을 결정하는 적당한 기준이 없다는 것은 자연과학에서의 이론적 활동을 정지하란 것과 같은 뜻이 된다. 명시된 합리적 기준이 없을 때는 직감적으로 판단할 수밖에 없다. 이때 통찰력과 직관이 개입된다.

2. 완전형식화(수학화)와 가정

1) 수학의 유용성 논의

형식화를 추구하는 가장 전형적인 방법은 수학의 사용이다. 완전형식화 때 주류 경제학의 패러다임인 형식적 모델링 기법 가운데 수학과 경제학의 관계는 어떤 것이며, 거기에는 어떤 문제점이 있을까? 뉴턴과 라이프니츠의 미적분 개념이 우주 이론에서 원자의 움직임까지, 행성과 별의 움직임에서 열전도와 진동, 방사성원소의 붕괴에서 환율·금리·주가 변동이나 유언비어 전파 속도, 물가지수에 이르기까지 원용되는 '수학의 힘'을 경제학에서는 어떻게 이해해야 할 것인가?

규범-실증 논쟁과 같이 경제학에서의 수학 사용에 관한 논쟁의 역사는 길다. 수리경제학자나 수리철학자도 수학 자체의 궁극적 성격을 잘 인식하지 못하거나 현대 경제학의 추상적 사고도 부족할 때가 많다. 수리경제학의 공리나 정리가 경제생활이나 실재에 갖는 관계도 확실히 추상적인 인식론의 문제다.

수학이란 어떤 종류의 객체, 즉 점·선·공간·수(數)·양(量) 등을 취급한다. 그러나 이런 대상은 자연과학의 대상과 다르다. 즉 방 안에 있는 탁자나 산에 있는 나무와 달리 수학적 대상은 구체적 위치를 갖지 않는다.

(1) 경험주의: 밀

경험주의자들의 논지는 밀이 대표한다. 밀은 수학을 경험과학과 다른 종류가 아닌 그 자체를 한 종류로 보면서 그 가운데에서도 가장 일반적이고 확실한 추상이라 생각한다. 즉 수학적인 논문은 우주의 실제 대상들의 관계를 아주 짧게 표현하는 것이라고 본다. 밀의 언급과 같이 3이라는 수에 대한 이해는 세 마리 말과 같은 물리적 대상 셋을 모은 것이라는 인식에서 출발한다. 즉 "3은 2와 1이다"가 3의 정리라는 것이다. 그러나 그런 전제가 근거하는 계산은 정의에서 나오는 것이 아니라 산술(arithmetical) 정리에서 나온다. 즉 객체의 집합이 존재하고, 이것이 둘과 하나로 분리되고, 그런 물리적 사실을 인지하면 수는 모든 사물의 특수한 수를 나타내게 된다는 것이다.

(2) 플라톤주의

하디(G. H. Hardy), 괴델(K. Gödel), 프레게(G. Frege), 러셀(B. Russell)로 대표되는 플라톤주의는 우리가 이 세상에서 발견하는 사물을 우리가 경험하지 않은 이상적 실체 현상으로 간주한다. 우리가 '점(point)'이라고 말하는 종이 위의 '점(dot)'은 부분이나 양을 갖지 않는 '이상적인 점'의 잘못된 형상이다. 수학적 탐구의 참된 대상은 이런 이상적 점이나 선, 공간 등이다. 그러니까 수학의 대상은 우리가 사는 세계에서 어떤 위치를 가지지 않는다. 초월적 우주는 순수 수학자의 이성으로만 도달할 수 있으며, 거기서 수학자가 관찰 불가능한 영역을 발견하고 도식화할 뿐이다.

더밋(M. Dummett)의 언급처럼, 플라톤주의란 수리철학과 같이 직유(直喩) 위에 기초하고, 수학적 진실을 물리적 대상의 지각과 비교하거나 수학적 실제를 물리적 우주와 비교하는 것은 잘못이다. 플라톤주의자들은 이상적 실재를 자신의 '마음의 손'으로 잡으려 하고, 그렇게 했다고 믿을 때는 객관적 지식의 표현일 뿐만 아니라 절대적 지식의 표현까지 한 치의 착오나 예외 없이 모두 이해했다고 믿는 것이다.

(3) 형식주의

힐베르트(D. Hilbert), 노이만(J. L. von Neumann), 커리(H. B. Curry) 등 형식주의자들은 수학 탐구가 실체를 언급하지 않고도 가능하다고 본다. 수학이란 실재하는 모든 것과 독립적이다. 그래서 실재적인 어떤 것도 말하지 않는다. 순수 수학자는 실재에서 추상하지 않는다. 수학자들은 공리가 경험적으로 가능한지 아닌지를 파악하는 것과 아무 관계가 없다.

형식주의자들은 먼저 자신들이 사용할 용어들을 밝힌다. 즉 상징과 전제를 열거한다. 이런 열거는 상징의 연결에 불과할 뿐 구체적인 어떤 것을 표시하는 것이 아니다. 이들은 각 상징에 어떤 의미를 부여하는가가 관심이 될 뿐이다. 절차의 규칙이나 조작을 밝히고 공리에서 의미 있는 공식을 유도할 뿐이다.[10]

노이만의 설명에 따르면 상징의 결합, 즉 '1 + 1 = 2'는 참된 의미의 공식이 된다. 한편 '1 + 1 = 1'은 의미 없는 공식이고, '1+ → = 1' 혹은

'++1 = →'은 의미 없는 상징의 연결이다. '정리의 증명'은 주어진 절차의 규칙을 주어진 공리에 순차 적용하여, 정의된 의미 있는 공식을 연역하는 것이다. 공리와 절차 규칙을 증명된 정리와 일치시키면 정리의 진실을 정의하게 된다. 형식 체계는 주어진 규칙에 의해 주어진 공리에서 유도된 정리의 집합이며, 이들 정리는 서로 상충되지 않는다.

이런 형식주의적 논제의 가치는 수학자들을 해방시키는 데서 찾을 수 있다. 즉 수학자들로 하여금 이렇게 하는 것이 실재와 상응하는지 여부를 물을 필요도 없이 수학 이론을 탐구할 수 있게 된다.

형식주의자들은 수학이 경험과학으로부터 독립해야 한다고 강조한다. 경험적 실험은 수학적 정리로 증명하거나 증명하지 않거나 할 수가 없다. 마찬가지로 수학적 정리는 그 자체로 경험적 가설을 반박하거나 확증할 수 없다. 일례를 들면 유클리드 기하학의 형식적 일관성과 여러 비(非)유클리드 기하학의 일관성은 물리적 공간이 유클리드적인지 말해주지 않는다.

괴델의 정리는 완전형식주의자들의 프로그램이 타당한지 의문을 던진다. 커리도 힐베르트를 비판하면서 '수용 가능성' 문제는 수학 정리와 응용 간 관계 문제이며, 이론을 주제와 연관시켜 해석하는 문제라고 말한다. 힐베르트가 강조한 형식 체계의 일관성은 수용 가능성의 내적 기준일 뿐 유일한 기준이 아니라고 했다. 수용 가능성은 목적에 따라 달라진다. 이런 이유로 수학적 이론의 유용성 논의는 목적이 분명하게 될 때까지 무용하다고 말한다. 이것이 참이 되려면 '인간의 판단'이 아무리 복잡하다 해도 수학 논의가 다시 부활해야 한다고 주장한다. 수학이 유

---

10 예컨대 $p \vee q$는 "p 혹은 q"를 의미하며, $f(x)$는 "속성 f는 대상 x에 속한다", $\exists x, f(x)$는 "x가 존재한다. 그래서 f는 그의 속성이다", $\forall x, f(x)$는 "모든 x에 대해 f는 x의 속성이다", $x=y$는 "x와 y는 같은 대상의 명칭이다" 등의 의미를 가진다. 이는 상징의 고려일 뿐 어떤 구체성도 없다. 즉 여기에 수학자가 어떤 의미를 부여하느냐가 중요하다.

용하려면, 즉 가치 있고 효용이 있으려면 사용자의 판단이 반드시 개입돼야 하며 이런 판단은 객관적으로 지지되고 비판돼야 한다.

2) 수학과 경제학

그러면 경제학에서 수학의 위상은 어떠한가? 과거의 경험론에서 경험은 감각적 경험인 데 반해 논리실증주의에서는 경험을 표현으로 나타내는 차원의 경험, 즉 언어(언어적 경험)로 취급한다. 논리실증주의에서 수학은 논리학의 한 분과이고 언어적 경험 그 자체다. 따라서 그 본성으로부터 경험을 표현하기 위한 유일한 최고 수단이 된다. 결국 논리실증주의로부터 영향을 받은 현대 경제학에서 수학의 지위는 단순한 이론의 보조가 아닌 이론의 내용 그 자체, 즉 이론의 본래 상태를 규정하는 것이다. 나아가 방법론으로서의 의미를 갖게 된, 이른바 '수학주의'가 된다. 그런데 일반적으로 수학 기법은 과도한 연역(overly deduction), 즉 지나치게 연역하는 경향을 보인다.

지금까지 수학의 대부분은 물리학에서 유추됐다. 어떤 점에서 물리학은 자기에게 알맞은 수학을 만듦으로써 정밀과학이 됐다. 그러나 '물리학이 만든 수학'을 사용하는 다른 과학은 결과적으로 엄밀성에서 물리학에 미치지 못할 수밖에 없다. 한 예로 경제학에서 관측된 수량은 공간적·시간적 한계가 있기 때문에 언제, 어떤 경우에도 같은 의미가 될 수 없다. 따라서 물리적 양과는 다르다. 또 이른바 수리경제학의 형식적 이론은 겉보기에 매우 일반적으로 보이면서도 현실의 경제를 모델화하는 것으로, 확실히 일면적이다.

숫자는 경제라는 사회 현상에 대해 늘 일면의 진실을 말할 뿐이다. 예컨대 가격은 수량인 동시에 하나의 질이다. 따라서 우선 질적 규명 자체에 대한 설명이 필요하다. 질이란 단독으로 존재하는 것이 아니라 다른 질과 구별 또는 연관 속에서 존재하고, 다른 질과의 관계에서 처음부터 존재한다. 또 그 관계는 여러 연관이 이행적으로 통일된 형태로 존재하며, 개개의 질은 전체의 일환으로 존재할 때 비로소 의미가 있다.

따라서 계량화된 경제 현상을 다면적으로 파악해 숫자를 적절히 사용하는 것이 중요하다. 이와 같은 다면성을 도외시할 경우 내용 없는 '양(量)환원주의'로 빠질 것은 명백하다. 내용이 공동화(空洞化)된 경제학에 남는 것은 '수량관계 = 함수관계'에 의한 정밀과학의 표방이며, 이것은 마침내 '기호경제학(記號經濟學)'으로 종결된다. 다시 말해서 대상에 대한 실체 규정이 없어지면 인과관계의 제 규정도 빠져나가고, 결국은 기호화된 함수관계의 경제학인 '기호경제학'만 남게 된다는 것이다.

이 점에서 수리경제학 전반에 걸친 비판이 가능해진다. 경제 수량은 어디까지나 경제 수량이며 수량 일반이 아니다. 수학에서 나타난 수량적 제 관계가 곧바로 경제 현상 자체를 규율한다고 생각하는 것은 논리 비약이다. 경제 수량은 수량 일반의 성격을 띠는 것이 아니기 때문에 수학적 방법이 그대로 통용될 수 없다. 수학 그 자체는 경제 개념을 사상(捨象)한 것이다. 물론 질적인 것이 수학적 방법에 기초를 두고 있는 한 경제 현상에 내재하는 본래 의미에서의 질은 사상되거나 수학적 방법에 의해 특수한 것으로 변형된다.

더욱이 경제학이 수학의 공리 방법을 최상의 방법으로 여기는 것은 대상 그 자체를 중시해야 할 과학으로서의 접근 방식을 부정함은 물론이고, 대상을 더욱 깊이 파악함으로써 방법을 합리화할 기회까지도 포기하는 것이 된다. 물론 오늘날 문제가 되는 공해·환경·자원 문제 등에 대해서도 '수와 양의 척도'를 사용하는 것은 실속 있는 구체적인 결과를 얻는 데 불가결하다. 그러나 중요한 것은 형식적으로 정밀한 '수학적 기교'를 쓰는 고도의 엄밀한 이론을 전개하는 것이 아니라 구체적 숫자를 사용해 중요한 사실 간의 연관관계를 분명히 하는 일이며, 이와 같은 의미에서 구체적인 문제에 관한 수량 파악의 의미를 정확하게 인식하는 것이다.

이런 비판은 수학이 경제학에 도움이 된다는 사실을 부정하는 것이 아니라 수학의 매력이 경제학을 점점 더 추상적이고 형해화(形骸化)된 기호경제학, 이를테면 경험적으로 텅 빈 경제학으로 변질시킨다는 데 있다. 이런 점에서 대부분의 경제학자들이 러시아, 중국, 브라질, 이집트, 인도, 일본 등의 경제뿐만 아니라 자기 나라의 경제 전통이나 실정조차 모르고 있다는 지적은 음미해 볼 가치가 있다.

수학주의 비판과 관련해서는 특히 함수관계와 인과관계를 엄격히 구분해야 한다. 관계로서의 함수는 양적인 반면에 인과는 질적이고, 전자는 후자보다 질적으로 빈약하다는 점에서 함수는 인과관계를 표현할 수 없다. 무엇보다도 함수를 이루는 제 변수는 원인 혹은 결과로 구별돼 표현되지 않고 상호의존관계를 나타낼 뿐이다. 이런 점에서 함수는 인과관계에서 "하나가 다른 것을 낳는다"라는 생성적 연관을 나타낼 수 없다. 역학 혹은 경제학에서 함수는 주로 미분방정식 형식을 사용하면서 시간을 도입하지만 그것은 비가역적 관계가 아니라 가역적 관계를 맺는다.

이와 같은 이유에서 인과관계를 수학 함수로 엄밀하게 표현하는 것은 불가능하다. 좀 더 구체적으로 말하면 인과성(casuality)의 유효성과 비대칭성은 수학 함수로 표현하기 어렵다는 것이다. 이처럼 수학 함수관계는 인과관계를 나타내기에 부족하며, 함수관계의 정확도를 측정하는 검증법 역시 참된 인과관계를 보장할 수 없다. 특히 이러한 어려움은 수학적 관계가 어떤 단일한 인과관계를 포착할 수 없을 때 더욱 명백하게 드러난다.

그러나 사회과학의 현재 수준에서는 정책 결정에 인과관계 지식이 필수라는 사실을 감안해 다음과 같은 차선책을 제안할 수 있다. 만약 이론가들이 자신의 수학 모델이 정책 결정에 현실적인 함의를 줄 수 있기를 바란다면 어떤 인과론적 주장에 앞서 자신의 모델이 사용될 때의 이점을 명시해야만 할 것이다. 하지만 불행하게도, 특히 경제학에서는 수학 방정식과 인과론적 주장을 어떻게 연결할 것인지에 관해서 거의 논의된 바 없고, 논의 부족에 따른 혼란만이 존재한다.

3) 가정의 유용성과 문제점

앞에서 형식화 과정 중 수학 모델링이 얼마나 유용하며, 문제점은 무엇인지를 살펴봤다. 여기서는 이런 논의의 기본이 되는 '가정'에 분석의 초점을 맞추고자 한다. 우리는 알지 못하는 경우 가정을 내리곤 한다. 그러나 추상화나 형식화가 완전한 형태로 이뤄지려면 가정을 합당하게 세워야 한다. 여기서 '가정의 비실제성'과 '추상체증 방법'의 문제가 야기된다. 먼저 가정의 비실제성은 프리드먼의 주장이지만 우리는 갈릴레오의 주장을 따르면서 그 내용을 살펴보고자 한다.

프리드먼은 밀의 이론을 거꾸로 뒤집어 가정이 비실제적일수록 이론이 더 유의하게 된다고 했다. 즉 진정으로 중요하고 유익한 가설은 실제로 부정확한 서술적 가정을 띠고 있으며, 일반적으로 이론이 유의할수록 더 비실제적 가정을 띤다는 것이다. 그래서 그는 증명 방법으로 '직접 귀납법'을 거부하면서 이론이라는 근본 전제를 시험해서 판단해서는 안 되며 여러 현상의 예측력으로 판단해야 한다고 주장한다.

프리드먼은 가정의 비실제성에 관한 자신의 특이한 견해를 네 가지 예를 들어 밝히려 했다. 그러나 문제는 프리드먼이 이 네 가지 예에서 '비실제성'이란 단어를 여러 가지 다른 뜻으로 사용했고, 경험적 과학 이론의 논리 구조에서 분명하지 않은 비전을 보이기까지 했다. 네 가지 예인 갈릴레오의 낙하법칙, 나뭇잎의 밀도, 전문 당구 선수의 행태, 유클리드 기하학을 차례로 살펴보자.

첫 번째 예는 갈릴레오의 낙하법칙이다.

$$\frac{ds}{dt} = gt$$

(여기서 s: 거리, t: 시간, g: 상수)

불변의 가속도는 거의 초당 32피트이고, t가 초이면 $s = 16t^2$이 된다. 그런데 프리드먼은 진공이란 존재하지 않기 때문에 이 법칙이 비실제적이라고 말한다. 비실제적 가정이란 마흐(E. Mach)가 이상화한 것과 똑같은 것을 의미한다. 이상화는 전제된 조건이 모두 충족되는 실험으로 시험할 수 없다. 그것은 때로 정신적 실험의 결과일 때가 있는데, "만일 추의 실이 무한히 가늘고 완전히 비탄력적이면 무엇이 일어날 것인가?"라는 질문에 대한 대답을 그 예로 들 수 있다. 하지만 실제 실험에서 이런 조건을 충족시키기란 불가능하다.

C → T는 이상화인데, 이때 C는 이상적 조건(예컨대 마찰, 공기 저항, 편향적 자기력이 0일 때)이며, T는 이론(예컨대 갈릴레오 법칙)이다. 이 이론에서 예측이 연역될 수 있다. 즉 C → [T → (I → P)] 또는 T → [(C&I) → P)]이다. 이론이 참이라면, 또 이상적 조건과 초기 조건이 충족된다면 예측된 사건이 일어날 수 있다. 이론이 이 방법으로 성공적으로 시험될 수 있다면 그것은 과학적 실제로 간주된다. 또 T는 매번 C의 비충족 정도가 결정되는, 수많은 관찰의 결과를 '외삽'해서 유효한 것으로 증명될 수도 있다. 이 경우도 우리는 T를 실제적이라고 할 수 있다. 왜냐하면 많은 실험된 전제란 서로 수렴하는 이상적 경우의 수용 가능한 대표이기 때문이다. 이런 경우 프리드먼은 '비실제적'이라는 말을 '이상적 조건의 완수에 따라'의 뜻으로 사용했음이 분명하다.

그러나 만일 T가 기업가의 행태를 취급한 것이라면 위와 같은 질문은 할 수 없다. 이론상으로 만일 기업가들이 그들 자신의 동기를 알고 진실을 말한다면 그들은 확실한 답을 할 것이라 예측할 수 있다. 그런데 기업가의 '자기인식(self-knowledge)'과 진실성에 관한 '보조 공리(auxiliary axiom)'의 거부는 포퍼(K. Popper)의 이론에 따라 반증 가능한 가설을 시험함으로써만 가능하다. 어떤 경우든 프리드먼과 같이 질문의 결과를 무시하는 것은 옳지 않다. 왜냐하면 C → T는 이상화이기 때문이다. 프리드먼에 따르면 이론은 "예측이 손 안에 있는 목적에 충분히 좋은 것이면" 수용될 수 있다. 이때 그는 이상적인 조건이 이론에 적용될 때 근사적으로 충족된다고 가정하는데, 그렇다면 우리는 같은 조건 아래에서 왜 그런지 질문이나 반박을 할 수 있을 것이다.

두 번째 예는 나뭇잎의 밀도로, 프리드먼은 알치언(A. Alchian)에게서 영감을 받고 나뭇잎의 밀도를 보면서 다음과 같은 가설을 제시한다. 주변 잎들의 위치가 주어진 경우 각각이 받는 햇볕의 양을 의도적으로 극대화시키고, 잎들이 여러 위치에서 받을 수 있는 햇볕의 양을 결정하는 물리법칙에 따라 현 위치에서 아직 점유되지 않은 다른 위치로 즉각 움직일 수 있다고 가정한다. 잎들은 마치 알고 있는 것처럼 행동하지만 잎들은 아무것도 모르기 때문에, 이때의 가정은 모두 비실제적 '전제'이며, '마치 -처럼(as-if)'이라는 가정이 된다.

그런데 이것은 기업인과 같이 생각하는 인간을 다루는 방법이 아니다. 어떻게 프리드먼이 경제 이론을 잎들의 행태에 관한 신비로운 생각과 비교할 수 있는지 이해하기 어려울 뿐만 아니라 그의 가설 또한 모두 이상화다. 기업인이 그들의 수입을 최대화한다는 가정은 어떤 이상적 조건 아래에서만 타당한 이상화이고, 만일 '마치 -처럼 가설'로 치환하려면 그것은 당연히 반대 입장이어야 한다. 우리는 "가격과 비용이 변한다면 생산은 기업가가 그들의 수입을 최대화하는 것처럼 변할 것"이라고 말하지 않으면 안 된다. 다른 말로 표현하면 가정은 이제 '사실 그들은 최대화하지 않는다'는 것이 된다. 이처럼 '마치 -처럼 가설'은 설명을 제공하는 것이 아니라 설명을 배제한다.

프리드먼의 '마치 -처럼 가설'은 물리학의 전자(electron)나 ψ 함수와 비교해 보아도 성립될 수 없다. 이들은 자신의 타당성에 의해 시험될 수 있는 전제가 연역되고, 이론의 일관성을 확보해 주는 '함의적 공리'를 지닌다. 이런 이론적 개념들은 받아들여지며, 과학적으로도 실제적이다. 암묵적으로 '전자'가 마치 '구형(global)'인 것처럼 취급되듯 같은 방법으로 경제 주체 간 관계도 물의 흐름으로 표현될 수 있다.

프리드먼은 세 번째 예로 새비지(L. J. Savage)에 따라 전문 당구인을 다룬다. 전문 당구인들은 마치 수학과 기계법칙을 아는 것처럼 당구를 친다. 그들이 쉽게 공식 계산을 하고, 공식대로 공을 보낼 수 있는 것처럼 생각하지만 이것은 비실제적 가정이다. 기계법칙을 잘 알고 있는 수학자는 당구인에게 어떻게 게임을 한 번에 성공시킬 수 있을지를 말해 줄 수 있지만 그것은 '처방'이지 '예측'이 아니다.

우리는 여기서도 '마치 -처럼 가설'을 폐기해야 한다고 본다. 왜냐하면 그것은 설명하지 못하기 때문이다. 당구 전문가들은 이론적 지식의 결여에도 불구하고 놀라운 결정력을 보여 줄 것이다. 만일 프리드먼이 생각하는 것처럼 재능 있고 경험 있는 기업가들의 답을 들어보면 이론적으로는 왜, 어떻게 그들의 수입을 최대화하는지를 정확히 알지 못한다는 것을 알 수 있다. 이는 당구인의 예와 비슷하다. 가설의 '마치 -처럼' 부분은 피상적이다. 남은 것은 과학적으로 실제적이어야 한다는 것이며, 어떠한 경우든 시험돼야 마땅하다는 사실이다.

프리드먼과 새비지는 이런 예를 사용해 위험을 포함한 '선택행태'에 관한 가정을 정당화하려 한다. 개인은 마치 기대효용을 계산하고 비교하는 것처럼, '기이함(odds)'을 아는 것처럼 행동한다. 그러나 그것은 물활론적(animistic) 나뭇잎 이론이나 당구 선수의 가정처럼 '마치 -처럼 가정'이 아니라 이상화로 보는 것이 더 타당하다.

네 번째 예는 유클리드 기하학이다. 프리드먼은 그것을 차원이 없는 점(point)과 폭이 없는 선(line)에 관한 비실제적 가정에 기초해 실재를 서술하는 추상 모델로 간주한다. 사실상 이 예에서 비조작적 개념이 이론에 채택되고 있음을 알 수 있다. 그러나 이론 예측을 위해 사용하려면 실험이 가능해야 한다. 이론이 '관찰언어'로 번역돼야 하며, 그래서 만일 예측이 관찰과 모순되지 않는다면 이런 추상이론은 과학적으로 실제라 볼 수 있다. 그러나 비록 기업가의 행태는 관찰언어로 번역되더라도 "왜?"라는 질문으로 실험돼야 한다. 멜리츠(M. J. Melitz)는 철학자 네이글(E. Nagel)이 프리드먼의 이론을 비판하면서 "아마도 의심의 혜택(benefit of a doubt)을 주려는 의도"라 말한 것은 프리드먼이 '비실제성'을 '추상'이란 뜻으로 사용하는 데 주의를 준 것으로 여긴다. 이 비판은 옳다고 본다.

그러나 프리드먼은 자신이 내린 결론에서도 모순적이다. 그는 추상이론 사용을 옹호할 뿐만 아니라 '직접적 시험'과도 무관한 전제를 변호한다. 더욱이 프리드먼은 '비실제성'이란 단어를 여러 가지 의미로 사용한다. 즉 처음과 마지막 예에서 '비실제적'을 '추상', 즉 '이상적'과 '비조작적' 의미로 사용한다. 그러나 양쪽 경우 모두 다른 입장에서 시험돼야 하고, 또 과학적으로 실제적 가정을 다뤄야 한다. 프리드먼은 가정과 예측 간에 모순관계를 만들어 냈다. 즉 예측은 실제일 수 있지만 그들이 기초한 가정은 비실제일 수 있다는 것이다. 그러나 "가정의 실제성을 생각할 때는 언제나 그의 암묵적 예측을 생각한다"라는 로트바인(E. Rotwein)의 말과 같이 가정 T는 만일 I가 충족되고 예측 P가 관찰과 상반되면 비실제적이 된다. 이것은 프리드먼이 두 번째와 세 번째 예에서 '비실제적'이라고 쓴 의미다. 거기서는 '과학적으로 비실제적'임을 지적한다. 그러므로 그들은 피상적이라는 결론 도출에 실패한다. 잎들이 생각하고 당구 선수들이 수학을 안다는 가정은 그런 가정에 바탕을 둔 예측만으로 타당성 여부가 증명되지 않는다. 피상적인 것은 전제되면 안 된다. 그래서 남는 것은 보통의 방법으로 시험돼야 한다는 것이다.

3. 추상체증과 갈릴레오적 접근법

여기서는 프리드먼의 논의인 가정의 유용성과 문제점을 좀 더 구체적으로 추상체증의 '과정'과 '정도'에 이어 어느 정도에서 추상화를 그만두어야 하는지, 즉 어느 점에서 가정을 해야 하는지를 살펴보자. 이런 논의는 결국 갈릴레오적 접근법이 어떤지를 살펴보는 것과 같다.

추상이란 실제 세계에서는 말로 서술할 수도 있고 지도나 도표 등으로 표현할 수도 있다. 이때 실제 세계에서 하나 또는 몇 개를 배제하고 다른 요인을 추출하는 '배제'와 '선택적 포함'의 가정을 '추상'이라 한다. 예를 들어 서울 거리 지도는 작은 도로를 배제하고 큰 도로만을 포함한다. 또한 갈릴레오는 낙하법칙에서 '공기저항'이라는 요인을 배제하고 '가속'이라는 요인을 포함시켰다.

추상 과정에는 여러 형태가 있다. 그 가운데 중요한 하나가 앞에서 살펴본 부분형식화 또는 '부분대표(partial representation)'이고 다른 하나는 '이상화'이다. 부분대표는 말로 서술하거나 지도 등과 같이 어떤 요인을 분명히 하고 다른 요인은 일단 배제하는 것이다. 이때 메키(U. Mäki) 등은 '배제'를 부분대표와 비슷한 것이라고 했다. 그러나 메키가 말하는 '배제'는 진실 가치가 없는 것인 반면 '부분대표'란 진실 가치를 포함하는 것이다. 서울 거리 지도는 몇 개의 거리를 배제하기 때문에 부분대표가 된다.

부분대표는 경제학에도 있다. 예를 들어 모델 내에서 실질 GDP는 총지출에 의해 결정되며, 총지출의 핵심 부분은 계획된 투자 I이다. 경제학자들은 "I는 이자율과 투자 프로젝트의 장래 수익성에 대한 기업투자가의 기대에 영향을 받는다"고 가정한다. 이때 경제학자들은 이자율과 기업투자가의 기대를 I에 영향을 미치는 변수의 부분대표로 간주한다. 물론 산출이나 소득의 변화를 I에 영향을 미치는 독립변수로 볼 수 있지만 산출의 변화는 언급되고 있지 않다. 부분대표는 종종 참되고 정확할 수도 있다. 예컨대 서울에는 30층 이상인 빌딩이 몇 개 있다는 말은 도시의 많은 특징을 모두 언급하는 것은 아니지만 참이다.

추상의 다른 형태인 이상화는 전형적으로 다음과 같은 방법을 거친다. 처음에 K라는 실제 세계에서 작동하는 요인 또는 변수를 제외하고 다른 요인 간 관계에 관한 이상화 가설을 구성한다. 월리스(C. Wallis)는 전통적인 '주류이상화(mainstream idealization)'가 모든 경제 체제에서 작동하는 요인을 모두 이상화한다고 본다.[11] 그래서 어떤 시기에서나 작동하는 다른 요인 간 실질 관계를 잡아낸다. 배제된 변수도 실제 세계 K에서 어떤 영향을 받지 않거나 존재하지 않는다고 가정한다. 이런 가정을 '이상화 가정'이라 부른다. 그런데 이상화 가정은 실제 세계에서는 거짓이므로 이상화된 가정과의 참 또는 거짓 관계를 잘 살펴봐야 한다.

이렇게 보면 부분대표와 이상화는 구별된다. 부분대표는 실제 존재하는 어떤 요인을 무시한다. 그러나 이상화는 ① 존재하는 어떤 것을 비존재라고 가정하거나, ② 어떤 다른 요인의 비존재성이라는 가정 아래서 어떤 요인이나 변수를 상관시킨다. 이때 이상화 가정은 위의 ①을 말하고, 이상적인 가설이나 이론은 ②의 형태를 말한다. 서울 거리 지도는 많은 다른 거리를 배제하기 때문에 이것은 부분대표다. 지도에 작은 거리가 존재하지 않는다고 가정하지는 않으며, 작은 거리가 존재하지 않는다는 가정 아래 다른 거리들 간 관계를 표현하는 것도 아니므로 지도는 이상화가 아니다. 앞에서 예시한 바와 같은 계획된 투자에 영향을 미치는 중요 변수를 목록화한 문장은 부분대표이며 이상화가 아니다. 투자에 관한 예시는 다른 요인이 존재하지 않는다는 가정 아래 이자율이나 기업 경영자의 기대에 투자가 영향을 받는다고 하지 않는다. 이상화

11 C. Wallis, "Representation and the Imperfect Ideal", *Philosophy of Science* 61, 1994.

가 아닌 부분대표는 있지만 부분대표가 아닌 이상화의 예를 제시하기는 그리 쉽지 않다.

이상화 가정을 경험적으로 실증하는 방법에는 직접 방법과 간접 방법이 있다. 그러나 이러한 이상화 가정을 세테리스 파리부스(ceteris paribus) 문구로 규정된 법칙 및 가설과 혼동해서는 안 된다. 이상화 가정은 세테리스 파리부스 문구로 규정된 법칙이나 일반화와 구분된다. 예를 들어 세테리스 파리부스 문구로 수정된 경제 일반화는 다음과 같이 표현된다. (L1) 세테리스 파리부스, 상품의 가격과 수요량은 역으로(negatively) 연관된다. 세테리스 파리부스는 소비자의 소득 수준이나 연관된 대체 상품과 보완 상품의 가격, 그 상품에 대한 시장에서의 구매자 수 등 여러 요인을 불변 또는 고정된다고 가정한다. (L1)과 같은 세테리스 파리부스는 명시적으로 식별된 독립변수, 즉 (L1)의 경우 그 상품의 가격을 독립변수라 하고 그 양을 종속변수라 할 때 독립변수와 종속변수 간 관계를 설정한다. 그러나 그 관계는 세테리스 파리부스 문구에서 가정된 요인이 변하지 않는다는 가정 아래에서 설정된 것이다.

이상화 가정은 K라는 모든 실제 세계에서 작용하는 요인을 현실 단계에서 제외한다. 가정에서 배제된 요인은 언제나 영향력이 있지만, 이상화 가정에는 제외된 요인이 없다는 가정에서 관계를 설정한다. 세테리스 파리부스 문구에서 가정된 요인은 종속변수가 변하더라도 실제 세계에서 언제나 작동한다.

예컨대 상품의 수요량은 변동한다. 그러나 시장에 있는 다수 구매자는 전혀 변동하지 않고 다수의 수요자가 아닌 독립변수가 수요량 변동을 야기한다. 소비자의 다수는 (L1)상의 이러한 요인이다. 그래서 세테리스 파리부스 문구에서 가정된 요인이 이상화 가정을 형성하는 경우 가정에서 제외된 요인과 분명히 유사하지 않다. 세테리스 파리부스 문구에 의해 가정된 요인이 종속변수 변동을 야기하는 역할을 언제나 하는 것은 아니다. 그러나 이상화 가설을 구축할 때 이 가설에서 제외되는 요인은 실제 세계에서 반드시 어떤 영향을 미친다. 그래서 이상화 가설이 이상화 가정 아래에서 구축된다는 사실은 그러한 가설이 (L1) 같은 수요법칙처럼 세테리스 파리부스 문구로 수정된 가설과 동일하다고 할 수 없다. 이에 따라 직접 또는 간접 방법과 같지 않은 세테리스 파리부스 법칙을 실증하는 방법은 자동으로 이상화한 가설을 실증하는 방법이라 할 수 없게 된다.

우리가 앞에서 언급한 비실제성과 가설적 진실에는 두 종류가 있음에 유의할 필요가 있다. 하나는 네이글이 말한 바와 같이 "이런 언명은 비현실적이다. 왜냐하면 어떤 객체를 빠짐없이 서술하지 않거나 그 객체를 특징짓는 몇 가지만 언급하고 현존하는 수많은 다른 특징을 무시하기 때문이다."[12] 이것은 전술한 부분서술(partial description)과 같다. 그러나 '비실제'라는 개념에는 이러한 부분서술과 다른 것이 있다.

하우스만은 근대 경제학의 기본 이론이 너무 비현실적이라고 말한다. 문자 그대로 말하면 경제학의 기본 법칙은 그대로 거짓이라는 것이다. 모든 기업가는 언제나 이윤을 극대화하고 개인은 만족하지 않는다는 것은 참이 아니다. 이러한 문구에서 말하는 '비실제성'이란 '거짓'과 동의어다. 그래서 비현실적임을 p라고 하고, 거짓된 언명이나 가정인 동시에 실제를 참되게 서술하지 않는 것을 f라고 하자. 물론 비현실적인 p의 언명은 비현실적 f와 같은 것이지만 거짓일 수 있다. 추상의 두 산물인 부분대표와 이상화를 두 종류의 구분과 서로 연관시켜 보자. 부분대표는 모두 비현실적 p이다. 그러나 비현실적 p가 아닌 참된 부분서술은 있을 수 있으며, 특히 경제학에서 많이 볼 수 있다.

---

12 E. Nagel, "Assumption in Economic Theory", in A. Ryan (ed.), *The Philosophy Explanation*, Oxford University Press, 1973.

갈릴레오적 접근법을 경제 현상에 그대로 적용하기에는 문제점이 없는 건 아니지만, 일반적으로 갈릴레오적 접근법은 추상체증 과정 중 어디서 추상을 멈추어야 하는지, 형식화 과정 중 어느 정도의 부분형식화가 가장 정교하면서도 현실적인지를 규명하는 데 관건이 된다.

'갈릴레오적 과학'은 17세기 전반의 항성운동(恒星運動)에 관한 연구다. 이에 따르면 과학자는 실제 속의 요인 또는 변수를 가정하고 다른 요인과의 상관관계에 관한 가설 또는 이론을 구축한다. 이때 더 중요한 기본 요인이란 기타 여러 요인 가운데 추상화한 것들이고, 따라서 이런 요인들 간의 관계는 실제 속에 존재하지 않는 이상적인 것이 된다. 갈릴레오적 개념은 가설과 이론이 이런 요인을 '바르게' 상호연관시킨 이상화 가설 또는 이론일 때 비로소 참다운 과학이 된다. '갈릴레오적 과학'이란 '갈릴레오적 조건'을 충족시킬 때 가능하다.

그런데 '바르게'라고 할 때 가정의 현실성 또는 실제성 문제가 제기된다. 경제학자들은 "기업은 이윤을 극대화한다"라는 비현실적 가정에 과도하게 의존한다. 이들이 비현실적 가정을 필요로 하는 이유는 추상화가 필요하기 때문이라고 한다. 물론 이론이란 실제를 추상화하는 것이다. 그러나 중핵 가정은 순수한 형태로 가장 중요한 특징이나 더 근본적인 구조를 집어내야 하고, 주변 가정은 '무시 가능' 또는 '초기 단계 가정'으로, 교란 요인을 제거해도 그리 문제가 되지 않는다. 즉 주변 가정은 비현실적이 돼도 무관하지만, 중핵 가정까지 비현실적으로 가정하는 경우 바른 과학이 될 수 없다.

'갈릴레오적 과학'은 결국 "물체는 일정한 가속도로 땅에 떨어진다"라는 올바른 모델을 바탕으로 한다고 볼 수 있다. 모델이라 해도 계량경제학에서 많이 쓰는 회귀모델은 여기에 속하지 않는다. 왜냐하면 $C = a + bY + u$(C : 총소비지출, Y : 총가처분소득, u : 교란 요인)는 확률적이기 때문이다. 더욱이 a와 b라는 매개변수(parameter)를 계측할 때 최소자승법(OLS), 즉 전통적 선형회귀모델에서 선형계측을 하게 된다. 이때 교란 요인 u는 정규분포가 되고 독립변수 Y와 u는 아무런 상관관계가 없다고 가정한다. 이런 가정은 모두 비현실적인 잘못된 가정이므로 우리가 바라는 정확한 또는 핵심 결론을 얻을 수 없게 된다. 우리가 바라는 모델이란 단순대표성, 즉 모델이 대표하는 대상 또는 제도 이해에 사용되는 대표성을 말한다. 이런 대표성이 위에서 말한 이상화 가설 및 이론 또는 부분대표가 될 수 있는 경우 비로소 갈릴레오적 과학이 된다.

끝으로 추상화 또는 형식화 과정에 대해 여러 경제 철학과 학설이 어느 정도의 가정을 두면서 이론을 구축했는가를 살펴보면 가정의 용도를 구체적으로 알 수 있다.

과학성과 철학·예술성의 두 축 사이에서 사회성에 가까운 방법론적 무정부주의는 가장 비추상적이며, 가정은 대단히 비제약적이다. 이에 해당하는 것이 생물학적 유추론, 패러다임론, 과학적 연구 프로그램론이다. 이는 선험·실증·반증·논리실증주의로 나아갈수록 가정이 많아지고, 따라서 제약적이고 추상체증적이게 된다.

경제 학설도 마찬가지다. 경제수사론은 물론 제도론과 경제사회론에서는 인간 본성의 합리성 가정이 무시되고 시공간이 확대되는데, 이것이 종합이나 절충·변증론의 케인스, 스미스, 마르크스, 슘페터에 이르면 특히 그러하다. 이것이 선험·연역론의 리카도에 이르면 완전경쟁, 완전고용, 완전정보, 합리적 주체, 통화중립성, 노동가치설, 고정생산계수, 수확체감, 임금기금설, 세이(Say) 법칙 등 열 가지 가정을 두게 된다. 또 프리드먼을 넘어 신고전파의 발라와 멩거, 논리실증주의와 여러 현대 경제 이론, 특히 현대 미시경제 이론에 이르면 더 많은 가정을 바탕으로 한다. 현대 미시경제학은 가정으로 가득 차 있으며, 이런 가정과 전제는 대단히 비실제적이고 '바르지 않은' 경우가 허다하다. 그렇게 되면 과학이라 해도 수많은 가정의 체증 위에 서 있는 가상현실이 된다.

이때 추상화나 형식화의 '정도'는 앞에서 누차 언급한 바와 같이 추상체증 과정 가운데 갈릴레오적 가정이 얼마나 실제성을 띠는가 하는 점을 찾는 것이다. 이 점을 넘어 과도하게 형식화·수식화되면 그때부터 원리와 현실의 간극이 커지고, 결국 가상이 되고 만다.

제2절

경제 원리의 구조와 조건:
스미스, 마르크스, 케인스 등 경제학자 7인의 실례

1. 구조와 조건 갖추기

앞에서 살펴본 것처럼 원리는 도(道)와 같이 무형, 무언, 무색, 무취, 불견, 불혹해서 어디서 따라 들어가야 할지 정하기 어렵다. 그러나 여기에도 길은 있다. 즉 색안경을 벗기 위해 영명한 철인들이 제시한 여러 철학·방법론이라는 긴 터널을 경유하고 나면 비로소 원리의 큰길[大道]을 볼 수 있다. 이런 큰길을 바탕으로 구체적인 그림[小道]을 그리기 위해 추상화 또는 단순화하는 여러 방법을 상세하게 설명했다(제5장 1절 참조). 특히 추상화의 여러 형태와 나아가 수학이나 가정이 무엇인지와 가정의 갈릴레오적 접점이 긴요함도 상술했다. 또한 복잡한 경제 현실을 대변·표상하는 중요 변수를 올바르게 선택해 이를 몇 마디 말이나 방정식으로 단순하고 우아하게 표현해야 함을 지적했다.

이를 위해 여러 경제학 대가들은 같은 길을 걸었고, 같은 원리 구조와 조건인 변수 간 인과관계를 도출하려고 노력했다. 우리도 이런 터 위에서 21세기의 여건에 맞는 시각과 방법을 찾아내야 한다. 이를 위해 경제학자 7인의 실례를 요약·정리해 본다. 이 작업은 결코 쉽지 않고 또 문제가 허다하지만 이렇게 요약하면 원리의 구조와 조건이 더 분명하게 드러난다.

1) 스미스

- 여건: 영국의 산업화와 자본주의 발흥
- 사상: 영국의 경험주의, 자유주의, 개인주의, 이기주의, 자연법 사상
- 목적: 산업사회에서의 국부 증대, 부의 원천 분석
- 범위: 경제학·철학·역사·정치 이론의 종합, 사회과학, 인문학, 도덕철학 모두
- 원천: 이성, 경험, 통찰
- 방법: 연역과 역사적 서술 병행, 비형식적·문맥적·규범적
- 가정: 자유시장, 완전경쟁, 수요와 공급이 자연히 일치한다는 가정, 개인은 합리적 존재
- 이론: 핵심경제변수(아래 도식 참조)의 상호작용 적출, 가치론에서 출발해 경제 이론 전반에까지

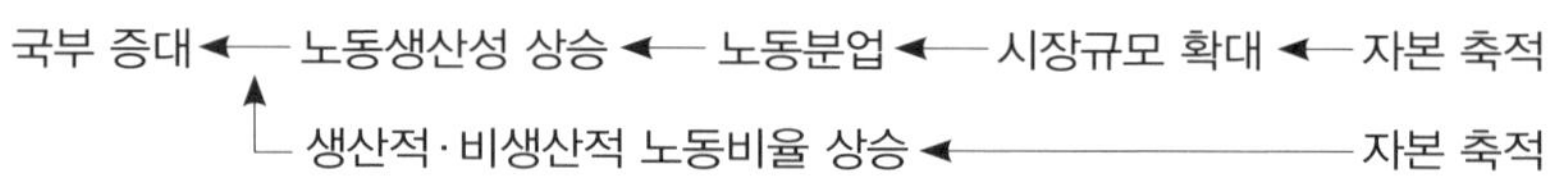

- 기능: 설명, 정책화
- 정책: 야경국가관, 자유방임정책
- 평가: 방법은 철학·예술적이지만 결과는 법칙성(자연) 추구

2) 마르크스

- 여건: 공황, 실업, 빈부격차, 계급투쟁 등 자본주의의 문제점 대두
- 사상: 사적 유물변증법, 전체주의, 불가지론, 본질론(존재론), 당위론
- 목적: 자본주의 경제의 운동법칙 발견, 인간 사회의 발전법칙을 이른

바 '과학적'으로 분석

- 범위: ① 경제학, 철학, 사회사상, 역사, 문화 등을 하나로 통합
  ② 전쟁과 혁명, 정당정책, 사회제도, 계약관계, 정부 형태 등 비경제 변수를 변수로 취급
- 원천: 헤겔 철학, 프랑스의 유토피아 사상, 리카도의 경제학을 결합, 이성과 관찰
- 방법: ① 정치·경제·사회·철학 사상의 종합과 변증법
  ② 정반합의 변증법적 원리를 대립물의 통일 법칙, 부정의 법칙, 양의 질로의 변화 법칙과 연결하여 풀이
  ③ 존재가 의식을 규정한다는 유물사관의 정식에 따라 원시공산사회 → 노예사회 → 봉건사회 → 자본주의 사회 → 사회주의 사회로 발전한다는 도식
  ④ 사회를 생산력과 생산관계로 구분
  ⑤ 이른바 '과학적·역사적·논리적 방법'
- 이론: 노동가치론, 잉여가치론, 자본구성, 이윤율 하락, 공황론, 사회주의 이행론

가치: $C + V + S$

잉여가치율: $S' = \frac{V}{S}$

이윤율: $R = \frac{S}{C+V}$

자본구성: $Q = \frac{C}{C+V}$

이윤성: $P = S'(1-Q)$

(C: 불변자본, V: 가변자본, S: 잉여가치, S′: 잉여가치율)

- 정책: 경제계획, 노동계급의 자본가 타도, 혁명, 정책화
- 평가: 과학·철학·예술적

3) 케인스

- 여건: 자본주의, 대공황
- 사상: 반마르크스, 반전체주의, 반독재, 정신과학, 도덕과학 사상
- 목적: 불황 탈출과 GNP 증대
- 범위: 역사, 정치, 예술, 도덕 원리 등 광범위
- 원천: 이성, 경험, 관찰, 직관, 통찰력
- 방법: 현실 방법과 분석 방법의 타협, 일반균형이론의 분석적 이론 거부, 반형식적·문맥적·거시적 동태 분석, 불확실성 가정, 3대 심리법칙 활용
- 이론: 아래 도식 가운데 핵심 변수 간 조직적·인과관계로 국민소득이론, 유효수요이론 구축

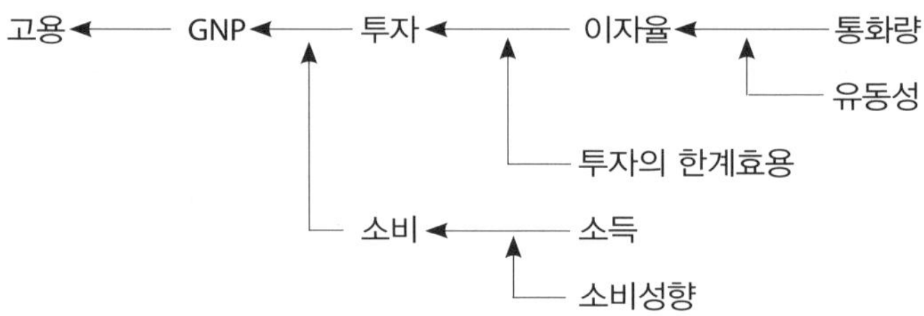

- 기능: 설명, 정책화
- 정책: 정부 개입, 통화 정책보다 재정 정책 선호
- 평가: 철학·예술적

4) 리카도

- 여건: 영국 자본주의의 성숙
- 사상: 개인주의, 자유주의, 공리주의, 합리주의, 경험주의, 자연법 사상
- 목적: 장기 경제 성장과 소득의 기능적 분배 이론 탐구
- 원천: 스미스의 국부론, 벤담의 공리주의, 맬서스의 인구론
- 방법: 선험·연역·비형식적, 그러나 비문맥적 정책 결정과 경제 변수

선택

- 가정: 완전경쟁, 완전고용, 완전정보, 합리적 주체, 통화중립성, 노동가치설, 고정생산계수, 수확체감, 임금기금설, 세이 법칙 등 열 가지 가정을 분명히 하고 그 위에 이론 정립
- 이론: 가치이론, 분배이론, 지대이론, 비교우위론을 바탕으로 자본 축적 → 노동 수요 증가 → 인구 증가 → 곡물 수요 증가 → 열등지 경작 증가 → 곡물 가격 상승 → 지대·임금 상승 → 이윤 감소 → 계급 대립 → 영국 자본주의 위기 등 이론 체계 정립
- 기능: 정책화, 법칙으로 예측까지
- 평가: ① 이론 구축 시 연역은 대단한 통찰력·직관력·창조력 필요
  ② 결과는 법칙적
  ③ 천재적 직관력과 통찰력

5) 마셜

- 여건: 영국 산업 구조의 독점, 주식회사 보급, 화폐·금융·증권시장의 통합, 장기 물가 하락, 이자율·이윤 하락, '진보의 시대' 개막, 경제의 복잡화로 이론의 도구화 필요성 대두
- 사상: 형이상학적 불가지론·진화론·공리주의 비판, 밀(J. S. Mill)과 시지윅(H. Sidgwick)의 영향, 형이상학 → 윤리학 → 경제학 → 윤리경제학
- 목적: ① 이론은 경제 현상의 설명과 분석 도구이며, 경제 이론은 구체적 진실 발견을 위한 '엔진'
  ② 로빈슨(J. Robinson)의 '도구상자'와 비슷하지만 역사나 경험의 특별한 문제에 쉽게 응용할 수 있는 분석 도구 찾기
- 원천: 인간의 내성, 과학의 통일성 거부, 관찰 인정, 수학 경시(특히 인성에서), 역사학파의 구체적 사례 연구, 상식, 본능, 서술

- 정의: 일반 생활에서의 인간 연구, 사는 데 필요한 재화의 획득과 사용에 관한 개인·사회 행태 연구
- 방법: ① 경제의 복잡성, 가격 신축성, 완전 자유경쟁과 완전정보를 가정
  ② 이론적·수학적 방법과 역사적 방법 혼용
  ③ 세테리스 파리부스 접근법
  ④ 생물학적 유추론 인정
  ⑤ 수학의 제한적 사용과 도표 사용
  ⑥ 미적분학·기하학·대수학·확률이론 도입, 발라는 푸엥카레의 일반균형이론과 연립방정식 체계로 현실 세계의 이상적 균형을 계산했으나 마셜은 이런 추상화와 일반화 시도 배격
- 이론: 신고전파와 현대 경제학의 이론적 기초 마련
- 평가: 이론의 기이성 인정(철학·예술성), 논리와 합리성으로 과학성을 추구하되 수학 용어 사용은 회피

6) 베블런

- 여건: 1930년대 미국의 공황, 독점 심화, 과시소비, 대기업의 횡포로 기업 여론 악화
- 사상: 산업사회 사상(자유주의, 개인주의, 합리주의, 공리주의, 쾌락주의 등)의 대립 개념, 즉 실증주의와 경험론 철학, 유기체적 진화론, 실리주의, 변증법 이론, 이원론 철학의 종합
- 목적: 미국 자본주의 행태 해석, 주류 경제학 비판
- 범위: 제도, 인간 심리, 관습, 문화, 역사
- 원천: 실증, 통찰력
- 정의·구조: 경제 활동을 이끄는 사고의 습관으로 경제 제도를 구성, 이런 제도 변화를 이해하는 것이 경제학의 근본

- 방법: ① 원자론적 분석 방법 거부, 경제를 문화·사회·경제의 총체 속에서 파악
  ② 전통경제학을 무시하고 그 위에 인류학·역사학·심리학을 통합하여 사회과학 구축
  ③ 규범적·목적론적·다원적 모델 지향, 균형·최적화 등 순수 이론 부정
- 이론: ① 설명적 vs 예측적, 제도 vs 개인(분석 단위), 주관주의 vs 행태주의, 증거 유형에서 신고전파와 차이가 있음
  ② 지배적 사고관습, 습득적 이해, 인간의 일상생활(본능), 자정력, 효율철수, 양친 본능, '게으른 호기심', 획득 본능, 과시소비, 무사안일 정신, 타협, 증오, 담합, 궤변, 부재자 소유 등 새로운 개념과 변수 도입
  ③ 가격 결정의 제도적 제약에 초점, 분배는 제도의 법적 구조 및 권력에 따라 시장은 그 자체가 하나의 제도로서 수많은 다른 제도로 구성된다는 이론 전개
- 기능: 해석·설명
- 평가: 철학·예술적

7) 프리드먼

- 여건: 선진 자본주의 산업경제
- 사상: 불가지론, 허무주의, 진실은 찾기 어려우며 실제적으로 경제 현상 분석에 도움만 되면 된다는 사상
- 목적: 과학적 이론은 도구이며 계산 도구, 따라서 도구상자 발견, 유용한 예측을 가능케 할 도구 개발
- 범위: 이론과 제도 결합, 인간 행태의 상호작용으로 확장
- 원천: 관찰 불가능은 제외, 인간의 내성, 과학의 통일성 거부

- 방법: ① 가정의 비실재성 인정, 경험주의적 방법론 구사
  ② 성공적인 예측은 관찰 가능한 것만으로, 이들의 상호관계에 규칙성이 있다고 봄
  ③ 프리드먼의 도구주의 이론 평가는 가정(공리, as-if 가정, 절차가 요체) → 함의(가설, 예측, 정의, 설명) → 이론 상응성 시험
- 이론: 경제 현상에서 통화를 가장 중요한 변수로 보고 통화주의 제창
- 기능: 예측
- 평가: 유용성(=예측 성공)이 평가 기준, 경제 이론의 적정성 여부 무시, 이론 없는 계측도

2. 부연 설명

위에 언급한 경제학자들의 방법은 E. H. 카나 철학자, 주류 경제학자보다 훨씬 구체적이고 현실적이다. 왜냐하면 경제학이란 가능하면 경제 이론과 정책까지 마련해야 하기 때문이다. 이 책의 입장을 바탕으로 하여 이를 좀 더 자세히 풀이하면 다음과 같다.

1) 전제

여기에는 언급한 여건과 사상을 모두 포함한다. 원리, 즉 이론이나 어떤 지식도 본질적으로 전제 위에 선다(여건이 바뀌면 전제가 바뀐다). 이들 이론 또는 법칙은 모두 전제를 둔다는 점에서 '한편'에 서 있을 수밖에 없으며, 경제 원리는 특히 그러하다. 포괄적이라는 역사나 종교도 마찬가지인데, 그 가운데 불교나 힌두교도 연계론을 전제(≠가정)한다. 어떤 전제 아래에서 출발할 것인가는 선택의 문제이며, 선택 과정에서 모든 전제가 다 고려되는 것은 아니며, 선택할 수 있는 전제는 언제나 제한적일

수밖에 없다. 어떤 의미에서 보면 한 원리(지식) 속에는 모든 원리(지식)의 씨앗이 담겨 있다. 다만 각기 처한 시대와 장소(여건)에 따라 어떤 이는 어떤 원리(지식)를 보고, 또 다른 이는 그와 다른 원리(지식)를 따르게 될 뿐이다. 이것이 가정과 함께 여러 경제학설이 공존하는 근본 이유일 뿐만 아니라 스미스, 발라, 케인스, 프리드먼 등 여러 학설 및 이론이 서로 다른 이유다.

2) 가정

가정(≠전제)도 나름대로 그 당시의 여건(현실)에 맞게 설정했다. 즉 자연과 다른 경제의 복잡성 및 특이성을 감안하되 특히 가정을 갈릴레오적 접점을 찾아 설정했다. 이 접점을 넘어서면서까지 수학 등으로 완전 형식화를 과도하게 추진하면 '가상'에 빠지고, 결국 원리는 현실과 멀어지게 된다. 여기에 철학이 개입된다. 분석을 위한 설정 범위와 흐트러져 있는 분석 단위 및 크기를 분명히 정한 뒤 이들을 비교·평가하는 등 연구 목적, 범위, 분류와 유형을 분명히 했다.

3) 방정식

앞에서 언급한 현명한 경제학자들은 경제 이론과 법칙을 찾을 때 수리 방정식만 원용하지 않았다. 현대 경제학은 흔히 방정식을 과학성의 기준으로 간주하는 경우가 많다. 즉 원리 발견을 위해 방정식에서 출발해 특히 수리방정식에 그치고, 경제 현실을 수리방정식에 강제로 집어넣어서 묶으려 한다. 이로 인해 변수 간 인과관계 정립에 실패할 수밖에 없다. 그러나 경제 현실에는 하이에크의 말과 같이 방정식에 묶일 수 없는 것이 무수히 많다. 이른바 100여 개의 소비함수 가운데 어느 것이 옳은 함수인지를 가려내는 계량 기법은 어디에도 없다. 방정식에는 수리방정식 외에도 많은 형식의 방정식이 있다.

4) 수학

위의 경제학자들은 수학의 본질도 잘 알았다. 가정, 변수, 개념의 선택도 비트겐슈타인의 말처럼 수학만으로 만들어지는 것은 결코 아니다. 즉 스미스, 마르크스, 케인스와 같이 철학 및 경험의 지혜가 녹아 스며들 때나, 리카도와 같은 연역적·선험적 직관이 번득일 때도 가능하다.

아인슈타인과 힐베르트의 연구 협력에서처럼 수학이 중요한 역할을 할 수도 있다. 그러나 발견된 원리를 수학으로 정확하고 정교하게 짜 맞추는 역할이 보통이다. 발라처럼 수학의 연립방정식과 형식 논리에 의한 원리 구축은 비교, 연구 기준 제시에나 도움이 될 뿐 원리 발견 자체에는 기여하지 못함도 잘 알고 있었다. 경제 현상도 '자연+사회·인성'이므로 자연법칙관, 특히 그 가운데 수학이나 과학이 많이 작용되는 부분(예: 생산 등)도 있지만 그렇지 않은 부분(예: 분배 등)도 있다. 분야, 즉 경제 원리의 성격에 따라서 수학적 용도가 다르다. 수학의 제한적 사용에 관한 마셜의 생각은 대단히 유용하다.

최근 들어 빅데이터, 클라우드, 컴퓨터와 같은 방대한 양의 실험 데이터 덕분에 수학과 통계 기법이 더욱 예리해지고 있는 것이 사실이다. 그렇다고 애로-드브뢰류의 수학만능주의를 변호할 수는 없다. 노벨 경제학상 2011년 수상자 애컬로프(G. A. Akerlof)와 2013년 수상자 실러(R. J. Schiller)는 경제심리적 요인을 강조하고 있다. 자신감, 공정성, 부패와 악의, 화폐착각, 이야기 등 심리 요인을 감안한 예측과 이론 구축이 필요하다는 것이다.

5) 변수 선택

가장 중요한 것은 복잡한 경제 현실을 대변하는 중요 변수들 간의 인과관계(≠상관관계)를 고려하여 올바르게 선택하고, 이를 몇 마디 말이나 방정식으로 단순하고 우아하게 표현하는 것이다. 또 이것이 경제 현실에 맞는지를 알아본다. 예컨대 케인스와 프리드먼은 모두 "이론이란 본질적이고, 핵심 개념과 변수를 선택해서 거기에 집중하는 것"이라고 말한다. 그러나 케인스는 불안정한 투자의 한계효율곡선과 낮은 이자율에는 탄력적이지만 높은 이자율에는 불안정한 유동성함정 등 새로운 개념을 설정해서 투자와의 관계를 확실히 한다. 또 새로운 개념(소비성향, 승수 등)과 소비의 관계, 투자와 소비 등 주요 변수가 GNP를 결정한다는 유효수요이론인 국민소득이론을 전개하였다. 이에 반해 프리드먼은 통화량만이 핵심 변수라는 통화주의(monetarism)을 펼쳤다.

스미스는 자유시장, 완전경쟁, 수요·공급 일치 등을 가정하고 분업이나 '보이지 않는 손' 등 새로운 개념을 바탕으로 가치론에서 출발해 여러 경제 이론을 마련했다. 이에 반해 마르크스는 유물변증사관에 따라 사회를 생산력과 생산관계라는 두 부분으로 구분하고 잉여가치 등 새로운 개념을 설정한 뒤 노동가치론, 자본구성, 이윤율 하락, 공황론, 사회주의 이행론을 전개했다.

리카도는 스미스의 국부론과 벤담의 공리주의, 맬서스의 인구론에 근거하면서 열 가지 가정(완전경쟁, 완전고용, 완전정보, 통화중립성, 합리적 주체, 노동가치설, 고정생산계수, 수확체감, 임금기금설, 세이 법칙 등) 아래 비교우위·차액지대 등 새로운 개념으로 자본 축적 → 노동 수요 증가 → 인구 증가 → 곡물 수요 증가 → 열등지 경작 증가 → 곡물 가격 상승 → 지대·임금 상승 → 이윤 감소 → 계급 대립 → 영국 자본주의 위기 등의 이론 체계를 정립했다.

베블런은 습득적 이해, 본능, 자정력, 효율 철수, 양친본능, 제작 기량, '게으른 호기심', 과시소비, 타협, 증오, 담합, 궤변, 부재자 소유 등 수많은 새로운 개념과 변수를 도입해 제도학파를 만들었다.

이 밖에 최근 들어 카너먼 등은 '휴리스틱(heuristic)'이라는 새로운 개념과 대표성, 가용성, 인과성과 귀인, 과잉확신, 위험 지각, 기점화와 조정 등 새로운 심리 변수를 선택해 기존의 기대효용이론을 넘어 '불확실성 아래에서의 의사결정이론'을 정립하고서 행동경제학을 구축해 경제학에 작은 혁명을 일으키고 있다.

또 로마클럽보고서가 지구 성장의 한계를 세계 인구를 비롯해 산업생산·오염·자원·식량 등의 관점에서 제기한 이후 이론가들은 중요 변수 사이의 상관관계를 컴퓨터 모의 모델, 복잡계이론, 균형이론 등을 동원해 구체적으로 분석하고 이로써 '세계동태론'을 구축했다.

롤스(J. Rawls)는 정치사회에서 누구도 어떤 상태에 놓일지 모른다는 '무지(無知)의 베일'을 가정하고 홉스의 사회계약론, 로크의 대의민주주의론, 루소의 직접민주주의론을 바탕으로 새로운 사회계약론을 만들면서 여기에 경제학의 게임이론을 결합해 "무언가 선택할 때는 내 이익만 좇기보다 최악의 상황을 고려하는 것이 바람직하며, 이것은 최하층민도 어느 정도 생활을 보장받을 수 있는 사회 구조를 만드는 것"이라는 정의론(正義論)을 정립하여 정치학 고전의 반열에 올랐다. 이와 같이 경제뿐 아니라 정치 등에서도 마찬가지의 원리 구조를 확인할 수 있다.

6) 분석 방법

올바른 개념과 변수 선택 외 수많은 원리 발견법 가운데에서 올바른 방법론을 선택하는 일도 경제 현실의 단순화에 꼭 필요한 과업의 하나다. 경제학 연구에도 다양한 방법론이 있다. 그러나 경제 현실, 특히 21세기 경제는 본질적으로 복잡하며 가변·연기적이기 때문에 지식의 상대주의에 가까운 입장을 취한다. 동시에 경제 현실에는 언제나 양면성이 존재하고, 이것이 서로 수렴한다는 입장을 취함이 온당하다.

경제 원리를 찾는 방법은 특히 연역과 귀납, 추상과 검증 가운데 하나만으로는 부족하다. 밀의 오랜 고민을 넘어 이들이 함께 적용되는 종합·통합·변증법과 나아가 제도학·경제수사학·인지과학의 원용도 함께 활용됨이 타당하다고 본다. 마셜도 기본적으로 철학·방법론적 사상을 취했지만 '세테리스 파리부스' 가정을 방법론적 교량으로 하여 원리의 과학화 세계로 들어갔다. 경제 현실은 자연과 인성의 종합이기 때문에 따라서 과학주의, 조작주의, 관계주의, 기능주의, 구축주의 등 한 면만 보는 견해는 배제된다. 물론 리카도와 같은 천재 학자라면 연역 하나만으로도 경제 현실을 충분히 정확하게 표상할 수 있을지 모르지만 보통 사람으로는 어렵다. 이렇게 많은 방법론 가운데 21세기 경제에 합당한 방법론을 지혜롭게 선택할 때 가정, 변수 선택과 함께 비로소 올바른 경제 원리를 찾을 수 있다.

변수와 방법론 선택 외에도 그들은 경제 연구의 목적, 범위, 원천, 이론의 적정 구조에도 나름의 그림을 그리고 당시 경제 현실을 잘 감안했다. 그러나 그들의 이론은 언제나 똑같은 방법론을 구사하는 신고전파나 형식적 모델링 기법과 본질적으로 상이했다.

7) 통찰력

위의 전제·가정·방법, 특히 변수와 개념 선택에는 온갖 철학, 지혜, 경험이 담겨 있다. 통찰력과 혜안이 없는 경우는 선불교(禪佛敎)에서 말하는 바와 같이 "손가락으로 달(진리 또는 원리)을 가리킬 경우 손가락을 원리와 착각하는 격"이 된다. 직관, 통찰력과 경험이 필요하다는 것은 경제학에서 흔히 변형된 '세테리스 파리부스' vs 자동적 '무타티스 무탄디스(mutatis mutandis)', 단일요인분석, 잘못된 집합성, 부적절한 분리, 잘못된 개념화 때 잘 나타난다. 이것은 결국 경제 현상의 복잡성 때문에 연유되는 것이다.

이때 통찰력과 직관이란 인간 고유의 초능력이다. 다른 동물들에게도 이런 능력이 있기는 하다. 예컨대 귀상어는 입 주위에 지구의 초전자장거리 감지 능력을 지니고 있고, 향유고래도 수 킬로미터가 되는 심해의 암흑 속에서 오징어 떼를 감식하는 능력이 있다. 그러나 이런 능력은 생존을 위해 진화적으로 발달한 생물학적·물리적 능력으로, 쉽게 과학적으로 분석이 가능하다. 그러나 인간의 통찰력은 정신적이다. 경험적·반사적·지적·개체적이고 의지나 말을 넘어설 뿐만 아니라 형이상학적 양심과 이어지는 인간 실재와 사고의 기초가 되는 초능력이다.

인지과학이 발달함에 따라 '사회·인성의 이론화'가 더 정밀해지면 통찰력과 직관의 도움을 받아 21세기 여건에 맞는 새로운 변수와 경제 이론인 제2의 스미스, 마르크스, 케인스가 나타날 수 있을 것이다. 여러 경제학자가 찾고 있는 작은 경제 원리도 이런 큰 원리에 맞게 그 모습을 새롭게 다듬어 낼 수 있을 것이다. 이 길이 새 경제 원리를 찾는 올바른 길이기 때문에 섣불리 샛길을 찾아선 안 된다.

8) 두뇌

지금껏 주류 경제학(특히 현대 미시경제학)은 경제학의 한 면(자연법칙관의 절대성)만을 다뤘다. 그러나 앞에서 살펴본 여러 경제학자들은 다른 면, 즉 경제철학과 방법론을 심층 분석함으로써 경제학의 빈 곳을 크게 메웠다. 이들은 인간 뇌가 좌뇌(논리, 이성, 아폴로적, 벤담적)와 우뇌(직관, 정서, 디오니소스적, 칸트적)로 구성돼 있음을 잘 알고 있었던 것 같다. 뇌과학에 따르면 좌뇌도 이성적인 사실이 입력될 때만 이성적이며, 인간의 욕심이 우뇌에 강하게 작용하면 좌뇌의 이성도 우뇌에 현혹당하게 된다고 한다. 두뇌도 수학적이지 않다. '1 + 1 = 2'는 수학적으로는 정확하지만 두뇌는 진화적·환경적응적이기 때문에 생존에 필요하면 '1 + 1 = 3'이 될 수도 있다.

통섭론은 인문학까지 흡수하려 하지만 두뇌가 이끄는 인문학의 필요성과 중요성은 어떻게 부정할 수 있겠는가? 마음은 환경 없이 존재하지 못한다는 최근의 '체화된 인지론'도 마음 역시 몸과 환경의 영향을 받는다는 것이지 우뇌의 정서적 성격을 부정하는 것이 아니다. 아직은 물리 환원적 통섭론이 적절하지 않는 이유다.

9) 목표

이들도 합리, 효율, 한계, 선택, 균형, 수학 등 전통적 주류 경제 이론의 주요 개념을 부정하는 것은 아니다. 또 '넓은 의미'의 과학적 연구방법론을 멀리하는 것은 결코 아니다. 다만 애로-드브뢰류의 자연법칙관만의 적용을 부정, 비판할 뿐이다. 이들은 현대 형식적 모델링 기법의 문제점을 철학·방법론적으로 비판하면서 자연법칙관과 사회·인성관을 종합함으로써 경세제민(經世濟民), 부국부민(富國富民) 등의 경제 이론으로 승화하는 길을 찾았다.

제3절

경제 이론의 정책화(1): 케인스와 하이에크의 논쟁

제2절에서 살펴본 경제학자들이 현실에서 이론을 찾아내고 이를 어떻게 정책화하는 데 성공했는지를 좀 더 상세히 살펴보자. 여기서는 케인스를 예시로 그 이론의 내용과 구축 과정, 결과를 구체적으로 살펴본 뒤 제4절에서는 케인스, 스미스, 마르크스, 사마천의 예를 비교·검토하면서 논의를 좀 더 깊이 진전시켜 보겠다.

케인스는 그 당시 경제 현실이 당면한 최대 과제인 대공황에 직면하자 이를 해결했다. 케인스는 자신이 쓴 『고용, 이자 및 화폐의 일반이론』의 표적은 전통경제학이라고 밝히고, 선배인 피구(A. C. Pigou)뿐 아니라 스승이자 케임브리지 경제학의 시조인 마셜마저 비판 대상으로 삼았다.[13] 무엇보다 숙적인 오스트리아 학파의 미제스, 로빈스, 하이에크를 가차 없이 공격했다. 고전파와 오스트리아 학파는 비전 부재와 근시안적 관점에 머무르고 있다고 지적하면서 "고전파 이론은 특수를 전제하고 있다. 우리가 살고 있는 현실 경제와 영 딴판이다. 이 때문에 우리

---

13 J. M. Keynes, *The General Theory of Employment, Interest and Money*, Macmillan, 1936.

가 경험하는 현실에 고전파 이론을 적용하면 그릇된 생각과 재앙을 맞게 된다"(현실≠가상)고 했다.

먼저 그 당시에 광범위하게 인정된 경제학 법칙 가운데 "공급은 스스로 수요를 만들어 낸다"는 '세이의 법칙'을 단호히 부정했다. 그 이론은 개인이 저축하면 반드시 그에 상응하는 투자가 뒤따른다는 것으로 이어진다. 저축이 어째서 투자로 자동 전환되지 않는지 설명하기 위해 케인스는 '유동성선호(流動性選好)' 개념을 만들어 냈다. 케인스 자신도 한때는 고전파의 금리이론을 따랐지만 이를 부정한 것이다. 고전파 경제학자들은 저축과 투자의 관계가 금리를 결정한다고 봤다. 그러나 케인스는 그 당시 저축하는 사람들의 동기를 살펴본 뒤 이와 전혀 다른 결론에 도달했다. 저축하는 사람은 돈을 은행에 넣어 두거나 주식이나 증권에 투자하는 대신 유동성 형태(즉 현금)로 보유하는 것을 선호할 때가 꽤 많다고 봤다. 현금을 보유하고 있으면 다른 금융 자산으로 묶여 있을 때보다 급변하는 상황에 대응하기 쉽다는 것이다. 이런 유동성선호 때문에 금리가 필요 이상으로 높아진다고 보고 저축하는 이들로 하여금 현금을 포기하도록 은행이 관여하게 하며, 부를 소유하는 자가 정말로 원하는 것은 자본 소유가 아니라 거기서 나오는 미래 수익이라는 것이다.

케인스가 『고용, 이자 및 화폐의 일반이론』에서 새로 도입한 많은 개념 가운데 하나가 '승수(乘數)' 개념이다. 사람들이 돈을 쓰면 그 돈이 돌고 돌면서 돈 1파운드가 1파운드보다 더 많은 가치를 발휘한다는 생각이다. 또 케인스는 "시간이 어느 정도 흐르면 경제가 모든 사람이 고용되는 시점에 도달해서 그 상태를 유지한다"는 고전파 경제관의 근거도 다시 따져 보기 시작했다. 통화량과 물가의 장기적인 관계를 짚어 본 케인스는 장기적으로 경제시스템 내에 통화량이 2배 늘어나면 물가가 2배 오르는 식의 불변 관계가 이 두 변수(통화량과 물가) 사이에 존재할 것이라 판단했다. 하지만 그 당시 경제 현실에서 이런 식의 장기 관계를 지침으로 삼는 것은 잘못이라 지적하고 시간이 흐름에 따라 물가와 통화량 관계는 화폐의 유통속도에 따라 달라지며, 이런 화폐의 유통속도가 어떻게 변하는가에 따라 물가 변화가 통화량 변화보다 클 수도 있고 작을 수도 있다고 봤다. 균형은 장기에 의존하지만 케인스는 "장기적으로 우리는 모두 죽는다"는 유명한 말을 남겼다.

1920년대에 들어와 영국이 오래도록 높은 실업률에 시달리자 실업 문제에 골몰하면서 케인스는 경제가 장기적으로는 완전고용이 달성된다고 가르친 마셜의 핵심 가정에 의문을 가졌다. 실업률이 계속 높아지자 케인스는 전보다 더 큰 목소리로 정부가 국채를 발행해 금리를 낮춰야 한다고 주장했으며, 도로 건설을 비롯한 공공 토목공사를 통해 정부가 노동자를 직접 고용할 의무가 있다는 생각을 했다.

그 당시 영국 경제는 고금리, 고실업, 물가 하락, 파운드화 강세의 여건 속에서 임금까지 높아지는 등 어려움을 겪고 있었다. 파운드화의 환시세가 높아지니 수출품 가격이 상승하여 무역 적자 폭이 늘어났다. 케인스는 환율 인하(파운드화 평가절상)가 물가 하락을 강요하는 무자비한 방법이라고 보았다. 물가가 떨어질 때 임금이 자동으로 하락하지 않으며, 물가 하락은 실업을 유발함으로써 임금을 떨어뜨린다고 주장했다. 금리나 환율을 인상시켜서 통화 가치를 높이는 정책은 호황 국면의 경기 확장세를 억제하는 것이 그 본래의 목적이지만 통화 가치를 높이게 되면 가뜩이나 침체된 경제를 더욱 악화시킬 것이라고 경고했다. 이 말은 그대로 현실이 됐다. 경기 순환의 바닥에서는 만성적 수요 부족으로 경제 활동이 둔화되고, 이로 인해 불필요한 실업이 발생한다는 것이 케인스의 지론이었다.

화폐론의 핵심 주제 가운데 하나는 저축과 투자(즉 자본지출)를 구분하는 명확한 경계선을 긋는 것이었다. 그때까지 경제학자들은 저축과 투자는 시간 흐름에 따라 서로 같은 값이 된다고 가정했다. 그러나 케인스는 저축하는 집단과 투자하는 집단이 다르기 때문에 불균형이 생기기 쉽고, 투자되는 돈이 저축되는 돈보다 많아지면 호황 국면이 나타나 그에 동반해서 물가가 오르며, 반대로 저축되는 돈이 투자되는 돈보다 많아지면 불황 국면이 나타나 그에 동반해서 물가가 떨어지며 실업이 발생한다고 보았다. 또한 케인스는 "한 경제 내의 총소득은 소비재와 자본재의 판매액으로 구성된다"고 추론했다. 이런 논리는 경기 순환을 관리하는 입장에서 의미가 컸다. 케인스의 주장이 옳다면 물가 상승은 저축을 늘림으로써 억제할 수 있고, 불황은 투자를 확대하여 해결할 수 있게 된다.

케인스 이렇게 경기가 오르락내리락하는 경기 순환이 생기는 것은 은행 때문이라고 보았다. 따라서 중앙은행이 공급하는 여신 규모를 신중하게 조절하면 저축과 투자 수준은 서로 일치할 수 있을 것이며, 그러면 물가도 안정될 것이라고 전망했다. 케인스는 저축과 투자가 일치하고 물가가 안정을 유지하는 '자연금리'와 은행이 자체 목적을 위해 부과하는 '시장금리'를 구분했다.

케인스의 여러 주장에 대해 미제스와 하이에크는 기존의 금리 인하로 값싸진 돈이 투자에 들어갈 때 정확히 어떤 일이 발생하는지 따져봄으로써 케인스의 논리에 반대하고 나섰다. 그는 금리를 의도적으로 낮춰 저축과 일치하지 않는 투자로 돈이 들어가면 생산 기간이 비정상적으로 늘어난다고 보았다. 생산 시간이 길어지면 개발되는 자본재, 특히 우회 생산 단계가 높은 자본재의 상당 부분이 생산 완료 시점에 수요가 줄어들어 폐기해야 하는 상황에 처한다는 것이다.

하이에크는 「저축의 역설」이라는 논문에서 "개인이 저축하는 돈과 개인이 상품 구매에 쓰고자 하는 돈 사이에 직접 관계가 있다"는 주장으로 반박했다. 하이에크는 생산이 단 하나의 최종재와 가격으로 이뤄지는 단일한 과정이 아니라면서 어떤 생산이든 새로운 투자는 '규모의 경제'가 작용한다고 주장하였다. 「화폐가 물가에 미치는 영향에 관한 이론」에서는 화폐와 물가·생산이 서로 어떠한 관계인지를 개관하고 거기서 경제를 구성하는 요소들을 측정하는 것만으로는 경제가 어떻게 작용하는지 이해할 수 없다고 보았다. 하이에크는 수학 방정식을 동원해 "화폐의 총량과 개별 가격을 모두 합친 일반 물가와 생산의 총량 사이에 직접적인 인과관계를 설정하는 것은 어리석은 시도"라면서 "경제학을 물리학이나 화학과 전혀 다를 게 없는 과학으로 취급하는 것"이라고 조소했다. 그는 경제 활동을 이해하기 위한 진정한 열쇠는 각 개인의 선택이라고 생각했다.

또 하이에크는 케인스의 화폐론이 전제하는 핵심 가정(자연금리와 시장금리가 동일하다면 물가가 안정을 유지할 것이라는 가정)을 비판했다. 그는 "통화량이 변하면 물가 변동 여부와 상관없이 상대 가격이 변할 수밖에 없다는 것"은 잠시만 생각해도 알 수 있다고 언급했다. 그리고 생산 규모와 방향을 결정하는 것이 상대 가격이라는 생각을 내세웠다. 화폐론은 "더 이상 화폐의 일반 가치를 따지는 이론이 아니라 갖가지 상품의 서로 다른 교환 비율에 화폐가 어떤 영향을 미치는가를 따지는 이론으로 나아간다"는 의미였다. 그는 놀랍게도 화폐에는 아무런 내재적 가치가 없다고 단언했다. 또 불황에 빠진 경제에 활력을 불어넣고 고용을 증대시키기 위해 유휴 설비를 다시 사용해야 한다는 케인스의 주장에 반론을 폈다.

따져 보면 케인스 화폐론과 하이에크의 가격 및 생산은 서로 거리가 아주 먼 것은 아니었다. 그 당시 두 사람의 중요한 유사점 가운데 하나는 폐쇄 경제에서 총산출이 고정돼 있을 때 모든 사람이 고용되는 균형이 달성될 수 있다는 가정을 수용하는 것이었다. 주된 차이점은 저축과 투자가 불균형해지는 이유와 그런 불균형이 초래하는 결론을 논하는 과정에서 하이에크가 오스트리아 학파의 자본 이론을 동원한 점, 저축과 투자가 불균등한 시기에는 경제 내에 신용 규모가 진정한 수요와 괴리된다고 결론을 내린 점이었다.

이런 격론 끝에 케인스가 세운 새로운 이론은 그 당시 경제 상황(공황)을 반증한 이론임이 판명됐고, 이 이론으로 세계적 대공황을 극복할 수 있었다. 반대로 하이에크의 이론은 케인스의 거시경제학에 완패하고 말았다. 그러나 현실(시대 상황)이 바뀌자 하이에크 이론은 새롭게 다시 등장했으며, 이는 오늘날 케인스 이론과 하이에크 이론의 대립, 나아가 '정부 개입'과 '시장의 자유' 논쟁으로 확대됐다.

'케인스 미신'과 '하이에크 미신'의 대결에서 어느 쪽이 승자인지는 아직 오리무중이다. 물론 이런 대결은 결국 경제 이론(원리)이 경제 현실을 잘 반영하느냐, 그것이 올바른 정책으로 이어질 수 있느냐의 문제로 귀결된다고 보는 것이 이 책의 생각이다. 만일 케인스가 살아 있다면 21세기 경제 현실에 맞는 이론과 정책을 구축했을 것이고, 이것이 그 당시 『고용, 이자 및 화폐의 일반이론』에서 구축한 이론과는 다를 것임은 분명하다. 그래야만 케인스 이론이 새 경제 현실에 맞는 이론으로 다시 태어날 수 있지 않을까? "케인스 이론이 죽었다"는 것은 이런 의미에서 틀린 말이다.

케인스의 『고용, 이자 및 화폐의 일반이론』에 대해 "짜임새도 엉성하지만, 내용을 모두 파악하고 나면 그 분석이 아주 당연하면서도 새로운 것임을 알게 된다. 한마디로 천재가 쓴 책이다"라고 한 새뮤얼슨(P. Samuelson)의 말은 케인스가 천재적 통찰력과 직관, 경험을 바탕으로 누구보다 현실에 잘 맞게 이론화 및 정책화했음을 단적으로 보여 준다.

지금의 경제 현실과 경제학은 어떻게 바뀌었는가? 케인스가 살아 있다면 지금의 경제 현실에 맞는 경제학은 어떻게 구축할 것인가? 케인스 당시에는 대공황이었지만 제2차 세계대전이 끝난 뒤 세계 경제는 고도성장을 지속했다. 그러다가 2008년에 들어와서 전 세계적인 금융위기를 맞았고, 세계 경제는 다시 '대침체'라는 국면에 직면하게 됐다. 루비니(N. Roubini) 같은 경제학자는 이런 경제 현실을 '신비정상(a new abnormal)'이라 명명하고 "경제 현실과 경제 정책이 종전과 다른 모습을 하고 있다"고 주장한다.[14]

루비니가 말한 '신비정상'이란 경제 성장, 경제 정책, 인플레이션과 핵심 자산 가격, 금융시장 등의 경제 현실이 모두 바뀌고 있음을 의미한다. 먼저 선진국과 개발도상국 시장의 성장 잠재력이 약해졌고, 이런 잠재력 약화는 높은 민간 및 공공 부채 증가, 인구노령화(노인들은 더 저축하고 덜 투자한다), 자본 지출을 낮추는 불확실성에 기인한 것이다. 한편 기술 혁신이 거시 수준에서 높은 생산성 증가로 변환되지 않고, 구조 개혁이 잠재력 성장 증가를 뒷받침하지 못하고 있다. 인적자본과 물적자본은 완전 가동되지 않으면 곧 노후화되기 쉽다. 나아가 미국을 위시해서 유럽과 지금은 개발도상국에서도 민간 및 공공 부채와 재정 적자를 감소시키지 못하고 있다.

동시에 경제 정책, 특히 통화 정책은 갈수록 비전통화되고 통화 정책과 재정 정책의 차이는 불분명해지고 있다. 10년 전에는 제로금리정책, 양적 완화, 신용 완화(CE), 태화 FX 개입(UFXInt) 등 비전통적 정책 도구가 이제는 선진국뿐 아니라 개발도상국에서도 상례가 되고 있다.

통화 공급이 증가하면 가격이 상승한다는 통화 공급과 가격 간의 전통적 연관성은 다음 두 가지 이유 때문에 무너지고 있다. 첫째는 은행들이 추가 통화 공급을 대출하기보다 초과 준비금 형태로 은행 내에 보유하기 때문이다. 둘째는 많은 나라에서 아직도 여유자금이 있기 때문

14 N. Roubini, "The New Abnormal for a Troubled Global Economy", *Times*, January 14, 2016.

이다. 상품시장은 현재 대규모 산출 갭을 보이고 있고, 특히 중국에서는 과잉 투자로 생산 능력을 넘어서고 있다. 노동시장에서는 실업률이 아직도 높고, 노동자의 임금 협상력은 너무 낮다. 이런 문제는 주택 붐을 맞이한 국가들의 실질 주택시장뿐 아니라 지금은 석유, 에너지와 기타 원자재 가격이 떨어지고 있는 상품시장에서도 나타나고 있다. 실질 이자율은 대단히 낮고, 자산 가격은 주식·신용·증권 등의 기초 가격에 비해 너무 낮다. 명목이자율은 유럽 국가들에서는 마이너스인 경우도 있고 일본도 그렇다. 투자가들은 현금을 그냥 보유하고 제로수익률을 취하는 것이 더 나은데도 왜 정부에 10년간이나 마이너스 명목수익률로 투자를 하는가? 이러한 성장, 인플레이션, 통화 정책, 자산 가격의 '신비정상 상태'는 앞으로도 지속될 전망이라는 것이다.

특히 놀랄 만한 속도로 빠르게 발전하고 있는 인공지능기술 등 첨단과학기술의 혁신은 이러한 비정상 상태를 또 다른 모습의 비정상 상태로 바꾸고 있다. 이러한 21세기 경제 현실의 패러다임 변화는 앞으로 더욱 격화될 것이고, 아직은 아무도 정확한 그림을 그려 내지 못하고 있는 등 격동의 와중에 있다. 따라서 이때 경제학은 어떻게 적응해야 할 것인가가 중요 과제로 등장하고 있다. 21세기 경제는 경제 발전과 변화의 동인, 구조, 목표, 경제학 연구 방법, 첨단과학기술, 인성 등이 바뀜에 따라 새롭게 만들어지고 있다. 이에 맞춰 경제학도 새롭게 바뀌지 않으면 안 되게 된 것이다.

제4절

경제 이론의 정책화(2): 케인스와 스미스·마르크스·사마천의 비교·검토

우리는 제3절에서 케인스가 어떻게 그 당시 아무도 풀지 못한 대공황의 터널을 헤쳐 나와 이를 해결하는 데 성공했는가를 알아봤다. 여기서는 케인스의 길을 스미스·마르크스·사마천과 비교하면서 좀 더 자세히 알아보고자 한다. 이들은 모두 결국 이 책에서 말한 긴 터널을 지나면서 그 많은 철학·방법론 가운데 인식론, 특히 칸트의 독창적인 이론과 다원을 거쳐 인과론에 이르면서 현실의 이론화·정책화의 길을 누구보다 먼저 찾아냈다.

이 가운데 케인스는 스승인 마셜을 비롯하여 피구, 하이에크와 로빈스의 고전적 공준(公準), 이를 바탕으로 한 그 당시 주류 경제 이론을 강력히 비판했다. 케인스는 『고용, 이자 및 화폐의 일반이론』을 발표하면서 자신의 새로운 이론이 어떻게 추출됐는가를 요점별로 설명했다.[15] 제1편에서는 '고전 이론'이란 무엇인지, 고전파 경제학의 공준과 자신의 유효 수요 원리가 어떻게 다른지를 설명했다. 제3편 소비성향에서는 새

15 J. M. Keynes, *The General Theory of Employment, Interest and Money*, Macmillan, 1936.

로운 개념인 한계소비성향과 승수를 다루고, 제4편 투자 유인에서는 자본의 한계효율과 이자율의 일반이론, 유동성, 이자 및 화폐의 기본 성질을 새롭게 밝혔다. 제5편 화폐임금과 가격에서는 화폐임금의 변화와 고용함수, 가격이론에 관한 자신의 소견을 제시했다.

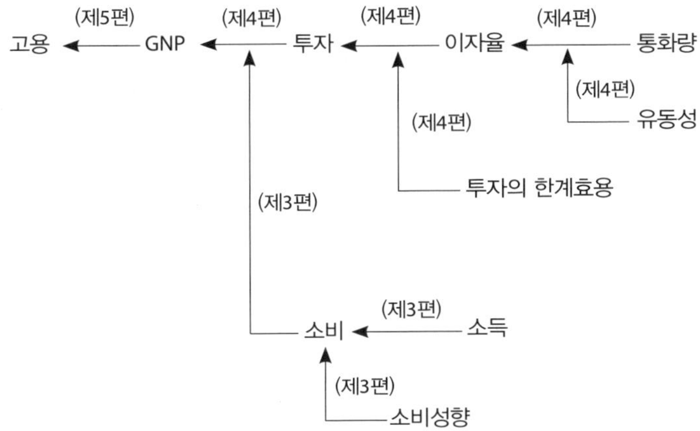

이를 스미스·마르크스·사마천과 비교해 보자. 스미스는 영국이 산업화를 시작할 즈음에 산업사회에서의 국부 증대, 부의 원인과 원천을 분석했다. 『국부론』 제1편에서 노동생산력을 향상시키는 원인들과 노동생산물이 상이한 계급들 사이에 자연법칙에 따라 분배되는 질서를 상세히 규명하고, 제2편에서는 자본 축적 또는 생산적 노동과 비생산적 노동을 밝히고, 제3편에서는 국부 증진의 자연스런 진행 과정을 살펴본 뒤 제4편 정치경제학의 학설 체계에서는 중상주의 원리를 설명했다.[16] 국부 증대는 노동생산성 상승과 생산적·비생산적 노동 비율 상승 때문에 야기된다. 나아가 노동생산성 향상은 제일 먼저 분업 때문에 야기된 점을 상술했다.

16 A. Smith, *Wealth of Nations* (1776), Modern Library, 2000.

분업의 이익으로는 전업을 통해 노동자 각자의 숙련도가 높아지고, 노동을 수월하고 단순하게 해 주는 기계의 발명으로 많은 사람이 하던 일을 적은 인원수로 할 수 있게 된 것 등을 들었다. 분업을 야기하는 원리로는 인간성에 내재하는 교환성향(交換性向)을 들고, 이런 성향이 인간의 이기심에 의해 촉진됨을 밝히고 있다. 국부 증진의 진행 과정은 농업, 제조업, 외국 무역의 순이라고 언급하며, 이런 순서는 유럽의 모든 근대 국가에서 완전히 전도됐음도 지적하고 있다. 이를 도시하면 다음과 같다.

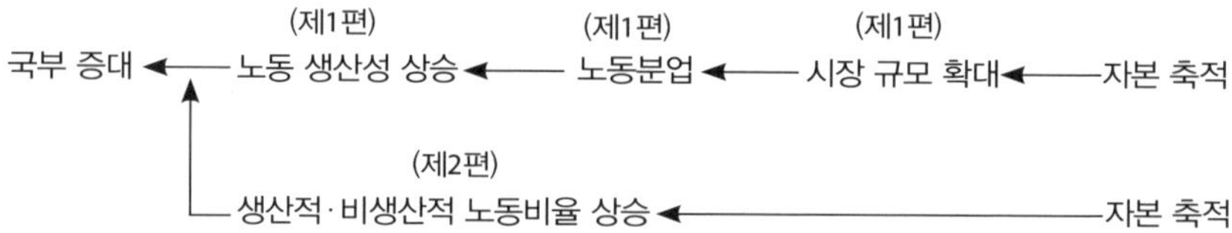

이런 논의가 전개될 무렵인 18세기 중엽 공장은 거의 대부분이 수공업 제조 형태인 매뉴팩처였기 때문에 매뉴팩처는 공장과 동일시됐다.[17] 『국부론』에서는 임금노동자와 자연 업종을 분명히 구분하지 않고 모두 '노동자(workman)' 또는 '일꾼'이라고 부른 것도 특징이다. 스미스는 또한 자본 축적을 수입의 지출 전략, 즉 저축에 의한 자본 증대와 이것에 의한 생산적 노동자의 고용 증대로 파악한다.

마르크스의 자본 축적은 뒤에서 밝혀지는 바와 같이 잉여가치를 자본으로 전환시켜 확대 재생산을 달성하는 것이었다. 이러한 자본 축적 과정은 노동자 계급에는 해고, 실업, 고용불안, 자기소외 등을 야기하고, 자본가 계급에는 이윤율 저하 및 상승 경향, 공황, 경제 순환 등을 야

17 마르크스는 매뉴팩처를 공장제 수공업이라 하여 '기계제 대공업(machino-facture)'과 구별하면서 스미스를 '매뉴팩처 시대의 대표 경제학자'라고 불렀다.

기하는 과정을 거치면서 달성된다고 봤다. 특히 분업을 중시하고 『국부론』을 논의의 출발점으로 삼은 것은 특이하다. 이는 나중에 설명할 사마천과 비슷하다.

마르크스 시대의 여건은 스미스 때와는 전혀 달랐다. 공황, 실업, 빈부격차, 계급투쟁 등 자본주의의 문제점이 대두된 시기였다. 마르크스는 자본주의 경제의 운동·발전법칙을 찾기 위해 유물사관 변증법을 바탕으로 존재가 의식을 규정한다는 유물사관 정식에 따라 원시공산사회 → 노예사회 → 봉건사회 → 자본주의 사회 → 사회주의 사회로 발전한다는 도식을 제시했다. 사회를 생산력과 생산관계의 두 부분으로 구분하면서 이른바 '과학적·역사적·논리적 방법'으로 노동가치론, 잉여가치론, 자본구성, 공황론, 사회주의 이행론을 제시한 것이다. 다음 도시는 '자본 축적 과정'의 핵심을 보여 준다.

생산함수:	$Q=\lambda N$
노동수요:	$N=K/w(1+\delta)$
가변자본:	$V=wN$
불변자본:	$C=\delta V$
총자본:	$K=C+V$
잉여가치:	$M=Q-K$
잉여가치율:	$S'=S/V$
산업예비군:	$U=L-N$
실업률:	$u=U/L$
임금률:	$w=w(u),\ dw/dw \langle 0$
이윤율:	$r=M/K$

[λ: 노동생산성, L: 가능한 노동공급량, δ: 자본의 유기적 구성(=C/V), K: 자본(자본축적 I=dK/dt) 등]

위와 같은 내용을 자세히 분석한 『자본론』의 구성은 다음과 같다.[18]

제1편 상품과 화폐
제2편 화폐가 자본으로 전환(자본의 일반 공식 제시)
제3편 절대적 잉여가치의 생산(노동 과정과 가치 증식 과정, 잉여가치율과 잉여가치 규모)
제4편 상대적 잉여가치의 생산
제5편 절대적·상대적 잉여가치의 생산
제6편 임금
제7편 자본의 축적 과정(잉여가치가 자본으로 전환되는 자본주의적 축적의 일반 법칙)
제8편 이른바 시초 축적(산업자본가 탄생과 자본주의 축적 역사 경향, 근대 식민 이론 제시)

여러 논의 가운데 『자본론』의 핵심은 잉여가치와 잉여가치율이라 할 수 있다. '가치 증식 과정', 즉 잉여가치 생산을 『자본론』에서 제7-14장의 265쪽에 걸쳐 설명하고 제16-32장에서는 136쪽을 할애하는 등 잉여가치와 잉여가치율 분석에 방대한 분량을 할애하고 있다. 『자본론』 제25장 자본주의적 축적의 일반법칙에서는 축적의 법칙을 설명할 때 잉여가치율은 투하된 자본 C가 생산 과정에서 생산한 잉여가치(자본가치 C의 증식분)로 보고 먼저 생산물의 가치가 그 생산 요소들의 가치 총액을 넘는 초과분으로 나타나는 것으로 본다. 이런 내용을 바탕으로 자본 축적 과정을 설명한다.

마르크스는 모델 가운데 변수를 자본 재생산의 틀 밖에서 정해지는 '외생 요인'으로 취급하지 않는다. 마르크스는 생산력의 발전, 산업예비

---

18 K. Marx, *Capital* (1867), International Publishers Co., 1967.

군의 존재, 유기적 구성의 고도화, 자본의 집적·집중이 서로 원인과 결과가 되는 관계로 간주한다. 경제 모델에서 기호와 등식관계는 경제 과정을 표현하는 일반 수단이다. 주의할 것은 이런 표현은 그 과정에 어떠한 실체적 지식이 추가되는 것도 아니라는 점이다. 기호화에 의해 표현되는 것은 현실의 한 측면일 뿐이며, 이것을 '정밀'하다고 생각하는 것은 양적 기호화에 대한 오해의 기초가 된다.

그러나 『자본론』은 그 철학적 바탕이 방대하고 풍부하며, 이론 전개가 구체적이며 논리적이었기 때문에 그 후 많은 학자나 정치가에 의해 문자 그대로 받아들여져 그들을 미혹시키기에 충분했다. 그렇지만 우리가 이 책에서 전개한 여러 철학적 논의를 바탕으로 21세기의 세계경제와 각국의 경제 현실에 비춰 『자본론』의 내용을 자세히 들여다보면 엉뚱하다 할 정도로 비현실적인(그 당시에는 현실적이라 생각했겠지만) 면이 많음을 지적하지 않을 수 없다. 특히 잉여가치와 산업예비군 등에서 그런 문제점이 노출되고 있다. 가장 중요한 것은 노동자의 정의를 끝까지 육체노동자와 임금노동자에 한정하면서 육체노동의 가치를 인간의 지식이나 첨단과학기술의 가치보다 우위에 두고 있다는 사실이다. 이런 생각은 더욱 비판받아 마땅하다.

비록 마르크스의 이런 이론 전개가 당시로서는 치밀하고 이성적·과학적으로 보였을지 모르지만 이는 어디까지나 마르크스가 살던 그 시대를 반영한 것이며, 경제 현실 자체가 완전히 바뀐 지금에는 용납될 수 없는 실증과 이론 전개라 할 수 있다. 21세기인 지금은 단순 노동 대신 지식의 고도화와 첨단과학기술의 발전으로 패러다임적 변혁을 겪고 있음은 이 책에서 누누이 언급한 바와 같다.

마지막으로 사마천의 이론과 정책은 어떠한가? 무려 550년에 이르는 중국의 춘추전국시대에 치국평천하 방략을 둘러싸고 유가(儒家), 묵가(墨家), 법가(法家), 도가(道家), 병가(兵家), 종횡가(縱橫家) 등 제자백가가 치열한 논전을 전개했다. 이른바 백가쟁명(百家爭鳴)이다. 치국평천하 방략을 최초로 제시한 사람은 춘추시대 중엽 제나라의 관중(管仲)으로, 그는 당대 최고의 사상가이자 정치가였다. 그의 저서 『관자(管子)』에는 제자백가의 모든 사상이 나타나 있는데, 그의 사상을 관통하는 핵심어가 바로 '부민부국(富民富國)'이다. 이것이 이른바 상가(商家) 이론의 핵심에 해당한다.[19]

사마천은 기원전 중국의 고대 농업 사회에서 이미 서구에서 말하는 자본주의의 뿌리를 봤다. 『사기』「화식열전」을 지금의 관점으로 설명하면 다음과 같다.

첫째, 선부후교(先富後敎), 즉 "창고가 가득 차야 예를 아는 법"이라 했다. 요점을 살펴보면 본성(本性)과 이욕(利慾)에서는 "돈을 추구하는 욕망은 인간 본성이다", 생산과 유통에서는 "검은 고양이든 흰 고양이든 우선 쥐부터 잡게 하라", 산업과 분업에서는 "효율적인 분업과 협업이 나라와 사업의 성공을 좌우한다", 부국과 강병에서는 "돈이 있으면 왕도 부릴 수 있는 것이 세상 이치다", 부민과 문화에서는 "인간의 인의보다 먹고사는 것이 우선이다" 등이다.

둘째, 경제와 경영 관점에서 보면 먼저 계연(計然)의 경제 정책을 설명하면서 "수요와 공급을 조절해 춤추는 물가를 안정시킨다", 범려(范蠡)의 기업 운영을 설명하면서 "유능한 인재를 활용하고 빠른 판단으로 시기에 올라타라", 자공(子貢)의 상인 정신을 설명하면서 "난세에 공부하는 자세로 장사하는 모범을 보여라", 백규(白圭)의 경영 전략을 설명하면서 "전장에서 병사 부리듯 임기응변의 결단을 내려라", 경영 윤리 관점에서 "이익을 추구하는 것이 인간의 본성"임을 각각 밝혔다. 제왕과

19 사마천은 『사기』를 쓰면서 「평준서(平準書)」와 「화식열전」에 관중을 상가 사상의 비조로, 자공(子貢)을 이른바 유상(儒商)의 효시로 각각 특서해 놓았다.

부호를 설명하면서는 "제왕의 권력이 탐나면 부자가 되라", 도덕과 경제에서는 "가족을 먹이지 못하는 자는 거짓 군자이다", 부귀와 상업에서는 "돈을 벌려면 먼저 장사를 하라", 산업경제 관점에서는 상가의 경제학인 "천하의 부를 거머쥔 부자들의 사업 원칙"을 각각 제시하고 있다. 한편 제조업 관점에서는 "자원을 시기적절하게 제품화해서 소비자의 요구에 부응하라", 금융업 관점에서는 "실물경제의 흐름을 해치지 않는 선에서 이자를 취하라", 서비스업 관점에서는 "고객보다 먼저 부하 직원을 감동시켜라", 무역업 관점에서는 "천하의 부를 거머쥐려면 세상을 상대로 장사하라", 농목업 관점에서는 "씨 뿌리고 가꾸는 성실한 자세로 곡물과 가축을 돌봐라", 증권업 관점에서는 "위험을 무릅써야 높은 수입을 남긴다", 지식산업 관점에서는 "돈을 벌 때는 무, 지킬 때는 문으로 하라", "부자가 되기 위한 직업에는 귀천이 없고, 재물에는 주인이 없다"고 분명히 말한다.

「화식열전」에서 가장 주목할 것은 "빈부의 차가 빚어지는 것은 누가 빼앗거나 주워서 나타난 결과가 아니다"라고 언급한 대목이다. 이는 '빈부지도(貧富之道) 막지탈여(莫之奪予)'에 집약돼 있다. 인간의 영리 추구 활동은 본성에 해당하고 빈부 차이가 나타나는 것은 스스로의 노력 여하에 따른 것이라고 설명한다. 빈부를 착취와 피착취 관계로 설명한 마르크스 경제학과 현저한 대조를 이룬다. 사마천은 기원전에 이미 자유 시장에 기초한 자본주의 사상을 지적한 셈이다.

서양 자본주의의 산업화 과정에서 도시 발달을 토대로 하여 분업 등이 발달한 것처럼 동양의 상공업 발전과 분업도 도시 발전과 불가분의 관계에 있다. 전국시대에도 지금과 마찬가지로 상공업자를 중심으로 한 세력이 모여들어 도시를 형성하고, 이러한 도시를 많이 거느린 나라일수록 탄탄한 경제력을 바탕으로 막강한 군사력을 보유할 수 있었다. 도시 가운데에서도 시장이 있는 도시를 특히 '성시(成市)'라 불렀고, 지배

층은 자유로운 교역을 위해 성시의 자치를 최대한 보장했다. 전국시대에는 농업을 포함해 공업과 상업 등이 두루 발달한 시기였다. 21세기처럼 지식산업을 강조하는 집단도 존재했다.[20] 또 스미스와 마르크스, 케인스를 비교하면서 눈에 띄는 부분이 '분업'이다. 사마천은 분업을 순자가 말한 '士士農農工工商商' 또는 '君君臣臣父父子子兄兄弟弟'와 같은 이치로 여겼다.

이와 같이 「화식열전」에는 우리가 알고 있는 자본주의 경제의 모든 측면이 망라되어 있는데, 이를 통해서 그 이론과 정책이 대단히 구체적이고 현실적이었음을 알 수 있다. 스미스의 이론은 19세기에 처음으로 이론화·정책화됐지만 사마천의 사상이 이미 기원전에 이론화되고 정책화됐다는 사실은 가히 놀랄 만하다. 그 당시 중국의 위대한 철학과 치국평천하 방략(정책)은 21세기 경제학 구축에 활용할 만한 가치가 있다.

스미스와 마르크스·케인스·사마천의 공통점은 다음과 같다. 즉 이들 모두 철학을 바탕으로 긴 터널을 경유하면서 색안경을 벗고 경제 이론을 구축했고, 자신들의 논증을 이성(논리)과 역사 사례 및 현실의 실례로 풀어 나갔으며, 그 당시 경제 현실에서 핵심 변수를 선택하고 거기서 정책까지 마련했다는 점이다. 이론을 구축할 때 통찰력으로 선택된 주요 변수 간 관계를 인과로 연결하고, 이를 정책화하는 데 성공했다는 점 등이다. 이 얼마나 이 책의 논지에 부합하는 것인가!

지금까지 살펴본 이들 4인의 경제 관련 저술은 모두 일관된 논리와 현실 타당성으로 뒷받침되고 있다. 스미스의 『국부론』을 보면 경제학에서 처음으로 이론을 체계화했으며, 그가 제시한 경제학 용어와 개념도

---

20 맹자(孟子)가 바로 이에 해당한다. '제왕학(帝王學)'이라는 지식산업을 1, 2, 3차 산업의 위에 둔 것이다. 이때 획일화된 노동가치설을 역설한 진상(陳相)과 지식창조의 중요성을 역설한 맹자의 공방은 지금의 마르크스주의와 자본주의 논쟁을 방불케 한다.

모두 그가 새롭게 창조한 것이었다. 이와 같이 『국부론』에는 경제학 체계를 세우려는 스미스의 진지한 조사와 탐구의 노력이 담겨 있다. 그의 주장이 방대한 자료로 뒷받침돼 있음은 『국부론』의 목차를 보면 충분히 알 수 있다.

마르크스는 경제학 체계를 세우면서 스미스가 새로 만든 용어와 개념을 한편으로는 계승하고 다른 한편으로는 비판·수정하면서 자기 나름의 경제학 체계를 완성했다. 예컨대 마르크스는 스미스 경제학에서 노동의 자연 가격 또는 자연 임금 수준으로부터 '노동력'이라는 상품 가치 개념을 만들어서 비로소 '노동'과 '노동력'을 구분했다. 또 이를 통해 이윤의 원천인 '잉여노동'을 발견함으로써 자본 축적과 노사 대립, 즉 계급 투쟁의 길을 열었다.

마르크스 역시 자신의 자본주의적 축적의 일반법칙을 증명하는 역사 사례들을 자세히 들었다. 이는 스미스가 『국부론』을 쓸 때 식민지, 중상주의, 국왕 또는 국가의 수입과 지출 등 많은 역사 사례를 든 것과 비교된다. 케인스가 동인도회사에 3년간 근무하면서 그 당시의 경험과 사례를 『화폐론』 등에서 많이 인용하고 있음은 스미스나 마르크스와 비슷했다. 사마천은 우리가 다 아는 바와 같이 사례 중심의 역사 서술 방식을 취했다.

이들 모두 자기 주장의 핵심 변수를 당시의 현실에서 택하고, 이를 인과관계로 연결시켜 정책화에 성공했다. 스미스는 부의 원인과 원천을 분석하면서 노동분업과 시장 규모 확대로 국부 증대가 이뤄지고, 노동 분업으로 노동생산성이 향상되며, 노동분업은 시장 규모 확대로 이어지고, 노동생산력 향상은 제일 먼저 분업 때문에 야기된다고 봤다. 사마천도 스미스와 비슷하게 노동분업과 시장을 핵심 변수로 꼽았다. 마르크스는 잉여가치를 핵심 요인으로 보고 사회를 생산력과 생산관계 두 부분으로 구분하면서 잉여가치론, 자본 구성, 이윤율 하락, 공황론, 사회주의 이행론으로 이어졌다. 케인스는 GNP 증대가 투자와 소비, 투자가 이자율과 투자의 한계효율, 이자율이 통화량과 통화유동성, 소비가 소득 및 소비성향과 각각 인과관계에 있다고 봤다. 이에 따라 유효수요, 소비성향, 한계소비성향, 승수, 자본의 한계효율, 유동성, 화폐 임금의 변화와 고용 함수, 가격이론에 관한 자신의 소견을 피력했다. 핵심 변수를 인과관계로 연결하여 정책화에 성공했다는 것이 이들의 공통점이다.

물론 스미스, 마르크스, 케인스, 사마천이 살던 시기와 지금 우리가 살고 있는 21세기의 경제 현실은 다르다. 21세기 경제 현실의 패러다임 변화는 경제 발전과 변화의 동인, 구조, 목표, 경제학 연구 방법, 첨단과학기술뿐 아니라 인성도 바꾸는 등 모든 것을 새롭게 만들고 있다. 이에 맞춰 경제학도 새롭게 바뀌지 않으면 안 되는 시점에 이른 것이다.

역사·사회학자들은 역사·사회·경제 현실의 복잡성을 알고는 있었지만 이론화하거나 정책화하는 방법을 찾아내는 데 성공한 사람은 거의 없었다. 백화제방의 경제학설 가운데 사회경제학파나 제도학파 등은 그들의 사상을 정교하게 이론화하지 못했으며, 마셜 등 경제학자는 '세테리스 파리부스' 가정을 바탕으로 이론화는 했지만 정책화에는 이르지 못했다.

다행스럽게도 스미스, 마르크스, 케인스 같은 소수의 경제학 대가들은 그들이 처한 시대의 현실에 맞는 '구조와 조건을 갖춘 이론'을 찾아내고 이를 정책화하는 데 성공했다. 이들은 무엇보다 경제 현실의 복잡성과 특이성을 있는 그대로 받아들이면서(현실≠가상) 자연과학적 사고의 틀에 빠지지 않았으며(자연≠인성), 제도뿐 아니라 인간의 영감·감성·투쟁·전쟁까지도 고려하는 지혜를 발휘했다. 그래서 고전물리학과 수학에 의존해서 과도한 추상화·형식화·단순화를 추구하거나 형식적 모델을 구축하지 않았다. "너무나 철저히 추상화한 나머지 경제 현실과 전혀 접촉할 수 없게 된, 그래서 논리학이나 언어학·문체기술론 안에 숨지 않았다"는 것이다. 그들은 분석 대상이 되는 경제 현실을 좁고 안이하게 생각하는 요즘의 전통 주류 경제학자와 같이 현실 경제를 곡해하는 경향을 보이지 않았다.

이런 경제학 대가들이 어떻게 카를 비롯해 여러 철학·방법론자들을 넘어 경제 현실에 맞는 경제 원리를 찾아내어 이를 정책화할 수 있었는지 그 길과 방법을 찾는 것이 이 책의 기본 목적이다.

제5절

가상의 창조

1. 과도한 추상화의 평가

이 책에서 일이관지(一以貫之)하는 줄거리 가운데 하나는 경제 원리가 현실에서 발견된다는 것이다. 그런데 추상화가 과도하면 현실에서 벗어나 '가상'에 빠지게 된다. 특히 경제 이론 평가(현실 타당성)는 형식적 모델링 기법(formal modeling technology)의 현실성과 유용성을 평가할 때 더 분명하게 나타난다.

1) 형식적 모델링 기법의 특성

형식적 모델링 기법(주류 경제학 포함)의 특성을 지금까지 이 책에서 주장한 여러 논의를 바탕으로 정리하면 다음과 같다.

① 현대 미시경제 이론의 완전형식화와 수학적 모델링 등 자연과학적 방법론은 기본적으로 사회와 인간까지 자연화하고, 경제를 자연과 동일시한다. 그러나 자연이라 해도 그 가운데 생물학·화학·공학·지구과학은 물론 현대 물리학의 상대성 이론과 양자역학, 복잡계

이론 등 아직 경제학에 도입하기 어렵거나 수량화 또는 수식화하기 어려운 것 등은 모두 제외한다.

② 현대 미시경제 이론에서는 추상체증을 위해 인간의 관념, 정신, 의도, 법, 제도, 관습, 문화, 역사, 도덕, 윤리, 가치관 등을 배제한다. 여기서도 역시 물성만 인정하는 물질주의적·자연주의적 일원론을 택한다(과학성, 통일성, 객관성, 통약성, 자연성 등). 반대로 사회성(철학·예술성), 의도성, 다양성, 이질성 등을 배제한다. 이로써 과학주의와 수학주의로 고도의 단순화·이상화·추상화·형식화로 나아간다.

③ 특히 방법론에서 '합리적 경제인'을 가정한다. 주로 방법론적 개체주의, 원자론, 환원론, 기계론, 논리주의, 공리주의, 한계주의를 택한다. 역시 점차 제한된 합리성, 불확실성, 불완전경쟁과 불균형, 복잡성 등을 고려하고 있긴 하지만 아직 갈 길이 멀고 험하다.

④ 일반적으로 정량적이고 계측 가능한 경제 변수를 택한다.

⑤ 많은 변수 가운데 자의로 소수의 변수를 선택해서 이를 방정식화(수식화)하고, 나머지는 교란 요인으로 취급한다. 변수 선택과 선택된 변수의 관계 설정에서 철학·예술성, 통찰력과 가치 판단이 개입되지만 이는 대체로 무시한다.

⑥ 제약 아래에서 최대화·극대화를 도출하기 위해 미분, 적분 등 수학 방법을 배타적으로 사용한다.

⑦ 효용에 대한 가정으로 계측 불가능한 요인을 배제하며, 인간의 의도·믿음·만족도 역시 수량화 및 계측화한다. 완전 선호 이행은 물론 정태적 생산이론에서 가격의 동질성, 단순성, 단조성, 곡률과 대칭성, 이윤함수의 볼록성(convexity)과 비용함수의 오목성(concavity) 등 수학적 해(解)를 도출할 수 있는 가정을 우선한다.

⑧ 이들은 결국 도구주의, 조작주의, 편의주의, 기능주의, 관례주의, 구축주의, 인과적 전체론으로 나아간다. 현대 미시경제 이론은 이

런 과학성에 가장 가깝다. 그러나 경제 원리가 사회(철학·예술성)로 나아갈수록, 즉 종합·변증·제도·경제수사론 등으로 나아갈수록 추상성이 체감되면서 현실과 점차 가까워지지만 모델의 정교함과 예측력은 떨어지게 된다.

2) 형식적 모델링 기법의 편익과 문제점

형식적 모델링 기법에도 물론 편익이 있다. 그 가운데 하나는 '연역적 연쇄(deductive chain)' 논리를 잘 드러내 보인다는 것이다. 이는 이미 준비된 논리적 연쇄인 '수학의 거대한 저장소'에서 독자들로 하여금 글이 전달하고자 하는 바를 더 쉽게 파악하도록 한다. 나아가 형식적 모델링 기법에 의해 가정과 연역체계가 분리되면 독자들이 저자의 의도를 더 쉽게 알 수 있을 뿐 아니라 저자와 의견이 같지 않을 때도 무엇이 다른지, 어떤 가정이 달라서 거부되는지도 알아내기 쉽다.

그런데 이런 편익보다 더 많은 근본적인 문제점을 내포하고 있으며, 형식 모델 자체로도 큰 단점이 있다.

첫째, 형식 모델은 효율적 의사소통을 저해한다. 글을 읽을 때 시간과 노력이 배가되며, 글의 직관을 이해하기 어렵고, 통찰력을 알아내기도 어렵다. 방정식을 따라가거나 가정을 이해하기도 어렵다. 형식 모델에서는 저자들이 말할 필요조차 없는 가정을 너무 완벽하게 모두 밝히려 하기 때문이다.

둘째, 형식 모델은 잘못된 결론으로 이끈다. 형식 모델링의 오류에는 모델 특유의 오류와 저자가 만드는 오류가 있다. 프리드먼의 가정에서 비실제성이 그 예다. 가정의 형식과 평가의 어려움은 그나마 비형식 모델에서 덜하다. 비형식 모델에서 가정은 필요할 때만 도입되기 때문에 저자와 독자 모두 어디까지 받아들여야 하는지 알 수 있다. 그러나 형식 모델에서는 가정이 어떻게 사용될 것인지 알기 전에 미리 받아들여야 하며, 이 때문에 잘못된 결론에 이르게 된다.

형식 모델이 잘못된 결론을 유도하는 또 다른 이유는 모델 특유의 정교성 때문에 잘못 자신하게 한다는 것이다. 가정이 그저 그럴듯한 주장인데도 아주 정교하게 이것저것 벌려 놓으면 블로그(M. Blaug)의 말처럼 "네트를 내려놓고 테니스를 치는 것"과 같이 된다. 그래서 합당하지 않은데도 그 결과를 받아들이게 되는 경향이 있다. 이것은 마치 마술사가 관중의 시선을 다른 손이 하는 것에 쏠리게 함으로써 반대쪽 손으로 숨기는 것과 같다.

셋째, 형식 모델은 '숨어 있는 변수', 즉 모델링하기 쉽지 않거나 측정할 수 없는 중요 변수를 제외시킨다.[21] 반대로 어느 정도 상관관계에 있는 측정 가능한 변수는 실제보다 더 중요하게 취급된다. 측정 불가능한 경제 변수나 비경제 변수는 보통 제외되기 마련이고, 그럴수록 그 모델은 비현실적이 된다.

넷째, 형식 모델은 부분적이고 경험적으로 중요하지 않은 설명을 실제 설명과 혼동하게 한다. 물론 형식 모델이 사용되지 않을 때도 같은 문제가 야기되지만 형식 모델에서는 더 악화된다. 왜냐하면 모델 구조를 철저하게 따지다 보면 주요 설명에서 벗어나 사소한 부분에 관심을 빼앗기게 되기 때문이다.[22]

모델 실험의 부적당성은 루커스(R. Lucas)가 말한 모델이 '장난감 경제'라는 말을 부정하게 한다. 즉 경제학자가 자신의 가설을 실험하는 통제된 실험 대체물로 이런 장난감 경제를 이용할 수 있다는 것이다. 루커

---

21 예컨대 두 국가의 경제성장률 변화를 설명할 때 기업가의 태도가 중요한 역할을 하지만 이 변수는 측정할 수 없다.

22 "우리는 불경기 때 재고/판매 비율의 상승을 관찰한다. 이것이 설명이다"와 "여기에 재고/판매 비율의 상승을 설명하는 모델이 있다"고 하는 것은 서로 다르며, 사소한 차이가 아님을 알아야 한다.

스는 우리가 실제 경제에서만 실험할 수 있기 때문에 모델로 조건을 바꿔 가면서 실험하여 그 결과의 변화를 볼 수 있다고 하지만 그것은 경제학과 자연과학의 차이를 간과한 것이다. 자연과학자의 실험은 실제 세계와 연관되고, 실험 결과를 중시한다. 그러나 모델로 실험하는 것은 모델이 유효할 때만 의미가 있다. 다른 모델이 다른 결과를 도출할 때는 어떤 모델을 받아들여야 할지 알 수 없게 된다.

거시경제학에서는 계량경제학 모델이 실험 도구로 잘못 사용되는 경우가 흔히 있다. 예컨대 통화 정책의 효과를 결정할 때 계량경제학 모델을 사용해 GDP를 계측하고, 이를 기초모의실험(basic simulation)과 비교한다고 하자. 그때 다른 유효한 모델이 비슷한 결론을 낳기도 하기 때문에 사용한 모델의 결론이 다른 모델보다 신빙성이 있는지는 알 수 없다. 동일한 '기초 조건' 아래에서 동일한 통화 정책을 시뮬레이션하는 서로 다른 모델이 전혀 다른 답을 제시하는 수가 있다. 그때 우리는 어느 모델이 중요한지 설명할 방법이 없다.

요약하면 경제원론 및 미시·거시경제학의 형식적 모델링 기법은 경제 여건과 사안을 고려하지 않은 채 너무 많은 비실제적 가정 위에서 과도한 형식주의에 매몰돼 있다. 이 책이 전개한 여러 논의는 사실 이런 문제점들을 자연과학철학·사회과학철학·경제철학 차원에서 상세하게 밝힌 것들이다. 지금까지의 문제점을 좀 더 진전시켜 보자.

3) 경제학의 형식적 모델링 비판에 대한 반론

경제학의 형식적 모델링 비판에 대한 반론으로 다음과 같은 주장을 예거할 수 있다. 이런 주장은 현대 주류 경제학자 대부분의 의견이다.

첫째, 대부분의 경제학 방법론에서도 이론 구축 시 추상체증과 추상체감의 방법을 사용하고 있으며, 주류 경제학도 예외는 아니다. 주류 경제학의 발전은 추상체증에 의해 밝혀진 원리를 다시 가설에 반영함으로써 이뤄지고 있다. 따라서 가정이나 전제의 현실성은 과거에 비해 증가했다. 경제학에서 사용하는 수학, 논리학 등의 발전(상향)과 통계학 등 계량경제학의 발전(하향)으로 원리 현실에 가까워지고 있다. 이런 과정의 반복을 통해 경제 이론은 현실 예측력이나 설명력을 높일 수 있다.

둘째, 추상체증 방법에 사용되는 수학화와 형식화 자체는 올바른 방법을 사용한다면 문제가 되지 않는다. 물론 지나친 수학화·형식화가 원리와 현실의 간극을 벌리는 것은 문제이고, 공허한 형식화는 주류 경제학 내에서도 배척되고 있다. 즉 이론경제학의 최근 추세는 경제 현상으로 관찰되는 사실을 어떻게 이론으로 설명할 수 있는가이다. 더구나 이는 경제학에서 수학화·형식화의 기술 수준이 아직 빈약함을 의미하는 것이지 수학화·형식화 자체에 문제가 있음을 의미하는 것은 아니다. 올바른 가정과 변수 선택 또는 올바른 모델링 기법이 중요하며, 수학의 사용 여부는 부차적인 문제다.

셋째, 경제학 연구에서 대이론(grand theory)만을 염두에 둬서는 안 된다. 하나의 연구가 모든 현실을 설명할 수 없으며, 작은 개별 연구의 축적을 통해서만 경제학이 현실에 좀 더 접근한 가정과 이론, 예측과 설명을 제공할 수 있다.

넷째, 경제학에 철학성과 예술성이 결합돼 있다는 것을 부인하는 주류 경제학자는 거의 없다. 현대 주류 경제학 논쟁이 대부분 전제하고 있는 가정에 대한 철학적 입장 차이에서 연유한다는 것은 널리 알려진 사실이다. 따라서 현실과 원리의 간극이 철학성과 예술성 문제에 귀착한다는 점에도 모두 공감하고 있다.

다섯째, 상향과 하향 과정에 철학적 성격이 가미돼야 한다는 주장에 대해서는 경제학이 가치중립적일 수 없다는 주장을 받아들인다면 이미 철학적 성격이 개입돼 있다고 봐야 한다. 실제로 대부분의 경제학 연구는 가치중립적이지 않으며, 이는 모든 경제학자가 인식하고 있다.

여섯째, 경제학이 모든 것을 설명할 수는 없으며, 모든 것을 설명하는 것이 좋은 경제학이라고 할 수도 없다. 더욱이 철학·예술성을 경제학에 가미할 경우 반드시 진리 근사성이 높아진다고 할 수 있는지도 의문이다.

4) 경제학의 모델링 기법에 대한 이 책의 견해

경제학의 모델링 기법(≠주류 경제학 일반)에 대한 이 책의 견해는 다음과 같다. 첫째, 현재의 형식적 모델링 기법은 추상체증 가운데 '과정'과 '정도'를 무시하고 있다. 먼저 추상체증 과정에서 경제 여건에 맞게 전제와 가정을 설정한 다음 중핵과 변수를 바르게 택해야 하는데도 지금의 경제학은 여건의 특수성을 무시하고 같은 기법을 적용하며, 또 너무 많은 비실제적 가정을 자의로 두고 이를 일반화하면서 수학화와 완전 형식화를 추진하는 등 모든 경제 현실을 자기 기법으로 해독할 수 있다는 맹목적 신봉론에 매몰돼 있다. 수학이 만능이어서 수학과 측정을 언제, 어디에나 적용할 수 있다고 생각하는 과도한 수학 애호(mathematical virtuosity)가 문제다.

둘째, ① 라카토스적 중핵과 보호대 선정에 착오를 범하면서, ② 갈릴레오적 가정과 실제성의 접점을 찾지 못하고, ③ 케인스의 말과 같이 변수 선택과 방정식 설정에 종합 사고와 통찰력이 결여돼 있으며, ④ 과학적 변증법을 멀리하고 있다.

셋째, 특히 신이 부여한 인간의 자유, 창의, 욕구, 기대, 의도 등은 본질적으로 정성적인데도 이를 무리하게 정량화·계측화하려 함으로써 자연주의적·기계적·유물적·일원적·표피적으로 되고 만다.

넷째, 철학·예술성이 무엇인지 그 뜻과 내용을 오해하고 있다. 가정 설정과 변수 선택뿐 아니라 수학과 수리경제학의 한계, 계량경제학과 확률 문제점에도 철학·예술성이 내재돼 있다. 경제 현실을 몇 마디로 표현(보편언명화)하는 것의 어려움인 상향 시의 변수 선택과 수학화, 하향 시의 확률과 계량경제화에도 반드시 불확실성과 신비성이 내재돼 있다. 확률도 결국 주관적 베이스(T. Bayes) 이론으로 종결된다. 나아가 원리 하나하나에도 불확실성이 내재돼 있으며, 사실 이것 때문에 여러 원리가 무너지지 않고 유연하게 서로 연결돼 공존해 간다는 더 높은 차원의 원리가 존재함을 모르고 있다.

다섯째, 원리는 '발견'되는 것이지 '발명'되는 것이 아닌데도 형식적 모델링 기법은 수학을 동원해 원리를, 그것도 비현실적인 원리를 발명 또는 제작하려 하고 있다. 아인슈타인은 깊은 통찰력과 직감, 경험, 예술적 감성으로 상대성 원리를 발견하고 친구인 수학자 힐베르트에게 요청해 이를 정교한 방정식으로 표현했다. 이와 같이 수학은 원리를 정확하게 짜는 도구에 불과한데도 수학 애호가들은 원리 발견도 수학으로 가능하다는 근본적 오류를 범하고 있다.

여섯째, 무엇보다 모델의 본질이 무엇이며, 그 철학적 기초가 무엇인지를 모르고 있다. 모델의 철학적 전제는 앞에서 밝힌 대로 신칸트주의의 이원론이다. 이는 베버와 비트겐슈타인 등 근대 철학 일반과 공유하고 있는 근본적 특징이다. 복잡한 현실에 대응하기 위해 가설, 모델, 이상형 등을 주관적으로 함수 형태로 설정하고 도구로 대상에 근접한다. 이 가운데 확률론적 조작을 수행하는 것이 계량경제학의 특징이다. 논리실증주의는 비경험적 동어 반복 체계를 분석 도구로 삼는다. 이 동어 반복 체계가 자연·과학·철학적 모델로, 그 하나의 변형이 계량경제학적 모델로 각각 나타난다.

모델에는 동일한 사물을 보는 시각이 다양하기 때문에 다양한 접근법이 있다. 소득과 소비 수준의 관계를 설명하는 관계식의 경우 100개가 넘는다. 100개 이상의 접근법이 있다는 것은 조작의 임의성을 보여준다. 이처럼 모델과 접근법은 결국 주관적·임의적이고, 그것을 보완하는 객관적 기초가 없다는 의미에서 '근사(approximation)'라는 개념이 등장한다. 퍼스(C. S. Peirce)가 말하는 '발상(abduction)'도 주관적·임의적 착상에 불과하며 '축차적 근사'도 마찬가지다. 무수한 '근사'들 사이에는 아무런 본질적·논리적 연관성이 없다. 상호 의존적인 '잡다'가 있을 뿐이다. 따라서 모델링 과정에서 연구자가 임의로 기호화한 언어 체계를 무제한 창조해서는 안 된다.

연구자가 연구 목적을 잊고 모델의 기호 조작에 매몰되면 연구 대상으로부터 점점 멀어지며, 기호철학의 '구문론적 규칙'에만 관심을 두게 된다. 즉 원형(진실)에서 멀어진 모델을 순수한 언어 체계와 수학 체계로 구성하고 만족하게 된다.

이런 경향은 계량경제 모델에 그대로 나타난다. 계량경제 모델은 본질적인 경제 운동의 카테고리를 단지 외적·현상적 관계 방정식 설정과 그것의 수적 조작으로 표현한다. 이런 결함은 현상주의=수학주의=원형론에 바탕을 두고 있지만 이 외에도 다음과 같은 많은 결함이 있다.

계량주의에서는 수학주의가 확률주의로 나타난다. 확률주의는 객관적 합법칙성을 부정하고 '허무주의'와 '불가지론'을 그 사상의 본질로 한다. 허무주의와 불가지론은 신칸트학파인 리케르트가 주장하듯 감각의 원천이고 경험의 피안인 현상 내 물질의 법칙성 및 인식 가능성을 부정한다. 이것이 논리실증주의의 철학적 기반이다.

이와 같은 몰가치성의 요청에 따라 사회·경제 현상을 인식하기 위한 방법론으로 등장한 것이 이상형(理想型)이다. 이상형과 현대 경제학 모델은 모두 모순 없는 사유의 구성물이고, 이상형 및 모델과 현실 간 차이는 교란(disturbance)으로 간주한다. 마르크스의 『자본론』에서는 이런 경제의 이상=모델 해석이 등장했다. 그러나 이론은 모델보다 복잡하고, 이론도 어떤 의미에서는 '믿음의 집합'이라 할 수 있다. 이론은 어떤 종류의 논리적 주장이 사실로 믿어지는 것 사이의 상호관계에 관한 신념들로 구성된다.

일곱째, 나아가 전통 주류경제 이론 그 자체에도 철학성과 예술성이 내재돼 있다. 실증주의와 모더니즘의 연장선상에 있는 조작주의자인 새뮤얼슨(P. Samuelson)과 주류 경제학인 솔로(R. Solow)의 저작에도 은유와 유추가 많이 사용되고 있다. 또 가상의 경제 상황을 이용하고 '마찰', '순환하는 채권', '사라져 가는 화폐' 등 은유와 유추를 많이 사용한다. 이 모두 수사학적이다.

경제학 일반에도 은유적 표현이 상당히 많다. 예컨대 '탄력성', '불황', '균형', '경쟁', '자유', '평등', '통화유통속도', '어린이는 내생재', '인적자본', '유의성', '정형화된 사실', '보이지 않는 모분포', '확률적인 생성 과정', '보이지 않는 손' 등은 모두 은유다. (시장은 수요와 공급 곡선으로 표현된다고 할 때의) '곡선'이나 게임이론에서의 추론도 수사다. 계량경제주의에서 문제 해결이 어려울 때 흔히 베이스 방법이 동원되는데 여기에도 "사전적인 믿음을 형성하는 일상적인 수사학"의 검토가 요구된다.

자료 채취 문제에 대한 해결책도 결국 수사학적 분석으로 환원된다. 생산함수이론도 철저히 은유적이다. '총자본'이라는 말은 자본을 마치 집적할 수 있는 벽돌로 은유 또는 표현하고 있고, '생산함수'라는 개념도 생산량을 결정하는 과정을 '일변수함수'라는 개념으로 은유하고 있다. 이렇게 보면 은유는 경제학적 사고에서 필수이며, 가장 현실적인 수학에서조차 그렇다. 그래서 이 모두가 철학·예술적이라는 것이다. 개념의 은유에도 철학적·경제학적 거장들의 '모든 지적 성과물'이 그대로 녹아 들어 있다.

여덟째, 개념의 은유성을 넘어 용어 선택도 어떤 의미에서 높은 수준의 종합력과 통찰력을 필요로 한다. 어떤 때는 현실 상황을 한두 마디 용어로도 정확하고 분명하게 대변할 수 있다. 이런 때는 철학을 넘어 예술 능력까지 동원돼야 한다. 수학이나 물리학적 기계론 등을 철저하게 넘어서는 경지에 이르러야 한다는 것이다. 케인스의 말이 공감되는 까닭이 여기에 있다.

아홉째, 현대 미시경제학의 형식적 모델링 기법은 마치 '용암 위의 바위', '늪지대 위의 건물', '봄볕 속의 작은 빙하'와 같이 취약한 기반 위의 위험한 방법론이라는 것이다. "과학은 철학 없이는 눈먼 장님이고, 철학도 과학 없이는 공허할 뿐이다." 그래서 과학 논리에 철학이 들어가고, 철학자들이 과학자가 될 때 인간의 지식은 성장할 수 있다. 경제는 더욱 그러하다. 그럼에도 형식적 모델링 기법은 수리물리학에만 매몰돼 있다. 자연법칙관을 사회·인성에 그대로 적용하려는 한 영원히 실패할 수밖에 없다.

2. 계량경제학적 기법의 평가

형식적 모델링 기법에 관한 일반 평가는 요즘 경제학자들이 흔히 쓰는 계량경제모델에서 집약적으로 잘 드러난다. 계량경제모델의 문제점에는 다중공선성(multi-collinearity), 본원적 설명 변수, 모델 규정상 착오, 시차종속변수(lagged dependent variables), 이분산성, 계열상관, 베이스 통계학 응용, 연립방정식 체계 등이 있다.

그런데 전통경제학이 계량경제모델을 선호하는 것은 과학적 모델링을 추구하기 때문이며, 이는 결국 $y=f(x)$라는 관계식을 분명히 한다는 것이다. 표준화된 분석에서 사실상 가장 중요한 것은 모델을 선택하는 것으로, 이는 어떤 경제량 Y에 영향을 준다. 따라서 어떤 변수를 뽑을 것인가, 그 관계식을 어떠한 형태로 가정할 것인가, 오차항 u의 분포에 관해 어느 정도를 가정할 것인가 등은 당연히 경제 이론에 기초해서 결정해야 한다. 그러나 이와 같은 점에 대해 논리적으로 상세하게 도출한 '이론'은 아직 존재하지 않는다. 여기에 개인의 판단이 내재된다.

그러므로 일정한 통계적 모델을 '가설'로 보면서 그것을 현실 데이터에 조명해 검증하고, 모순이 드러나면 그것을 버리고 다른 가설을 설정한다. 그러나 이런 설명은 교과서에서는 주어지지만 현실에서는 적합하지 않다. 과학적 이론으로부터 도출된 '가설'은 다른 조건이 변하지 않는다면 각각의 변수에 각각 영향을 미치고 그 영향이 어떤 방향으로 나타났는가의 정도를 나타낼 뿐 그것이 일차식이 되는지 이차식이 되는지, 더욱이 오차항의 분포형까지는 쉽게 알 수 없다.

예를 들어 c를 가계의 (1개월) 소비 지출, y를 가계 소득이라 할 때

$$c = \alpha + \beta y + u$$

라는 형태의 모델이 많이 가정된다. 이런 모델의 배후에는 만일 다른 조건이 변하지 않고 꽤 균질한 가계라면 소비 지출은 주로 소득의 크기에 의해 결정될 것이라는 경제 이론(혹은 상식적 판단)이 있다. 그러나 이것만으로는 소비 지출이 소득의 일차함수가 된다는 사실을 도출할 수 없다. 일차식의 모델이 가정되는 것은 주로 경험적 이유 때문이다. 소비함수가 거의 일차식으로 표현되는 것은 지금까지 수많은 예를 통해 알 수 있듯 데이터에 비춰 그것이 충분하지 않다는 것이 밝혀지지 않는 한 그래도 합리적 선택으로 볼 수 있다는 것이다.

그러나 그렇게 단정할 수만은 없다. 왜냐하면 소비와 소득의 관계가 일차식에 근사할 수 있어도 그것이 다른 형태의 식을 배제하는 것은 아니기 때문이다. 그런데도 경험적 지식의 축적이 이뤄지지 않은 분야에서는 일단 일차식의 관계식이 상정되는 일은 적지 않다.

모델 선택에서 또 하나의 난점은 이론적 혹은 실증적으로 의미 있는 양이 모델에 담겨 있는 모수와 가능한 한 간단한 관계로 결합돼야 한다는 점이다. 예를 들어 소비함수의 경우 한계소비성향 dc/dy의 의미

가 중요하다. 일반적으로 dc/dy가 y의 값과 무관하게 일정하다는 것은 이론으로 입증되지 않는다. 그러나 그것이 안정적이어야 한계소비성향의 개념이 의미가 있다. 이것은 결국

$$c = \alpha + \beta y,$$
$$\text{즉 } \log c = \alpha + \beta \log y$$

가 되는 것을 의미한다. 만일 탄력성(소득의 1% 증가에 대해 소비는 몇 % 증가할까를 나타내는 값)이 중요하다면 우선 첫째로 고려할 것은 탄력성이 일정한

$$\frac{dc}{dy} \bigg/ \frac{c}{y} = \beta$$

라는 형태의 모델이다. 즉 모델의 선택은 이론으로부터 연역된 결과라기보다 역으로 이론 전개의 편리함이 기준인 경우가 많다. 그러나 어떠한 경우에도 모델이란 진짜 관계식에 대해 하나의 근사에 불과하다는 것이 처음부터 전제된다. 이를테면 모델은 하나의 가공 구성에 불과한 것이고, 데이터의 평균을 취하면 그것이 대개 일정한 관계식을 만족한다는 것을 의미하는 것에 불과하다.

계량경제학이나 기타 응용통계학상의 모델은 이상적 상태(예: 진공 상태)에서 엄밀하게 사실 관계가 성립되는 물리학의 경우와 본질적으로 다르다. 예를 들어 뉴턴의 만유인력법칙, 즉

$$F = K\,(m_1 m_2 / r^2)$$

(F: 인력, K: 인력상수, $m_1 m_2$: 두 물체의 질량, r: 두 물체 간 거리)

라는 관계식은 언제나 엄밀하게 만족되며, 그 차는 순수한 관측 오차다. 그래서 인력상수 *K*는 이론으로부터 그 값이 주어지지 않지만 어떠한 경우에도 일정하다고 간주된다.

이론이 이렇게 정밀한 형태로 주어지는 경우에는 사실 통계학적 방법이 불필요하다. 문제는 되도록 상수 *K*의 값을 정밀하게 측정하는 것뿐이고, 식의 '적용'은 불필요하다. 이 경우 이론은 관계식을 직접 관측 데이터에 적용하는 것에 의해서가 아니라 오히려 도출한 결론이 케플러 법칙을 비롯해 많은 경험적 사실을 통일적으로 설명해 줄 때 검증이 가능하다.

통계적 방법이나 통계적 모델 분석이 유효하게 행해지는 것은 아마도 엄밀한 이론이 구성돼 있지 않고 연구가 충분히 진행되지 않은, 또 데이터의 성격상 이상적 상태를 상정하는 것이 불가능한 경우에 한한다. 게다가 통계 모델에서는 관계식이 근사적으로 맞는 것도 일정한 한계 내에서이고, 이것이 뉴턴의 자연법칙과 현저히 다른 점이다. 통계 모델에서는 시간 경과와 함께 설명 변수(예: 소득 수준)에 커다란 변동이 있다면 상수(예: 한계소비성향)도 변한다고 암묵적으로 가정된다.

실제 분석에서는 어떤 특정한 양 Y에 영향을 미친다고 생각되는 요인이 무수히 많다. 그 가운데 몇 개를 데이터를 이용해 경험적으로 찾아내는 것이 보통이다. 즉 모델을 몇 개 상정해서 그 가운데 가장 그럴듯한 것을 고르는 것이다(모델 선택). 여기서 주의해야 할 점은 다음과 같다.

첫째, 일차식 모델에서는 어떤 변수의 계수를 검증해서 그 변수를 모델에 포함할 것인가를 정하지만 검증 결과 데이터가 불충분할 수 있다.

둘째, 식 가운데 몇 개의 설명 변수를 담고 있는 경우 개별 변수의 계수 의미가 그리 명확하지 않을 때가 있다. 특히 설명 변수가 전부 독립적이지 않은 경우 개별 계수를 각 요인의 영향을 별개로 나타내기가 어렵다. 이러한 경우 이론적 분석 모델일수록 더욱 주의 깊게 구성되지 않으면 안 된다.

셋째, 무엇보다 인과관계의 방향을 데이터로 검정하는 것은 일반적으로 불가능하다. 예를 들어 임금상승률을 w, 물가상승률을 p라 하고 물가 상승이 임금 상승의 원인이라고 가정한 $w = \alpha + \beta p + u$라는 모델과, 역으로 임금 상승이 물가 상승의 원인이라고 가정한 $p' = \alpha' + \beta' w' + u'$라는 모델은 어느 쪽도 데이터에 의해 같은 정도의 정합성으로 나타난다. 따라서 어떠한 사고방식이 올바른가를 데이터에 의해 검증하는 것은 불가능하다.

이것은 인과관계가 현상으로부터 도출될 수 없음을 나타내는 하나의 예에 불과하다. 객관적으로 관찰된 사실로는 A가 B의 원인이라는 것은 A와 B가 동시에 일어나거나 비대칭적이지만 B가 A보다 뒤에 일어난다는 것을 의미할 뿐이며 그것만으로 인과관계임을 결론지을 수 없다. 인과관계의 존재는 A가 독립적으로 변화하는 것이 가능하고, 그것에 따라 B가 변화하며, 그 역은 아니라고 하는 것을 입증해야만 한다. 그것을 입증하려면 특정 이론으로부터 논리적으로 전개하거나 실제로 실험을 해 봐야만 한다.

정책 모델을 구성할 때 이 점을 특히 유의해야 한다. 일반적으로 정책 모델에서는 정책 변수가 목적으로 하는 양에 대해 인과관계가 있다는 것을 전제로 데이터로부터 그 효과의 크기를 예측한다. 그러나 그 전제 자체는 데이터로부터 확실하게 정립되지 않는다. 물론 효과의 크기가 제로, 즉 무효라는 것이 분명해질 수는 있지만 효과의 추정치가 크다는 것만으로 효과가 실제로 나타났다고 말할 수는 없다.

그러나 예측에 대해서라면 달리 생각할 수 있다. 임금 상승과 물가 상승 사이에 밀접한 관계가 있을 때 그 한편의 값을 알 수 있다면 다른 쪽을 예측하는 것이 가능하다. 임금상승률을 안다면

$$\hat{p} = \hat{\alpha} + \hat{\beta}\hat{w} \qquad (\hat{\alpha}, \hat{\beta}\text{는 추정치})$$

로부터 물가상승률 p를 예측할 수 있고, 물가상승률을 안다면 역으로

$$\hat{w}' = \hat{\alpha}' + \hat{\beta}'\hat{p}'$$

로부터 임금상승률을 예측할 수 있다. 따라서 모델을 예측 방향에 따라 선택해도 좋다.

일반적으로 계량경제모델, 특히 국민경제 전체를 대상으로 하는 거시 모델에서는 앞에서 말한 간단한 인과관계가 아니라 수많은 변수가 균형관계에 의해 동시에 결정되는 형태로 구성되는 동시방정식(同時方程式) 모델, 즉 연립방정식을 사용한다. 즉 p개의 경제량 Y_1, ⋯, Y_p에 대해 상호 균형관계를 나타내는 p개의 식

$$f_i = (Y_1, \cdots, Y_p) = C_i \qquad i=1,\cdots,p$$

을 가정하면 이것을 동시에 만족시키는 Y_1, ⋯, Y_p가 정해진다. 그런데 이런 관계를 몇 개의 양 Z_1, ⋯, Z_q에 의해서도 영향을 받는다고 가정할 수 있고, 결국

$$f_i(Y_1, \cdots, Y_p, Z_1, \cdots, Z_q) = C_i \qquad i=1,\cdots,p$$

라는 식이 된다. 게다가 우연 변동을 가정하면

$$f_i(Y_1, \cdots, Y_p, Z_1, \cdots, Z_q, u_i) = C_i \qquad i=1,\cdots,p$$

라는 일반적인 형태의 모델이 된다. 그런데 실제로 이러한 식은 일차식에 가까운 것으로

$$\sum_j \beta_{ij},Y_j + \sum_k Y_{qk} z_k = u_i \qquad i=1,\cdots,p$$

라는 형태의 연립일차식 모델이 된다.

이런 동시방정식 모델에 의한 분석 또는 예측은 최근 정부를 비롯해 금융기관, 기업 등에서 자주 사용된다. 그러나 이 경우 어떻게 모델을 구성하는가의 문제는 하나의 방정식을 고려하는 경우보다 좀 더 복잡해진다. 여기서는 이론적 관점과 경험적 데이터에 의한 부분이 미묘하게 결합된다. 이 문제에 대해 아래와 같이 생각해 보자.

거시경제모델에 맞춰 문제를 생각할 경우 방정식 체계 전체의 구성 문제와 개별 방정식에 대한 문제를 구별해야 한다. 우선 전자부터 살펴보자. 거시경제 방정식 체계가 동시방정식 체계라는 형태를 취한다면 그것은 결코 몇 개의 회귀방정식 병렬에 그치지 않는다. 병렬하는 것만으로는 몇 가지 경제 관계의 균형을 표현할 뿐이며, 여기에 어떠한 균형이 상정되는지가 모델 설정의 출발점이 된다. 실제 거시경제모델은 모두 '총수요 = 총공급' 혹은 '총지출 = 총소득'인 균형관계에 기반을 둔 케인스류의 소득결정이론을 전제로 만들어진다. 오늘날 생각할 수 있는 거시경제모델이 반드시 케인스류의 소득결정이론과만 부합하는 것은 아니지만 어떠한 의미에서든 국민소득 수준의 균형관계가 중심 위치를 점한다.

이른바 국민소득의 삼면등가(三面等價)를 가정하면(자본감모분 등은 무시) '국민총생산 = 국민총소득 = 국민총지출'이라는 등식이 성립한다. 국민총생산을 V, 생산소득(부가가치)을 S, 분배소득을 Y, 지출을 Z로 각

각 표시하고 이 가운데 내생적으로 결정되는 부분의 크기를 X_0, Y_0, Z_0, 외생적으로 결정되는 부분의 크기를 $\bar{X}, \bar{Y}, \bar{Z}$로 나타내면

$$V = X_0 + \bar{X} = Y_0 + \bar{Y} = Z_0 + \bar{Z} \qquad (1)$$

가 된다. 그렇다면 관계식 (1)에서 내생적으로 결정되는 양은 V, X_0, Y_0, Z_0의 네 개다. 관계식은 본질적으로 세 개가 존재하고 또 하나의 관계식을 도입해야 체계가 완성된다. 여기서 생각할 수 있는 관계식은 여러 가지가 있다. 예를 들어 고전파적 완전고용을 전제로 한다면 생산소득은 설비 및 노동 존재량에 의해 결정된다. 즉 K를 자본, L을 노동량으로 해서

$$X_0 = f(K, L) \qquad (2)$$

로 나타낼 수 있다. K, L을 주어진 것으로 보면 이것에 의해 체계를 완성할 수 있다.

한편 케인스 이론에 따르면 내생적 지출은 분배소득에 의해 결정된다. 따라서

$$Z_i = q(Y_i, \bar{Y}) \qquad (3)$$

가 성립하고 (3)과 (1)로부터 전체의 내생 변수가 결정된다. 예외의 경우를 제외하면 (2)와 (3)을 동시에 만족시키는 내생 변수의 조합은 존재하지 않는다. 즉 현실 모델에서 (2)와 (3) 쌍방을 포함하는 방정식 체계를 설정하는 것은 불가능하다. 따라서 모델 빌딩에서는 생산함수 (2)와 지출함수 (3) 가운데 한쪽만을 택해야 한다. 어느 것을 택할 것인가

는 경제 이론상 어떠한 입장을 취할 것인지, 현실 경제를 생각하는 비전에 의할 것인지로 결정된다.

생산소득, 분배소득, 총지출을 몇 개의 범주로 분할한 경우에도 사정은 마찬가지다. 여러 가지 소득, 지출, 부가가치에 대해 상정될 수 있는 관계식은 무수히 많다. 그러나 만일 그것을 모두 모델에 도입하면 모델은 과잉 결정된다. 즉 방정식 수가 내생 변수의 수보다 많아진다. 국민소득의 균형식 (1)이 성립하려면 그중 일부를 제거해야 한다. 여기서 어떤 관계식을 배제할 것인가, 역으로 어느 요소를 남길 것인가에 대해 일정한 이론적 비전이 필요하다.

유의해야 할 점은 모델 분석에서 몇 개의 다른 이론을 동시에 도입하는 것이 불가능하다는 것이다. 만일 그렇게 하려면 체계는 역시 과잉된다. 하나의 이론 체계에 기반을 두고 모델을 구성하면 필연적으로 다른 이론 체계를 배제하게 되기 때문이다. 모델 분석 자체는 이론적으로 중립적이거나 기술적이지 않으며, 객관적 정당성을 확보하는 것도 아니다. 모델을 구성하는 그 자체는 결코 특정한 이론 입장과 직결돼 있지 않다.

앞에서 살펴본 계량경제모델의 예들은 경제 이론의 성질에 대해 미묘한 점을 시사한다. 우선 이론 가운데에는 어떠한 모델과도 양립할 수 있어서 모델 결정에 거의 아무런 역할을 하지 않는 수준의 것도 있다. 예를 들어 n개의 경제 주체와 m개의 재화가 있고, 그 재화의 수요공급 일반균형에 의해 전체 체계가 결정된다고 하는 논의는 구체적인 모델과 아무런 관계가 없다.

마르크스 경제학이나 스미스 경제학에서도 마찬가지다. 모델 분석은 마르크스 경제학과 모순되는 것은 아니지만 마르크스 경제학 원리 수준에서의 이론은 모델 선택에 아무런 지침을 주지 않는다. 마르크스의 재생산 표식은 모델 분석과 관계가 있지만 추상 수준에서 설정된 재생산 표식을 현실 모델 분석이라는 수준에 직접 결합시키는 것은 잘못이다. 제1부문과 제2부문의 수급 균형을 기본 관계로 하는 재생산 표식을 직접 구체적으로 모델화하려면 조업도가 늘 100%인 생산력 중심 모델이 되기 때문에 마르크스 경제학 전체가 시사하는 자본주의 경제의 복잡하고 다이내믹한 성격은 완전히 무시된다.

모델 구성에 유효한 지침은 현실적으로 작용하고 서로 영향을 미치는 여러 요인 가운데 지배적인 것이 무엇인가를 밝히는 것이다. 국민소득 수준을 결정하는 것은 한편으로 공급이고 한편으로 수요라는 것은 누구나 아는 사실이다. 그러나 어떤 것이 더 중요한가를 명확하게 하는 것이 바람직한 모델이다. 예컨대 케인스 이론은 단기에는 수요가 결정적이라는 것을 명확하게 함으로써 거시경제 분석의 길을 열 수 있었다.

현실에 작용하는 여러 요인 가운데 무엇이 결정적인가를 인식하는 것은 경제 그 자체의 현상 인식에서 출발한다. 케인스 경제학이 불황의 경제학은 아니지만 그것이 대공황기, 즉 수요 부족이 낮은 국민소득을 초래할 때 성립한다는 사실은 주목할 만하다. 그러나 케인스 경제학은 경험적 지식 수준에만 머무르지 않고 하나의 논리 체계로 구성돼 있다. 케인스 이론에서의 수요 부족은 한계소비성향이 1보다 작다는 논리 체계로 '설명'된다.

이 점은 모델을 구성하는 지침이 될 수 있는 몇 개의 이론 체계가 존재하는 경우 그것이 논리적으로는 상호 배타적이어도 현실 데이터에 대한 적합도로서는 반드시 양자택일적이지 않다는 것을 시사한다. 어떤 종류의 이론에서 도출된 어떤 종류의 모델은 현실의 데이터와 모순될 때 폐기된다. 하지만 현실과 모순되지 않는 모델은 결코 하나만이 아니다. 그러므로 현실에 모순되지 않는 모델이라 해도 늘 올바르거나 '오류'가 없다고 말할 수는 없다. 예를 들어 앞의 예에서

$$V = X_0 = f(K, L)$$

라는 모델을 만든다고 한다면 이것은 분명히 대불황기 데이터에는 부적합하다. 한편

$$V = Z_0 + \overline{Z}$$
$$Z_0 = g(Y)$$

혹은 좀 더 구체적으로

$$V = C + I$$
$$C = \alpha + \beta V$$

(C: 소비지출, I: 투자지출)

라는 모델을 만들면 이것이 저개발국에 적합한 것인가 하는 의문이 생기게 된다. 데이터 적합도라는 점에서 본다면 현실과 모순되지 않겠지만, 이는 모델과 그 배후에 있는 '케인스 이론'이 저개발국에도 올바르다는 것은 결코 아닐 것이다. 문제는 여기서 투자지출 I가 외생 변수라는 점에 있다. 이 투자의 크기가 어떻게 결정될 것인지, 그리고 어떻게 변화할 것이며, 정책적으로 어떻게 변화하는 것이 가능할지를 분석하지 않으면 앞에서와 같은 모델 분석에 의한 결론은 개발 문제에 대해 아무런 의미가 없게 된다. 왜냐하면 과거의 데이터에 대해서는 완전히 적합한 모델도 그것의 예측 혹은 정책 효과의 측면에서 큰 착오가 생길 수 있기 때문이다.

현실에서 이뤄지는 모델 빌딩 과정에서는 이런 점들을 충분히 고려하기 어려울 때가 많다. 또한 모델을 작성하는 측에서는 일정한 이론적 입장을 견지하면서도 그것을 이용하거나 그 결과를 판단하는 측에게는

그 점이 올바르게 인식되지 않는 경우가 흔히 있다. 이 점은 정책 결정 수단으로 모델 분석이 사용될 때 특히 문제가 된다. 예를 들어 경제 계획과 관련한 모델 작성자의 이론적 입장과 정책 목적 사이의 관련성이 반드시 정합적이지 않은 경우가 있다. 또 실제 모델에서는 데이터가 제약돼 있거나 적절한 방정식을 구성하기 어렵기 때문에 이론상의 전제가 왜곡되는 경우가 적지 않다.

실제 예측에서 특히 주의할 점은 경제의 여러 요인 간 강약 관계가 국면 변화에 따라 역전될 수 있다는 것이다. 완전고용이 달성되고, 더구나 인플레이션 갭이 생긴다면 수요 중심의 '케인스 모델'은 현실을 설명할 수 없게 된다. 즉 서로 영향을 미치는 역관계가 역전되어 이전과 다른 관계가 지배력을 가질 수 있기 때문이다. 그렇게 되면 전에 타당하던 모델도 의미를 잃게 된다.

실제로 사용하는 모델 분석에는 이 밖에도 다음과 같은 문제점이 있다.

1) 모델 분석의 실제 작업에서는 경험적 데이터와의 정합성에 중점이 놓이는 경우가 많다. 하지만 모델 구성에서 이론적 전제와 그것에 담겨 있는 경제 현상의 상황 범주 및 한계가 명확하지 않다면 정밀한 수치 결과는 오히려 예측 가능성에 잘못된 인상을 주기 쉽다.

실제로 데이터 기간과 예측 기간에서 고도성장기 데이터에 의한 계산만으로는 예측에 왜곡을 초래하기 쉽다. 그것은 방정식 가운데 매개변수의 변화 때문이다. 그러나 더욱 중요한 것은 경제 관계식 자체의 변화보다도 현실에 지배적인 역할을 할 만한 관계식이 교체된 것으로 여겨지는 경우다. 경제 이론은 구조 변화를 고려할 수 있도록 구성돼야 한다. 예를 들어 한계소비성향은 소득성장률이 높은 경우와 낮은 경우에 다르다고 하는 대신 소비함수에 소득 지체를 도입하거나 '달성된 소비수준'이라는 변수를 도입하는 형태로 설명하는 것이 더 타당하다.

물론 모델을 이러한 형태로 구성한다면 현실 데이터에 관한 이른바 다중공선성을 낳고, 따라서 신뢰할 만한 결과를 얻을 수 없게 될 때가 있다. 유의한 결과가 얻어지지 않는다는 것이 반드시 그 모델 자체가 타당하지 않음을 의미하는 것은 아니다. 그것은 오히려 어떠한 형태의 예측이 위험한가 경고를 주는 것으로 생각해야 한다.[23]

2) 통계학적 분석 수법과 그 이해 방식에 결함이 있다. 전체 모델은 본질적으로 편의적이며 근사적이지만 통계학적 분석 수법은 모델이 절대 정확한 것처럼 전개된다. 신뢰 구간, 예측 구간 등은 모두 모델의 절대적 정확함을 전제로 만들어진다. 이 점은 종종 결론의 현실 타당성에 대해 잘못된 인상을 주며, 수리통계학에 하나의 중요한 과제를 제기한다. 따라서 통계 수법의 한계를 정확하게 인식해서 계산 결과를 이용할 필요가 있다.

3) 연립방정식 체계에 관한 통계학적 분석 수법의 이론도 불충분하다. 물론 '점근이론'을 전제로 한 훌륭한 체계가 만들어졌지만 소표본에 대한 성질, 특히 모델과의 갭으로부터 생겨날 수 있는 '편향' 등에 대해서는 통일된 결론이 없다. 모델을 부분 수정해서 모델 전체의 적합도를 향상시키는 방법도 개선되지 않고 있다. 따라서 모델의 수정은 비체계적인 시행착오에 의존할 수밖에 없다. 이 점에 대해서는 몬테카를로(Monte Carlo) 연구 결과를 좀 더 체계화할 필요가 있다.

---

23 예컨대 단일방정식 $Y = \alpha + \beta_1 X_1 = \beta_2 X_2 + u$라는 모델을 구성한다고 하자. 간단하게 하기 위해 $\Sigma X_1 X_2 = 0$이라고 하자. 만일 ΣX_2^2이 작다면 추정량 분산이 커지고, 따라서 β_2에 대해 유의한 결과가 얻어지지 않게 된다. 그러나 그것은 모델로부터 변수 X_2를 제거하는 것을 의미하지는 않는다. 만일 X_2의 값이 앞으로도 작을 것으로 예상된다면 그것을 제거하는 것은 그리 어렵지 않다. 그러나 앞으로 X_2의 값이 매우 크게 변화할 것으로 예상된다면 X_2를 담지 않은 모델을 예측에 사용하는 것은 매우 위험하며 예측의 목적과 다른 잘못된 결론을 도출할 수 있다.

4) 예측에 한해서 말한다면 완전히 동등한 모델이 무수히 많다는 점에 특히 주목해야 한다. 즉 예측은 내생 변수와 외생 변수를 직접 결합한 유도형에 예상되는 외생 변수의 값을 대입하는 것으로 이뤄지며, 여기서 동일한 유도형 모델이 무수히 존재한다.

제6장

경제 원리의 기능은?

제1절

설명·예측의 정의와 성격

경제 원리의 기능은 경제 현실에 대한 이해, 해석, 설명, 예측, 통제 등 다양하다. 이런 기능은 추상체증의 과정과 정도, 원리의 종류와 성격에 따라서도 달라진다. 이 장에서는 경제 원리의 기능을 더 자세히 밝힌 뒤 자연과학적 설명과 사회과학적 설명의 차이, 경제 원리의 설명 기능과 예측 기능을 경제철학적으로 상론(詳論)할 것이다. 그리고 '새로운 사실'의 예측이 경험과학의 기준이 되는지도 검토할 것이다.

이론 등 원리는 설명과 예측이라는 2대 기능을 갖는다. 물론 이에 더해 이해·해석·통제 기능도 있다. 또 설명과 예측이 이론의 공통된 기능이라고 하지만 유형모델에서는 설명과 이해, 연역모델에서는 예측을 각각 이론의 주요 기능으로 본다.

설명은 흔히 오해를 막고 '내용을 분명히 하는 것'이라고 말한다. 경우에 따라 어의적 설명과 과학적 설명이 동시에 이뤄지는 때가 있는데, 이를 특히 '해석(interpretation)'이라 한다. 설명은 서술 또는 묘사와 구별된다.

캐플런(A. Kaplan)이 제시한 설명의 속성은 다음과 같다.[1]

① 설명은 현상 가운데 일부분에 국한된다. 유형모델에서는 구조 전체가 명백한 것이 아니며, 연역모델에서는 전제 모두가 완전한 것이 아니다. 비록 우리가 전부를 설명하려고 노력하지만 불완전한 상태에서 이미 더 이상 설명할 수 없는 것도 있다.
② 조건부적이다. 설명을 붙일 때 어떤 현상에 한해서만 그것이 그럴듯하거나 어떤 조건이 충족될 때만 적용 가능한 경우가 허다하다. 이론을 전개할 때 내세우는 전제는 그 이론이 갖는 설명력의 한계, 적용 가능한 영역을 제한하는 기능을 한다.
③ 근사적이며, 완전무결할 수 없다.
④ 비결정적이다.
⑤ 비단정적이다.
⑥ 불확실하다.
⑦ 한정적이다.

설명은 다음과 같은 세 가지 기능을 한다.

① 환경에 쉽게 적응하기 위한 기술적 기능
② 특정한 사물을 이해하는 데 도움을 주는 수단적 기능
③ 좀 더 깊은 의문과 이해를 자극하고 이끄는 교육적 기능

과학의 목적은 흔히 설명이라고 말한다. 그렇다면 과학적 설명의 특징은 무엇이며, 일상생활에서 사용되는 설명과는 어떻게 다른가? 또 역사적 사건 설명과는 어떻게 다른가? 과학적 설명에서 설명하는 것은 무엇이고 설명되는 것은 무엇인가? 그리고 설명에서 과학적 법칙의 역

---

1 A. Kaplan, *The Conduct of Inquiry*, Chandler Pub., 1964.

할은 무엇인가? 몇 가지 사례를 들어 보자.

아리스토텔레스는 행성들의 순환 운동을 그것들이 천체(완벽하고 영원한 세계)의 구성물이라는 사실로 설명했다. 왜냐하면 순환 운동은 천체에서 자연스럽고 적합한 유일한 운동으로 간주됐기 때문이다. 그러나 케플러(J. Kepler)는 여러 행성이 태양으로부터 다양하게 떨어져 있음을 설명할 때 이 거리들의 등비관계와 '플라톤적 고체'[2]가 내부적으로 서로 조화를 이룬다는 사실을 이용해서 설명했다. 아리스토텔레스의 견해는 대단히 큰 호응을 얻었고 오랫동안 지속된 반면에 케플러의 견해는 엉터리로 간주됐다. 아리스토텔레스와 케플러에 대한 상반된 평가의 원인은 설명을 정의하는 기준이 역사적으로 형성됐는가와 관계가 있다. 종교적 질문과 무관하게 창조론자와 진화론자의 논쟁 속에도 설명의 본질에 대한 나름의 주장이 담겨 있다.

심리학의 경우도 오랫동안 비슷한 논쟁 상태에 있었다. 인지심리학과 행태주의 심리학 간에 특히 그러했다. 이런 논쟁의 결과로 인간 행동을 설명하는 방식에 관한 논문이 많이 발표됐다. 집단유전학 분야에서도 논쟁이 있었다. 그때 중심 개념은 '적합도(適合度)'였다. 다시 말하면 적합도는 어떤 종자나 유전자의 빈도상 변화를 설명하는 개념으로, 근래에는 '종자나 유전자의 빈도 변화에 대한 단순한 함수'로 정의되는 경향이 있다. 이런 문제의식은 집단유전학의 설명력에 회의를 불러일으켰고, 위와 같은 예들도 설명에서 수많은 특수한 문제점을 야기했다.

설명의 유형을 보면 지리학이나 화학에서는 기초물리학에서와 다른 방식으로 설명의 개념 형성이 가능할 때가 있다. 즉 비(非)헴펠적 설명 개념이 더 적절할 때가 있다는 것이다. 역사학 분야에서 발견되는 설명 형식은 자연과학 철학자들의 관심을 끈다. 루커만(F. Lukermann)은

2 정사면체, 정육면체 등과 같이 길이가 같고 평행한 면들로 이뤄진 입체를 말한다.

역사학에서 인간의 행동을 비(非)헴펠적 방법으로 인식한다고 주장한다.[3] 이때 중요한 사실은 역사학적 설명은 법칙을 포함하지 않는다는 것이다. 그의 주장에 따르면 역사학적 설명은 인간의 역사적 행동이 이성의 측면에서 볼 때 필연이었으며, 습관적으로 행해진 것이 아니라는 것이다. 최근에도 역사적 설명 논쟁은 계속되고 있다. 더구나 심리학과 생물학 분야에서도 비(非)헴펠적 제안이 추가로 많이 등장하고 있다.

완전한 설명이란 법칙, 조건, 결론이라는 세 가지 요건을 모두 갖추고 이 구성 부문 간에 타당한 논리적 관계와 경험적 근거가 마련되는 경우를 말한다. 즉 법칙과 조건 등이 모두 명시된 설명이다. 불완전한 설명은 결론만 제시하는 생략 설명, 법칙을 전부 명시하더라도 결론을 전부 설명하지 못하는 부분 설명, 법칙도 조건도 뚜렷하게 밝혀지지 않고 그것이 학자 간에 잘 알려져 있지도 않은데도 서술 속에 법칙이 함축되면서 어떤 사건을 설명하려는 무리한 설명 등이다.

사회과학자 가운데 일부는 사회과학에서 완전한 법칙적 설명 방식을 그대로 따르기 어려운 경우를 이유로 들면서 사회과학에 별도의 설명 방식이 있다고 주장한다. 이러한 논쟁 대상이 되는 사회과학론의 설명 유형에는 크게 나누어 발생론(發生論)적 설명, 성향론(性向論)적 설명, 목적론(目的論)적 설명 등이 있다. 발생론적 설명은 사건의 기원과 발전 단계를 설명하는 것으로, 역사 연구에서 많이 사용되며, 단계별로 법칙과 묘사를 결합하지만 전 과정의 법칙적 연계에 약하다는 게 약점이다. 성향론적 설명은 인간의 행동을 의견, 가치관, 태도 등 일반 경향 속에 포함시켜 설명한다. 목적론적 설명은 본래 어떤 행동이나 결정의 원인이 미래에 실현될 목적에 있다는 생각이다.

---

3 F. Lukermann, "The Role of Theory in Geographical Inquiry", *The Professional Geographer* 13(2), 1961.

과학적 설명과 예측의 논리적 구조가 같다는 것을 '설명과 예측 구조의 동일성 명제(thesis of structural identity of explanation and prediction)'라고 부른다. 이 명제는 설명은 예측이 될 수 있고 예측은 설명이 될 수 있다는 주장이다. 이에 대해서는 반론이 많다. 반론들을 따져 보면 설명의 논리 구조에 대한 오해에서 오는 경우가 많지만 예측 가운데에는 설명이 될 수 없는 경우도 있다는 주장에서 보면 납득되는 면도 있다. 설명 논증의 형식을 따르지 않으면서 어떤 사건에 대해 예측적 언명을 하는 것은 과학자들이 합리적 예견(rational foresight)을 얻고자 할 때 발생한다.

논리적으로 예측과 설명 사이에는 차이가 있다. 예측은 원인에서 결과로 나아가는 반면에 설명은 결과에서 원인으로 역진한다. 실제로 이 차이는 아주 클 수도 있다. 즉 예측이 틀렸다는 것을 보이기는 쉽지만 설명을 반증하는 것은 매우 어렵다.

예측이라는 단어가 종종 단순한 가설적 언급을 위해 사용되는 경우가 있다. 이런 의심스러운 예측의 실천적 가치는 그것이 얼마나 많은 '만약(if)'을 포함하고 있는가와 그것들의 실현 여부를 발견하기가 얼마나 어렵고 쉬운지에 달려 있다.

제2절

자연과학적 설명과 사회과학적 설명

지금부터는 자연과학적 설명과 사회과학적 설명으로 구분해서 그 논리를 살펴보기로 하자. 왜냐하면 설명에 대한 양자의 논리가 서로 다르기 때문이다. 설명은 "왜?"라는 질문에 답한다. 의문을 해결하고 이해시키는 등 중요한 실용적 측면이 있다. 새먼(W. Salmon)은 그의 저서 『세계의 과학적 설명과 인과 구조』에서 ① 설명은 설명된 현상이 기대한 것이었음을 보여 준다고 보는 견해, ② 설명은 설명될 현상이 필요했음을 보여 준다고 보는 견해, ③ 설명은 설명된 현상의 원인을 밝힌다고 보는 견해 등 세 가지 견해가 있음을 밝힌 바 있다.[4] 지배적인 견해는 ①로, 과학적 설명은 관찰되는 현상이 좀 더 넓고 좀 더 깊은 규칙성의 실례임을 보여 준다. 우연성이나 다양성이 있는 곳에서 과학은 그 밑바닥에 있는 규칙성과 통일성을 보여 준다.

설명의 이런 '기대 가능성'과 '소전제'는 그리스 시대로까지 소급된다. 그러나 체계적으로 발전한 것은 헴펠(C. G. Hempel)의 글에서부터

---

4 W. Salmon, *Scientific Explanation and the Causal Structure of the World*, Princeton University Press, 1984.

다.[5] 헴펠은 '설명'에 관한 연구를 시작할 때는 논리실증주의자였지만 그의 기본 착상은 실증주의자보다 앞선 것이었고, 논리실증주의가 붕괴된 뒤에도 살아남았다. 헴펠은 과학적 설명의 두 가지 중요한 모델을 발전시켰다. '연역-법칙적 모델(deductive-nomological model)'(이하 D-N 모델)과 '귀납-통계적 모델(inductive-statistical model)'이 그것이다. 귀납적-통계적 모델은 그 이름이 말하듯 통계적 설명에 관심이 있다. 그러나 통계적 규칙성만으로는 설명돼야 할 것을 연역할 수 없고, 대단히 '그럴 것임'만을 보여 줄 뿐이다. 이 때문에 우리는 헴펠의 D-N 모델이 중요하다고 생각한다. D-N 모델은 핵심 설명이거나 비통계적 설명이다.

연역-명목적 설명에서 설명돼야 할 것의 언명(statement)은 본질적으로 적어도 하나의 법칙을 포함하는 참된 언명의 조합(set)에서 연역된다. 구도적으로 보면 다음과 같다.

초기 조건의 참된 언명들
법칙들
―――――――――――
설명돼야 할 것의 언명

위의 선은 '연역적 추리'를 나타낸다. 법칙이나 다른 참된 언명으로부터 설명돼야 할 것의 언명을 추리함으로써 설명될 현상이 좀 더 넓은 규칙성의 한 실례임을 보여 주는 것이다. 연역적-명목적 설명에는 적어도 하나의 법칙이 반드시 존재해야 한다. "바구니 안에 있는 사과는 모두 빨갛다"라는 법칙 없는 일반화로부터 "이 사과도 빨갛다"는 추론이나 "이 사과는 바구니 안에 있다"라는 언명은 사과가 왜 빨간지를 설명

5 C. G. Hempel, *Aspects of Scientific Explanation and Other Essays in the Philosophy of Science*, Free Press, 1965.

하지 못한다. '우연적 일반화'는 법칙과 다르며, '설명적'이지 않다. 더욱이 어떤 현상을 참되게 설명하기 위해서는 한 묶음의 참된 언명에서 연역할 수 있어야 한다.

설명이 법칙과 진실을 요한다 함은 경제학에서도 마찬가지로 중요하다. 경제학자들은 종종 '기본적 일반화'를 법칙으로 간주하기 꺼리면서도 이 일반화가 경제적 현상을 설명할 수 있다고 주장한다. 그래서 헴펠의 D-N 모델이 필요하게 된다. 과학적 설명의 D-N 모델에서 설명은 설명된 현상의 필요성을 보여 주고 원인을 밝힌다. 설명이 우연성을 감소시킨다는 주장은 설명되는 현상의 서술이 관련 법칙과 초기 조건의 언명을 수반함을 보여 준다는 뜻이다. 인과적 직감은 설명되는 현상이 법칙에 따라 추종할 초기 조건이 전형적으로 그 원인이 될 것이라는 생각과 같은 것이 된다.

그러나 D-N 모델은 문제가 많다. 다음 예를 보자.

① 피임약을 지시대로 복용하는 사람은 누구도 임신하지 않는다.
② 홍길동은 피임약을 지시대로 복용했다.
③ 홍길동은 임신하지 않는다.

만일 홍길동이 남자라면 누구도 이 주장은 홍길동이 임신하지 않음을 설명하는 것으로 간주하지 않을 것이다. 만일 첫 번째 전제가 법칙이고 홍길동이 피임약을 충실히 복용했다면 D-N 모델의 조건은 충족되지만 왜 홍길동이 임신하지 않는지를 설명했다고 볼 수는 없다. 왜 그런가? 홍길동이 피임약을 복용했는지 여부는 문제가 안 되며, 설명 요인은 인과적으로 연관돼야만 하는데, 그가 피임약을 복용하는 것은 인과적으로 연관되지 않기 때문이다. 설명은 분명히 인과적 유관성을 요할 뿐만 아니라 설명은 '인과적 결과'보다 '인과적 영향'으로 이뤄져야 한다.

예컨대 물을 H_2O라 함은 다음과 같은 네 가지 전제에서 유추될 수 있다. 즉 ① 물질 보존의 법칙, ② 기체의 동일한 양은 분자의 동일 수를 포함한다는 법칙, ③ 수소 둘이 산소 하나와 합쳐져서 물, 증기 등이 된다는 사실, ④ 수소와 산소 분자가 각각 H와 O라는 사실이 그것이다. 그러나 이런 연역은 물의 화학적 합성을 설명하지 않는다. 반대로 물이 H_2O라는 사실은 왜 수소 둘이 산소 하나와 합성되는가를 설명할 뿐이다. 물의 구성은 합성 비율의 인과 조건이지 그 반대가 아니다. 이와 비슷하게 메어리가 임신했다는 사실로부터 그 사람이 여성임을 연역할 수 있다. 영향은 원인을 설명하지 않으며, 공통 원인의 영향은 서로를 설명하지 않는다.

이와 같은 D-N 모델의 문제점에도 밀러(R. Miller)는 이 모델을 버리지 말고 '설명이 설명될 현상의 원인을 밝힌다'는 직관을 더 발전시키라고 주장한다.[6]

사회과학적 설명은 자연과학적 설명과 다른 특이한 어려움을 동반한다. 이는 '방법론적 개인주의(methodological individualism)'의 틀 안에서 논의되는 문제다. 사회과학에서는 개인 행태에 관한 일반화("개인은 적은 소득보다 많은 소득을 선호한다")뿐만 아니라 총량에 관한 일반화("인플레이션율은 통화 공급의 증가율에 의존한다")도 발견할 수 있다. 그러나 많은 철학자와 사회이론가 등은 사회과학 내의 완전히 만족스러운 설명은 '개인적'이어야 하고, 총량은 언급하지 말아야 한다고 말한다. 이는 일견 타당한 주장이다. 물론 비개인주의적 주장도 의미가 있겠지만 거기에만 의존해서는 안 된다. 왜냐하면 사회 연극(social drama)에 나오는 배우들은 모두 개인이기 때문이다. 전체주의적 설명이 개인주의적 용어로 환원되지 않는 한 과학적으로 수용될 수 없다. 물론 방법론적 개인주의를

6 R. Miller, *Fact and Method*, Princeton University Press, 1987.

모든 설명에 엄격히 적용하는 것은 실제로 불가능하다. 그러나 '약자 형태(weak version)'는 가능하다. 방법론적 개인주의는 많은 경제학자가 받아들이고, 때때로 거시경제 이론을 비판하는 기초로 삼기도 한다.

여태껏 인간 행태에 대한 설명은 대부분 하나의 단순한 (민속심리적) 형태를 취해 왔다. 우리는 경제 주체가 왜 편지를 쓰고, 채권을 팔며, 일하지 않고 집에 머물렀는가를 그 주체의 믿음과 욕구로 설명한다. 경제학자들이 인간 행태를 효용함수로 설명할 때 그들의 설명이 바로 이런 것이다. 그러나 우리는 '민속심리학'을 거부하지 않은 채 효용이론을 거부할 수 있다. 예컨대 사이먼(H. A. Simon)의 '개인선택이론'은 효용 극대화가 아닌 '만족'이라는 용어로 인간 행태를 설명한다.[7] 이것은 믿음과 욕구로 개인의 선택을 설명하는 것이다.

이와 같이 우리에게 친숙한 설명 방법인 방법론적 개인주의는 철학적으로 보면 문제투성이다. 설명이 의존하는 법칙이 "사람들은 그들이 가장 선호하는 대로 행동한다"라는 전제 또는 가정에 의존하기 때문이다. 어떤 철학자들은 이러한 전제 또는 가정은 '행동'과 '선호'라는 용어의 의미에 따르며, 경험적 일반화가 아니라고 주장한다.

이보다는 약간 다른 주장이 더 이해하기 쉽다. "개인들은 그들이 가장 선호하는 대로 행동한다"라는 일반화를 실험하지 않으면서 어떻게 그대로 논리를 전개할 수 있는가를 생각해 보자. 우리는 선호와 개인 G가 하는 행동의 관계를 알기 위해 G의 믿음과 욕구에 관한 자료를 모을 필요가 있다. 그러나 G의 믿음과 욕구에 관한 유일한 자료는 G의 말과 행동에서 수집할 수 있다. 예컨대 "나는 길이 미끄럽다는 걸 몰랐다"라는 G의 말이 그가 가진 믿음에 관한 정보라 생각하면 우리는 G가 이

7 H. A. Simon, "Testability and Approximation", in D. M. Hausman (ed.), *The Philosophy Economics: An Anthology*, 2nd ed., Cambridge University Press, 1994.

말의 의미를 알고 있으며, 이 말을 통해서 진실을 알리기를 원하고, 이런 말을 통해서 원하는 목적을 달성할 수 있다고 믿고 있음을 파악하게 된다. 이와 같이 개개인이 믿고 원하는 것을 그들의 행동이나 말에서 유추할 때 우리는 이런 일반화를 당연한 것으로 받아들인다.

이와 같은 이유로 많은 철학자가 인간 행태의 설명은 자연과학에서의 설명과 다르다고 결론짓는다. 오셀로(Othello)가 왜 그런 행동을 했는가를 설명할 때 우리는 그의 행동이 어떤 일반 규칙성에 따랐다고 가정하지 않는다.

사회과학은 설명보다 이해를 목적으로 한다고 생각하는 철학자들이 있다. 인과법칙 아래에서의 어떤 인간 행동을 가정하지 않고 행동을 지도하고, 거기에 의미를 부여하는 어떤 규칙(또는 목적이나 의미)을 이해하는 것이다. 윈치(P. Winch) 등에 따르면 규칙을 이해하는 것은 '해석'을 요한다.[8] 이런 윈치의 견해는 인간 행태와 제도의 과학적 연구가 불가능하다는 뜻과 같다.

적어도 규칙은 규칙에 기반을 둔 인간 행동을 설명하는 데 도움이 된다. 그렇지만 어떻게 규칙이 사람들을 행동하게 하는가? 그 첫 번째 답은 규칙을 인정하고 아는 것이 행동 원인의 하나라는 것이다. 그리고 이것이 옳다면 규칙은 다른 종류의 설명이라기보다 인과적 설명 내에서 어떤 역할을 한다는 것이 된다. 인과적 설명은 경제학에서 영향력이 크다. 두 번째 가능한 답은 베버로 소급된다. 베버는 사회과학에 대한 이해를 '내부로부터' 찾아야 한다고 주장하고, 누구나 경제 주체의 반응을 '마음으로부터' 공감할 줄 알아야 하며, 무엇이 '이해 가능하게' 일어나는지를 찾아야 한다고 주장한다.[9]

---

8 P. Winch, *The Idea of a Social Science and its Relation to Philosophy*, Routledge, 1958.

9 M. Weber, "The Interpretative Understanding of Social Action", in M. Brodbeck (ed.), *Readings in the Philosophy of the Social Science*, Macmillan, 1968.

사회 현상의 이러한 의미 또는 가치 유관성은 자연과학에서 배제할 수 있는 주관성을 사회과학에 도입한다. 그렇더라도 베버는 사회과학이 객관적 지식을 제공할 수 없다는 극단의 결론에 반대한다. 또한 베버는 나이트(F. H. Knight) 같은 학자와 달리 인과적 설명에 반대하지 않는다고 본다. 그는 사회 현상을 연구할 때 우리가 일반 규칙성보다 구체적인 상세함에 더 관심이 있다고 주장하며, 고생물학 자연과학자들도 이와 같은 생각이다.

좀 더 일반적인 설명은 행동의 원인을 밝히기보다 경제 주체의 이성을 강조하는 것이다. 그래서 사회과학적 설명은 '정당성'과 연계된다. 이성은 원인과 달리 좋을 수도 있고 나쁠 수도 있기 때문이다. 데이비슨(D. Davidson)은 이성을 언급하는 것만으로는 경제 주체들의 행동을 다 설명할 수 없고, 이성 가운데 '유효한 이성(effective reason)'이 행동으로 이어질 때 행동을 인과관계로 설명할 수 있다고 주장한다.[10] 유효한 이성이 주어진 것이라면 사회과학적 설명은 자연과학적 설명이 결여하고 있는 추가적 특성을 지니게 된다. 그러나 이성으로 설명하는 것은 내포된 법칙의 단조성(platitude)과 순환성(circularity)으로 인해 형식적으로 연역적-명목적 설명이 될 수 없다.

---

10 D. Davidson, "Mental Events", in *Essays on Action and Events*, Clarendon Press, 1986.

제3절

경제 원리의 설명 기능

경제학이란 결국 '설명적 작업'이라 할 수도 있다. 실제 사회에서의 경제 논리에는 두 가지 형태가 있다. 하나는 '왜에 대한 설명(explanation-why)'이고 다른 하나는 '무엇에 대한 설명(explanation-what)'이다. 철학자들은 '왜에 대한 설명', 즉 설명의 인과이론에 주목했는데, 그 가운데 가장 많이 알려진 것이 포괄법 이론이다. 이 이론에 따르면 경제 현상의 원인을 설명할 때 몇 개의 과학적 법칙 안에서 그런 현상을 가정한다. 이런 포괄법 이론은 흄과 밀의 저작에 잘 드러나 있고, 20세기에 와서 가장 뛰어난 학자는 헴펠이다.

헴펠의 가정은 연역을 의미하기 때문에 그런 현상이 왜 일어났는가를 설명하는 것은 결국 하나 또는 여러 개의 과학적 법칙이 포함된 전제를 원인으로 해서 그런 현상이 일어난다는 것을 연역하는 것이다. 이러한 포괄법 이론에서 실제로 '왜에 대한 설명'은 한계가 있다. 왜냐하면 실제로 설명한다는 것은 단순히 '묘사'일 수밖에 없기 때문이다.

포괄법 이론을 받아들이는 데에는 여러 비판이 있다. 스크리븐(M. Scriven)이나 밀러(R. Miller) 같은 철학자들은 이 이론이 근본부터 잘못됐다고 비판하면서 포괄법 이론 대신 인과이론을 제시한다.[11] 밀러가 제시하는 인과이론은 설명되는 현상에 도움이 되는 근본 원인을 정확히 밝히는 것으로, '왜의 인과적 이론'을 의미한다. 밀러는 인과적 언명을 정당화하는 절차를 설명하면서 현상인 P의 원인이 될 수 있는 여러 요인이나 조건인 C_1, C_2, …, C_n 등의 목록을 작성한 뒤 그중 C_2를 하나의 예로 들고 일단 C_2가 아마도 P의 원인이 될 것이라고 생각한다. 인과적 언명을 정당화하는 이런 절차를 '경쟁 가설의 비교(comparison of rival hypothesis, CRH) 방법'이라고 부른다.

CRH 방법은 본질적으로 가능한 경쟁적 가설 가운데 가장 좋은 것이라 생각되는 가설을 택하는 것이다. 밀러는 CRH 방법에 대해 하나 또는 더 많은 과학적 법칙에 따라 현상 P가 발생할 수 있고, 그러한 법칙들을 정확하게 선택하지 못한다 하더라도 다른 어떤 방법보다 성공적으로 적용될 수 있다고 본다. 결국 경제학자들은 '왜' 설명의 인과적 이론에 만족하게 된다.[12] 우리는 여기서 경제학의 인과 설명과 계량경제학 간의 관계를 언급할 필요가 있다. 경제학의 '왜' 설명은 전형적인 인과 설명으로, 계량경제학자 간 대표 견해는 계량경제학이 인과 설명 제공에 무력하다는 것이다. 그러나 이 견해는 최근 도전을 받고 있다.

우드워드(J. Woodward)는 계량 기법이 어떤 형태의 인과 설명을 제시할 수 있다고 말한다. 회귀모델은 단일방정식이나 다중방정식을 불문하고 모두 자동 관계로 보고 단순한 경험 관계나 상관성에 반하는 자동

---

11 M. Scriven, "Explanation and Prediction in Evolutionary Theory", *Science* 130, 1959; R. Miller, *Fact and Method*, Princeton University Press, 1987.

12 우리는 토머스(C. Thomas)가 신고전파 미시경제 이론을 실제 경제에 적용한 예, 즉 1970년부터 1973년까지 미국에서 일어난 자전거 붐 설명을 예로 들 수 있다. 그때는 2,000-2,500만 대의 자전거가 판매됐으며, 그때 CRH 방법이 사용됐다. 다음으로 1940년대 대공황을 예로 들 수 있다. 테민(P. Temin)과 프리드먼(M. Friedman)은 당시 미국의 실업률이 25%로 올라가고 실제 GNP가 25% 하락했다고 말하면서 은행제도가 붕괴된 원인을 '통화가설(money hypothesis)'과 '지출가설(spending hypothesis)'을 사용해 설명한 바 있는데 역시 CRH 이론이 주효했다는 것이다.

관계를 설명한다고 생각한다. 물론 우드워드는 회귀모델을 자동 관계로 보면 과소결정(under determination) 문제가 생긴다는 것을 인정한다. 그래서 이런 문제를 다루기 위해서 계량경제학자들은 여러 가정, 특히 실제 계측되기 전에 그 모델에 포함되는 여러 변수가 인과적으로 연관되어 있다는 가정을 확실히 해 두고 가정의 인과 방향도 분명히 설정해야 한다고 말한다.

이런 입장을 더 분명히 하기 위해 우드워드는 예를 하나 들어 설명한다. 위의 논의를 '단일방정식 회귀모델'로 한정하고 피셔(I. Fisher)의 이자이론을 약간 변형하면 '피셔 가설'은 i국의 명목이자율이 실질이자율과 i국의 인플레이션율에 의해 결정된다(국가 간 자본이 자유롭게 이동한다고 가정하면 실질이자율은 모든 나라에 동일하다)는 것이다. 이 가설을 이용한 회귀모델은 다음과 같다.

$$r_i = a + bf_i + U_i$$

이때 r_i는 i국의 명목이자율, a는 실질이자율 r^n를 표현하는 파라미터, f_i는 i국의 인플레이션율, U_i는 오차항, b는 다른 파라미터다.[13] 그래서 우리는 a와 b를 최소자승법으로 1989년 미국·일본·프랑스·인도의 명목이자율과 인플레이션 관련 자료집을 사용해 a와 b를 계산한다. 거기서 다음과 같은 추정 모델을 갖게 됐다고 상정하자.

$$r_i = 5.0246 + 1.6722f_i + U_i$$

13 피셔의 가설에 따르면 b는 1과 같다. 물론 위의 방정식을 계량적으로 계측하면 반드시 1과 같지는 않다.

물론 계측 방법에 문제가 없는 건 아니지만 우드워드는 이 방정식이 (부분적이나마) 참된 변수 간 인과적 방법을 설명하고 있다고 자신한다. 그러나 후버(K. Hoover)는 이와 같은 우드워드의 주장을 비판한다. 회귀라는 것은 설명이 아니라 자료에 근거한 계측에 불과하다는 것이다. 회귀란 단순히 상관관계를 기술할 뿐이고, 잘됐다고 하더라도 설명에서 중요하다고 보이는 요인을 제시할 뿐이다. 그래서 회귀방정식은 어떤 종류의 인과 설명이 아니라 상관관계의 표현이나 서술에 불과하다는 것이다.

계량경제학 교재를 보면 흔히 계량 기법은 검증이나 확증에 사용될 수 있거나 불확증에 도움이 될 수 있다고 쓰여 있다. 그러나 경제학에서 인과 가설을 검증하기 위해 계량 기법이 유용한지는 회의적이다. 적어도 특별한 인과적 가설과 설명을 설정하기 위해서는 다른 경쟁 대안을 제시해야 한다. 계량 기법은 경쟁 가설을 성공적으로 제시하는 데 그리 유용하지 않다.

제4절

경제 원리의 예측 기능

경제 원리가 경제 현상 이해에 얼마나 도움이 되는가를 예측 가능성 측면에서 검토해 보자. 최근에 와서 로젠버그(A. Rosenberg)는 대단히 회의적인 입장을 취하면서 경제학은 예측 능력이 없기 때문에 과학이 아니라고 단언한 바 있다. 어떻게 해서 로젠버그는 경험과학이 예측성이 있다는 견해가 너무 과도하다는 결론에 도달했는가? 그는 『경제학: 수리정치학이냐, 수확체감 과학이냐』라는 책에서 경험과학에서의 지식이나 믿음은 예측성에 의존하는데 경제학이란 그런 예측성에 도달하지 못한다고 말한다.[14] 반대로 자연과학은 예측성이 높기 때문에 바른 지식이고 바른 믿음이라고 본다.

예측적 성공이 지식과 믿음의 경험과학이 갖는 최소한의 필요조건이라는 주장을 '예측적 경험주의(predictive empiricism)'라고 한다. 이것은 논리실증주의자들의 주장인데, 다른 경제학 방법론자들에게도 대단히 일반적이다.

---

14 A. Rosenberg, *Economic: Mathematical Politics or Science of Diminishing Returns?*, University of Chicago Press, 1992.

프리드먼도 1953년 저작에서 이론이란 결국 예측력에 의해 판정돼야 한다고 말한다.[15] 블로그도 1992년 저작에서 이론이 진실 되고 거짓이 아니라는 것을 알기 위한 유일한 방법은 이론에서 유도되는 행동과 상황 예측일 수밖에 없다고 말한다.[16]

과학을 경험과학과 동일하게 본다면 이들은 모두 예측 성공을 과학 지식의 필요조건이라고 간주하는 것이다. 그렇다면 무엇이 예측 성공인가? 로젠버그는 그 조건을 다음과 같이 명시한다.

이론 T는

A: 정확한 예측과 부정확한 예측 가운데 정확한 예측의 비율이 높다.

B: T의 예측은 정확하다.

C: T가 놀라울 정도로 새로운 예측을 제공한다.

이 정도면 이론 T는 예측에 성공했다고 말한다. 이때 예측 개선을 예측 성공과 같이 볼 수 있지만 로젠버그는 그 둘이 반드시 일치하는 것은 아니라고 말한다. 로젠버그의 전제는 결국 다음과 같다.

(P1) 과학 지식이라 할 수 있는 이론의 필요조건은 장기로 예측 개선을 보여 줘야 한다.

(P2) 1870년대 한계주의자 이래 특히 경제 이론은 예측 개선에 실패하고 있다.

---

15 M. Friedman, *Essays in Positive Economics*, University of Chicago Press, 1953.

16 M. Blaug, *The Methodology of Economics: Or How Economists Explain*, 2nd ed., Cambridge University Press, 1993.

로젠버그의 예측적 경험주의는 이론 T가 과학적으로 정당화된 믿음으로 간주되기 위해 T는 어느 정도 예측을 성공시켜야 한다고 본다. 그러나 이런 생각은 반드시 옳지만은 않다. 과학에서 경험 자료라는 것은 점진적으로 이론의 신뢰도를 높일 수 있을 뿐이다. 그런데 로젠버그가 경제학이 과학이 아니라고 하는 전제 (P2)는 경제학이 장기적으로 예측 개선을 이루지 못하고 있음을 말한다. 이 전제는 경제학이란 예측적 경험주의가 내세운 방법론을 충족시키지 못한다는 것이다. 로젠버그가 전제 (P2)를 정당화하는 근거는 다수의 저명한 경제학자들이 경제학의 예측 개선 결핍을 명시적 또는 암묵적으로 얘기하고 있다고 보기 때문이다.

로젠버그는 프리드먼도 경제학이 예측 개선에 실패하고 있다고 본 것으로 파악한다. 특히 신고전파 경제학이 개인의 경제적 선택 예측에 대단히 빈약하다는 것이다. 레온티에프도 경제학이 예측 개선에 취약함을 명언하고 있다. 레온티에프는 물론 경제 이론의 예측력에 진보가 전혀 없다고 말한 것은 아니지만, 특히 계량경제학이 예측 개선을 이루지 못하고 있다고 말한다. 물론 클라인(L. Klein)과 같이 반대하는 학자도 있지만 레온티에프는 로젠버그의 전제 (P2)에 대해서도 계량경제학이 약하다고 생각한다. 로젠버그는 전제 (P2)를 지지하는 또 다른 저명한 학자로 새뮤얼슨(P. Samuelson)을 든다. 새뮤얼슨은 경제학이란 포괄적 예측(generic prediction)을 넘어서지 못하고 있다고 주장한다. 물론 이런 주장에 찬반 논쟁이 있는데도 로젠버그는 여전히 프리드먼, 레온티에프, 새뮤얼슨의 주장에 호소한다.

그러나 로젠버그의 주장은 경제학이 예측 개선에 약하다는 것을 수사학적으로 분석할 때 돋보인다. 그는 어떤 이론이든 믿음이나 욕구 같은 의도된 개념으로 인간의 행태를 설명할 때 예측력은 회의적이 되지 않을 수 없다고 주장한다. 로젠버그는 심리학자가 상식과 인식론적 심리학을 연구할 때 의도된 변수 이해에 철학적으로 실패하면 이 때문에 경제 행동의 어떤 예측도 불가능하게 된다고 확신한다. 믿음과 욕구는 사회과학에서 인간 행동의 원인으로 본다. 이것을 바탕으로 과학적 주장을 유도하기는 거의 불가능하다는 것이다. 새뮤얼슨과 블로그 등은 경제학이 C 주장 내의 질적 또는 포괄적 예측을 넘어서지 못하고 있다고 본다.

로젠버그는 예측력 개선을 위해서 질적 예측을 양적 예측으로 보완해야 한다고 말한다. 즉 질적 예측을 양적 예측으로 대체하면 부정확한 예측을 더 자세한 예측으로 보완하게 된다고 믿는다.

그러나 질적 예측이 반드시 덜 자세한 것은 아니다. 로젠버그의 예로 수요·공급 함수가 다음과 같은 상품시장을 보자.

$$Q = a - bP \qquad a, b > 0 \qquad (1)$$

$$Q = -c + dP \qquad c, d > 0 \qquad (2)$$

내생 변수 P에 대해서는 다음 식이 유도된다.

$$P = (a + c) / (b + d) \qquad (3)$$

방정식 (3)은 파라미터 a, b, c, d의 함수인 P의 균형치를 표시한다. 간단히 연산하면 다음 (4)가 된다.

$$\frac{round\overline{P}}{roundc} = 1(b + d) \qquad (4)$$

(1)과 (2)의 파라미터 b 및 d의 부호에 있는 제약을 주어진 것으로 보면 곧 (5)를 얻게 된다.

$$\frac{round\bar{P}}{roundc} > 0 \qquad (5)$$

(5)는 로젠버그에게 질적·포괄적 예측의 경우로 보인다. 그는 우리가 자료를 시험할 수 있는 질적 예측은 경제 변수 값의 변화 부호가 정(+)이냐 부(-)이냐에 달려 있다고 한다. 그런데 (5)의 질적 예측은 과연 덜 자세한가? 직관적으로 말하면 (3)보다는 덜 자세하지만 언제나 그런 것만은 아니다.

로젠버그는 프리드먼, 레온티에프, 새뮤얼슨의 주장을 예로 들면서 경제학이 지난 1-2세기 동안 예측 개선을 하지 못했다고 주장하지만 반드시 그렇지만은 않다. 이들 경제학자들의 주장에 의존한 로젠버그는 경제학은 과학이 아니라는 회의적 결론에 관한 그의 주장 가운데 경제학이 (P2) 지지에 성공하지 못했음을 밝힐 뿐이다.

결론적으로 로젠버그의 설명은 다음과 같이 요약할 수 있다.

(R1) 경제학은 개인행동과 집합행동은 모두 의도된 상태에서 결과되는 것으로 본다. 특히 '선호'와 '기대'에서 결과 되는 것으로 본다. 즉 이들이 경제 이론의 설명 변수다.
(R2) 예측력 개선을 보이기 위해서는 법칙 방향으로 개선될 수 있는 어떤 일반화가 있어야 한다.
(R3) '선호'나 '기대'와 같이 의도된 개념을 사용해서는 어떠한 법칙이나 개선된 일반화를 구축할 수 없다.

위의 (R1)과 (R2)를 전제 (P2)에 대한 철학 이론이라고 보면 경제학이란 모두 예측이 개선되지 않고 있으며, 개선 가능성도 전혀 없다. 로젠버그의 눈으로 볼 때 과학법칙이란 예외 없이 '세테리스 파리부스'

문구로는 명시적으로나 암묵적으로 개선되지 않는 일반화가 된다.

결론적으로 경제학이 과학이냐 아니냐의 접근법은 경험과학이 충족시켜야 할 방법이나 기준, 즉 예측성을 제시하고 경제학이 이 기준에 맞는가를 결정하는 것인데, 로젠버그는 이 접근법을 경제학에 적용하면서 경제학은 실패했다고 말한다. 그러나 이런 주장에는 여러 반론도 있다. 이 책은 경제학이 과학이냐 아니냐(예측력 여부)에 대해 로젠버그를 넘어 더 심층적(철학적)으로 분석할 필요가 있음에 주목한다.

위의 논의를 요약하면 원리의 기능은 추상의 정도, 원리의 종류와 성격에 따라 여러 가지로 나타난다. 양극 가운데 완전형식화 때는 통제와 예측을 기대한다. 다른 극인 사회·인성 추구는 해석과 이해, 그 중간에는 설명으로 각각 나타난다. 법칙은 예측 기능이 있는 반면에 이론·모델·가설은 주로 설명·이해·해석 기능을 각각 지닌다는 것이다.

제7장

경제 원리는 진보하는가?

제1절

진보 개념

우리는 제4장에서 경제 원리가 어떻게 발견되는지를 살펴봤다. 그러면 이 장에서는 경제 원리가 어떻게 진보되는지, 또 현재 어디까지 와 있는지를 살펴보자. 과연 경제학이 진보하고 있는지, 특히 현대 미시·거시 경제 이론이 형식화·수학화·정책화되는 등 새로운 패러다임이 등장했는데 과연 이런 현상이 바람직한 진보인지도 알아보기로 한다.[1]

전통경제학 내에서 현대 경제학은 철학, 정치학, 사회학, 인문학 등과 달리 분석 기법에서 특히 크게 진보했다고 본다. 특히 경제 이론의 수학화와 계량경제학의 발달은 눈부시다. 그런데 이런 분야에서도 진보 개념은 많이 논의되지 않았다. 하나의 예외는 블로그(M. Blaug)이다. 그는 이론적 진보를 발견적 진보(heuristic progress), 즉 개념적 투명성과 분석적 혁신으로 본다. 이 책에서는 블로그에 따라 경제학 연구방법론의 경우 한편으로 경제학의 진보에 기여할 수 있고, 그 진보의 성격을 규

1 경제학의 문맥 가운데 '진실(truth)'과 '진보(progress)'는 그리 매력적인 개념이 아니었다. 1960년대 케인스 경제학이 번영의 관건이라 믿었을 때와 달리 지금은 경제학의 전망을 그리 낙관하지 않고 있다.

명하기 위해 등장하는 흥미 있고 중요한 과제를 해결할 수 있는 방법에 근접할 수 있다고 본다. 그러나 근본적으로는 진리근사성(verisimilitude)에 가까워질 뿐 원리와 현실의 간극을 영원히 메울 수 없다는 입장을 취한다.

블로그는 '진보'를 증가된 합의, 진실에의 근사성,[2] 신뢰할 만한 지식의 증대, 설명력 강화로 정의한다.[3] 이러한 정의는 진보를 '개선'으로 해석하는 것이다. 블리스(C. J. Bliss)는 '진보 경향'은 과거로 퇴보하지 않고 열역학에서의 원리와 같이 어떤 원리에 따라 앞으로 나아가는 것으로 봤다.[4]

---

2 실재주의는 우리가 알 수 있는 '독립적 실재'가 있다고 가정한다. 따라서 진보란 이론과 실재 간 상응성을 증가시킨다는 의미에서 세상에 대한 진실성을 발견하는 것이라 본다.

3 M. Blaug, *The Methodology of Economics: Or How Economists Explain*, 2nd ed., Cambridge University Press, 1993.

4 C. J. Bliss, "Progress in Economic Science", in M. Baranzini and R. Seazzieri (eds.), *Foundations of Economics*, Basil Blackwell, 1986.

제2절

이론적 진보와 경험적 진보

1. 이론적 진보

경제 이론에서 지난 반세기 동안 증가한 정교성, 점차 넓어진 함의 영역, 더 일반화된 가정 등 적어도 세 가지의 분명한 진보가 있었다고 말하는 학자들이 있다. 이는 경제 이론의 '세련화'라 볼 수 있다. 그러나 이론이 어떻게 진보했으며, 경제 이론의 성격에 일어난 어떤 변화를 말하는지는 분명치 않다. 그래서 우리는 다음의 다섯 가지를 '이론적 진보'라 정의한다.

1) 형식적 · 수학적 분석의 진보

이러한 견해는 드브뢰(G. Debreu)가 대변한다.[5] 그는 경제 이론의 수식화가 이론의 논리적 오차를 찾아내고, 분석을 더 논리적으로 공고히 함으로써 이론 구축을 더 빠르게 하는 데 기여했으며, 연구자들이 그동안

5 G. Debreu, *The Theory of Value: An Axiomatic Analysis of Economic Equilibrium*, Yale University Press, 1959; G. Debreu, "Theoretic Models: Mathematical Formalism and Economic Content", *Econometrica* 54(6), 1986.

쌓아 올린 작업 위에서 이론과 수학 발전 과정을 가속화시켰다고 말한다. 이른바 응용수학자에 속하는 이들 경제학자는 더 '약한 가정'을 끊임없이 찾고, 더 강한 결론과 더 넓은 일반화를 추구하는데, 수학 형식이 이런 요구에 부합한다. 즉 이들은 '수학적 불가피성의 자동화'를 강조한다. 그러나 '더 넓은 일반성'과 '더 깊은 단순성'을 추구하기 때문에 결국은 현실과 점차 멀어지게 되고, 더 심각한 '추상'과 '가상'으로 나아가게 되어 결국 붕괴하고 만다.

2) 점차 더 실제적인 모델로의 연쇄 이론

코프만스(T. C. Koopmans)는 경제 이론을 "복잡한 실제의 여러 측면을 단순화한 형태로 표현하는 개념 모델의 연쇄"로 파악한다.[6] 처음에는 '고립' 형식을 띠다가 점차 실제주의로 나아간다고 보지만, 이런 생각을 비판하는 사람들도 있다. 즉 이론은 끝까지 비실제로 남아 있고, 모델도 비현실이라는 것이다. 더 근본적으로 이런 과정은 더 실제적인 모델이 무엇과 같은지를 알고 있다고 미리 가정하지만 사실은 이론이 비판에 반응해 다른 이론으로부터 전개되는 과정이 무시된다는 것이다.

3) 이론이 더욱 '그럴듯하게' 되는 것

해밍거(B. Hamminga)는 올린-새뮤얼슨(Ohlin-Samuelson)의 무역 이론을 예로 들면서 경제 이론 발전의 네 단계를 다음과 같이 분명히 한다.[7]

① 영역 확장: 예컨대 n국, m상품 수 증가

② 조건 완화: 예컨대 생산 및 효용함수 형태의 제약 조건 완화와

---

6 T. C. Koopmans, "Identification Problems in Economic Model Construction", *Econometrica* 17, 1949.

7 B. Hamminga, *Neoclassical Theory Structure and Theory Development*, Springer, 1983.

요소 부존 영역 확대

③ 조건에 대한 조건 유도: 예컨대 나라는 특화되지 않는다는 가정 대신 그렇게 하지 않도록 생산함수에 제약을 가하는 것 등

④ 다른 조건의 유도: 예컨대 전의 조건보다 더 강하거나 약하지 않은 조건을 유도하는 것

이런 전략으로 경제 정리(theorem)의 '그럴듯함'을 증가시켜야 한다고 말한다. '그럴듯함'이란 '이론이 참된 확률'로 정의된다. 해밍거의 이론적 진보란 '증가된 그럴듯함'이라는 주장은 ① 증가된 일반 개념을 분명히 하고, ② 우리가 확실히 알고 있고 이론의 실제성 판단에 사용할 수 있는 경제 자료가 있다는 가정에 의존하지 않으며, ③ 강조점이 '진실'이 아니라 '그럴듯함'에 있다는 것이다. 그런데 문제는 해밍거가 말하는 '그럴듯함'의 정의가 이론이 참이라는 확률적 의미에서만 설명될 수 있고, 실제 세계는 이론이 서술하는 가능한 세계의 하나라는 점이다. 이것은 비실제적 가정이 다른 변화(예: 무역 모델에서 상품 수 증가)의 도입 없이 완화되거나 제거될 때 유용한 기준이 될 수 있지만 대개의 경우 응용하기 어려운 면이 있다.

요약하면 해밍거의 생각은 대단히 좁게 정의된 연구 프로그램에서 사용될 수 있는 것이지, 경제학 이론의 진보를 시험하는 문제에 해답을 제공해 주지는 않는다. 만일 이론화의 목적이 설명이라면 이론적 진보의 존재는 이론화를 이끌거나 제약하는, 충분히 믿을 만한 '사실의 집적'에 달려 있다. 따라서 이론적 진보는 경험적 진보를 필요로 한다.

4) 라카토스의 연구 프로그램에 따르는 것

경제 이론의 진보를 보는 다른 한 가지 방법은 라카토스(I. Lakatos)의 연구 프로그램 입장에서 보는 것이다. 경제학에 가장 잘 들어맞는 프로그

램은 신(新)발라 프로그램 등이다. 그러나 라카토스적 분석은 이론의 정당화를 새로운 사실의 예측에 두기 때문에 이론적 진보도 좁은 의미로 정의된다.

5) '비형식적 수학(informal mathematics)'의 진보

현대 경제 이론은 수학적이며, 순수 수학의 한 분야다. 어떤 때는 이론이 수학에 언급되지 않은 채 표현될 수도 있지만 보통은 수학 모델을 사용해 표현되고 진보한다. 즉 로젠버그의 말과 같이 경제 이론의 진보는 수학으로 이론을 이해하는 데서 비롯된다. 이의 대안은 수학을 비형식적으로 보는 것이다. 비형식적 수학의 탐구는 경제 이론을 보는 한 가지 길을 제공한다. 비형식적 수학은 경제학 내에서 이론적 진보의 성격을 잘 설명해 준다. 예컨대 '보이지 않는 손'이라는 스미스의 정리는 다음과 같이 세련될 수 있다.

① 개인이 자신의 이기심을 충족시키면 그들이 의도한 것보다 더 큰 사회 이익을 거둔다(스미스).
② '자유경쟁' 아래에서는 소비자 공동체의 정의에 맞게 그들의 욕구를 최대한으로 만족시킬 수 있다(발라).
③ "다른 사람을 더 나쁘게 하지 않고서는 더 잘될 수 없다"는 후생경제학의 최적화를 위한 필요조건을 유도한다(베르그송-새뮤얼슨).
④ 경쟁적 균형은 파레토 효율이며, 파레토 효율의 균형은 경쟁적 균형으로 달성될 수 있다(애로-드브뢰).

2. 경험적 진보

경험적 진보는 경험적 일반화의 수와 질 증가, 예측과 확증 성공률 증대, 새로운 사실의 성공 예측, 개선된 문제해결능력 등으로 정의된다. 이 가운데 '새로운 사실(novel facts)'은 다음과 같이 정의된다.

① 엄격한 현재의 새로움: 이론이 제의됐을 때는 모르고 있던 사실
② 발견적 새로움: 이론 구축 때 사용되지 않은 사실
③ 배경 이론과 관련된 새로움: 가장 우수한 기존 이론으로도 예측되지 않은 사실
④ 배경 이론의 새로움: 기존 이론이 말하지 않은 사실
⑤ 개인에 관한 한시적 새로움: 이론 구축 때 그런 이론을 구축한 사람에게 알려지지 않은 사실
⑥ 설계에 관한 새로움: 이론이 설명을 위해 설계되지 않은 사실

그렇다면 진보의 끝은 진실과 이어질 수 있을까? 즉 원리와 현실의 간극이 메워질 수 있을까? 이론적·경험적 진보 개념으로 보면 경제학이나 어떤 학문도 완전히 안전하고 의심할 여지조차 없는 기반 위에서 '참된 지식'을 제공할 수 없다. 특히 이론이 절대적 의미에서 참이거나 거짓이라고 판단할 수 있는 '신의 눈'과 같은 외부 표준도 있을 수 없다. 그러나 이론을 판단할 수 있는 표준이 없다고 단정해서는 안 된다. 경제학자들은 경제 현상에 관해 의미 있는 이론과 분석 방법을 찾고 있다. 즉 설득력 있게 경제 현상을 설명하거나, 가능한 한 더 정확히 예측하거나, 정책 결정자에게 그들의 목적 달성에 도움이 되는 조언을 제공하는 것 등이다. 요약하면 그들은 '실제적으로 유효한 이론'을 찾고 있다.

경제 현실이 본질적으로 복잡하고 불확실하다 해도, 경제 원리의

모습이 가변적이고, 그 성격이 다양하고 다의적이라 해도 경제 원리는 현실과의 간극을 메우는 방향으로 한 걸음씩 진보하고 있고, 또 진보해야 한다. 진실이란 개념이 모호하고 현실이 너무 복잡해서 경제 지식이 참 또는 거짓이라고 말할 수 없다 해도 경제학은 진보라는 방향으로 나아갈 수 있고, 변증법적으로 진행하다가 결국 '진리근사성'까지는 이를 수 있을 것이다. 물론 이런 원리, 이런 이론은 경제 현실에 맞는 경험적 바탕이 있어야 한다. 이것은 실증주의자나 실용주의자 모두 마찬가지다.

제8장

물처럼 흐르는 경제 원리:

열 가지 사례 평가

제1절

경제 원리의 평가 기준

자연과 사회·인성에는 원리가 언제나, 어디에나 존재한다. 자연에는 자연법칙이 적용되고, 사회·인성에는 자연법칙과 함께 사회·인성 원리가 적용된다. 이 장에서는 경제 원리가 실제로 어떤 모습과 내용을 담고 있는지 몇 가지 실례를 들어 분석 및 평가하고자 한다. 여기서 유의할 점은 다음과 같다.

① 경제 현실에는 자연 요인과 사회·인성 요인이 공존한다. 주류 경제학, 특히 현대의 형식적 모델링 기법은 자연 원리의 자연법칙관을 그대로 적용한다. 마르크스는 유물론에 따라 자연 요인이 지배적이라 했지만 이 책에서는 특히 21세기에 들어선 지금은 경제 원리에 인성 요인이 가치 창출에 점차 더 중요한 역할을 한다는 사실을 지적한다.

② 이 책에서 실례로 든 여러 경제 원리들은 비교적 '바르고(correct) 좋고(good) 옳은(right) 경제 원리'로 평가된다. 그러나 그렇지 못한 경제 원리도 경제학 교과서나 경제 전문 저널에서 많이 찾아볼 수 있고, 그중에는 '가상'에 빠진 경우도 많다. 가상에 빠진 경

제 원리는 지나칠 경우 '장난감 경제'(소설, 영화, 애니메이션 등)에 불과하다.[1]

③ 이 책에 수록된 경제 원리들은 대부분 이 책의 주장에 합당하고, 특히 경제학자들이 지난 100여 년 동안 발견한 중핵(中核)적인 경제 원리 사례들이다.

경제 원리의 실례를 구체적으로 분석, 평가하기 전에 먼저 원리 평가의 일반 기준을 살펴보면 다음과 같다.

1. 원리의 뜻에 따른 평가 기준

우리는 앞에서 경제 원리는 복잡한 경제 현실을 추상화 또는 단순화한 뒤 이것을 다시 귀납적으로 검증 또는 반증하고, 여기서 우연하게 한두 번 일어나는 것이 아니라 반복해서 규칙적으로 일어나는 큰 흐름, 경향, 추세, 패턴, 가설, 모델, 개념, 이론, 법칙 등 보편언명을 찾아냄으로써 경제 원리를 발견할 수 있다고 말했다. 이 가운데에서도 경제 현실의 바탕 또는 원동력이 되는 원리를 축으로 하여 경제가 작동되는 것을 '중핵'이라고 했다. 우리는 이런 보편언명을 바탕으로 경제 현실을 해석·이해·설명·예측하고 자원의 효율 배분, 경제의 운동법칙 해명, 경제 발전 등을 가능하게 할 수 있다고 풀이했다. 그래서 이런 원리의 뜻과 내용에 맞는 것을 경제 원리로 평가할 수 있다.

---

1 한 예로 2008년 파생금융 상품의 가치를 평가하는 기법 연구로 1997년에 머턴(R. C. Merton)과 숄스(M. Scholes)에게 노벨경제학상을 수여했다가 2008년 금융위기가 발발하자 급기야 이를 비판한 크루그먼(P. Krugman)에게도 2008년에 같은 노벨경제학상을 준 황당한 사례가 있었다.

2. 원리의 성격에 따른 평가 기준

다음과 같은 원리의 성격에 맞는 것을 경제 원리로 평가할 수 있다. 즉 ① 경제 원리는 경제 현실 안에 언제, 어디서나 존재하며 발견되며, 작위로 발명되는 것이 아니다. ② 경제 원리는 현실의 단면을 표현(대표)하며, 현실(여건)이 변화하면 그에 따라 변한다. ③ 경제 원리는 시각(경제 학설), 목적, 시간, 장소 등에 따라 모습을 달리한다. ④ 경제에 관한 어떤 글이나 말도 '사실(fact)'과 원리로 짜여 있다. 이런 경제 원리는 '양날의 칼'로, 완전성을 띠지 못한다. ⑤ 경제 원리는 종교, 정치, 사회, 문화, 생활 등에 내재하는 다른 원리와 중층 또는 중첩 관계로 엮여 있다.

3. 라카토스의 평가 기준

과학 진보의 본질에 관한 라카토스의 과학적 연구 프로그램론의 통찰은 경제학을 판단할 수 있는 하나의 기준을 제시할 수 있을지도 모른다. 경제학 내에서는 서로 경합하는 여러 개의 과학적 연구 프로그램이 있다. 예컨대 공정가격과 중상주의, 과소소비설과 유효수요부족론, 자연가격과 비교생산비설, 한계효용과 균형이론 등이 모두 경합하는 중핵 원리다. 이 가운데 어떤 것이 바람직한 원리가 될까?

4. 그 밖의 평가 기준

이 외에도 [표 8-1]과 같은 평가 기준을 들 수 있다.

[표 8-1] 그 밖의 평가 기준

구축 시	결과	경제학자
과학성(수학 등)	가상 추구	드브뢰, 애로 등 현대 형식적 모델링 기법의 주류 경제학자들
연역 + 통찰, 직관	법칙 추구	리카도
논리 · 비수학적	세테리스 파리부스로 이론의 정교성 추구	마셜
종합 · 변증적 (논리 + 통찰, 직관)	법칙, 이론, 정책 추구	스미스, 마르크스, 케인스

5. '물처럼 흐른다'는 평가 기준

위에서 경제 원리의 네 가지 평가 기준을 소개했지만 '물처럼 흐른다'는 평가 기준이 가장 포괄적·심층적·현실적이다. 제4장에서 원리와 경제 원리는 다 같이 물처럼 흐름을 상술한 바 있는데 경제 원리도 이 기준에 따라 평가하는 것이 적절하다고 생각된다.

경제 원리가 물처럼 흐른다는 것은 '물 = 생명 = 근원 = 실재 = 선(善) = 도(道) = 원리'라는 큰 틀 안에서 설명될 수 있다. 『도덕경』에서 노자는 물의 특성을 만물을 이롭게 하고, 다투지 않으며, 가장 낮은 곳에 처한다는 것으로 집약한다. 물이 만물을 이롭게 한다는 것은 물을 생명수 또는 생수로 여긴다는 뜻으로, 새 영(靈)과 새 마음을 가져 굳은 마음이 없어지고 부드러운 마음이 생긴다는 것이다. 물의 존재 방식으로는 낮은 곳을 향해 자신을 낮추면서 흐르고, 부드럽고 여리지만 단단하고 힘센 것을 물리친다고 말한다. 물은 바위도 뚫고, 큰 배도 들어 올리고, 산도 옮기고, 쇠도 녹이고, 더러운 곳을 깨끗이 하고, 아무리 딱딱한 곳이라도 스며들고, 자신을 낮추고 희생을 하면서도 결국은 자신도 살고 남도 살린다고 말한다. 『도덕경』 제76장에서는 모든 생명체가 살아 있을 때는 부드럽고 약하지만 죽으면 단단하고 굳어진다고 말한다. 딱딱하고 뻣뻣한 것은 죽음의 원리이며, 부드럽고 약한 것은 생명의 원리라는 것이다.

손자는 "물이란 일정한 형태가 없다. 한없이 약하기도 하며, 때론 한없이 강하기도 하다. 그래서 물처럼 상황에 따라 변할 수 있는 유연한 마음과 태도가 있어야만 끝없는 변화 가운데서 균형을 잡을 수 있고, 전쟁에서도 이길 수 있다. 이것이 '병형상수(兵形象水)'이다. 물이 강에 이르면 흐름이 거세지고, 계곡을 만나고 댐에 갇히기도 하며, 또 거센 바람에 격랑이 되기도 한다. 그런데도 이들 모두 큰 강으로, 더 넓은 바다에 이른다"고 말한다.

사마천은 『사기』 「화식열전」에서 그 당시 중국 봉건 농촌 사회에서도 생산, 유통, 분업, 소비, 물가, 직업, 시장 등을 언급하면서 "이는 마치 물이 낮은 곳으로 흐르는 것과 같아 밤낮으로 멈추는 때가 없다. 부르지 않아도 스스로 모여들고, 억지로 구하지 않아도 백성들은 스스로 물품을 만들어 낸다. 이것이 어찌 도(원리)에 부합돼 저절로 그렇게 되는 징험이 아니겠는가?"라고 말했다. 이 얼마나 생생한 표현인가?

우리는 이 책에서 경제 원리가 물처럼 흐른다는 것을 경제 원리의 현실성·연기성·가변성·다양성과 다의성·불완전성을 들어 설명하고 경제학에서의 예를 들어 상술했다. 경제 원리의 현실성은 연기성과 가변성, 경제 원리의 복잡성·유연성·가변성은 생동성·가동성·상대성·다의성으로 각각 이어져서 결국 불완전성과 간극성으로 연결된다. 이런 경제학적 설명은 노자나 손자의 언급과 일맥상통하는 것이다.

이 가운데 경제 원리와 연관된 예로 두 가지만 들어 보자. 물은 그 자체로 형상이 없다가도 곳에 따라 모습이 달라지고, 가는 곳에 따라 그곳의 세상을 이롭게 한다는 특성이 있는데 경제 원리도 마찬가지다.

원리 또는 지식은 그 구성 요인을 택할 때 모두 다 갖추기는 불가능하며(불완전성), 중요하다고 생각하는 가치에 따라 필수 요소들을 택해서 자신의 원리 체계를 구성해 경제를 이롭게 한다. 스미스, 마르크스, 케인스 등 여러 경제학자들도 다 마찬가지다(제5장 2-4절 참조).

경제 원리가 물처럼 흐른다는 명제는 지식 효용의 관점에서도 설명할 수 있다. 물이나 경제 원리는 똑같이 특수성과 부분성을 나타내지만 어디에서나 적용될 수 있다는 보편성도 동시에 지닌다. 물의 특성상 가는 곳마다 폐기되는 부분과 합류되는 부분이 끝없이 생성·소멸·변동하는데, 과거의 물은 오늘날의 공간에 그대로 담길 수 있지만 그 가운데 이미 버려진 것도 있고 증발된 것도 있다. 오늘날의 공간에 담길 필요가 없는 부분은 폐기된다. 이와 마찬가지로 원리도 영원히 유용하지 못하며, 언젠가는 무용해지기 마련이다. 겉으로는 서로 비슷해 보이지만 한 곳에서 유용하던 원리가 다른 곳에서는 전혀 그렇지 않게 되는 경우가 허다하다.

예컨대 스미스의 자유무역론은 영국의 입장에서 타당하지만 리스트(F. List)가 살고 있던 시절의 독일과 같은 후발국에는 맞지 않았다. 리카도의 지대론은 지금도 타당하지만 그 안의 투하노동가치론은 현재 맞지 않는 이론이 되고 있다. 수리 모델도 마찬가지다. 공장에서 생산·관리할 때 한계 원리에 따라 최적 생산량을 개선할 필요가 있는 부분도 물론 있지만 이것을 다른 사회와 시장 영역으로 그대로 확장시키려 하면 안 된다. 마치 한곳에서 일정한 형태를 취하고 있던 물이 다른 곳으로 가면 그 형태를 바꾸는 것과 똑같은 이치다.

경제 원리도 경제를 이롭게 한다. 다투지 않으며, 아무리 어려운 곳이라 하더라도 스며들고, 뻣뻣하거나 강고하지 않다. 일정한 형태가 없고, 약하게도 되며 때로는 한없이 강하기도 하다. 상황에 따라 변할 수도 있고, 물과 같이 격랑이 되면서도 강을 거쳐서 넓은 바다로 흘러가는 것과 같이 경제 원리도 불완전하면서 작은 경제 원리와 큰 경제 원리가 서로 조화를 이루며 하나로 합쳐진다. 경제 원리의 불완전성·다양성·다의성, 나아가 연기성과 가변성 등 경제철학적 표현은 물의 철학적 표현과 일맥상통한다.

부부 관계와도 연관된 비교우위론, 직업·계층과도 연관된 차액지대론, 금융에 관한 화폐수량설과 통화주의를 비롯해 요즘의 양적완화론 등은 불완전성·연기성·다양성·다의성을 잘 보여 준다. 그리고 통화에 관한 그레셤 법칙, 소비에 관한 엥겔 법칙, 임금에 관한 임금철칙설 등도 원리의 다양성·다의성·불완전성·연기성을 잘 표현하고 있다. 즉 위에 예시한 경제 원리 모두 물의 특성을 그대로 지닌다. 이와 같이 크고 작은, 강하고 약한 원리는 각자 다른 모습을 띠면서도 모두 함께 흘러간다. 서로 연기되고 변화하면서 흐르고 또 서로 이어져서 경제 현실을 반영한다. 제2절에서 살펴볼 열 가지 경제 원리와 이 책에서 예시한 다른 많은 경제 원리는 물과 같은 특성을 지니고 있다.

제2절

경제 원리의 사례 평가

이 책에서 다루는 원리는 주로 법칙, 이론, 모델, 개념을 뜻한다. 그러나 일반적으로는 흐름, 경향, 추세, 규칙, 패턴 등도 모두 포함하는 넓은 뜻으로 해석한다. 무수히 많은 경제 원리 가운데 앞에서 살펴본 기준에 따라 지금까지 경제학자들이 제시한 다음과 같은 중핵(中核)적 경제 원리를 하나씩 평가해 보자.

- 완전경쟁시장이론
- 수요·공급과 가격결정이론
- 일물일가(一物一價) 법칙과 주식가격결정론
- 엥겔 법칙과 S-커브, 로스토, 벨, 갤브레이스 이론
- 루이스 모델과 리카도, 맬서스, 마르크스, 임금철칙설
- 화폐수량설과 통화주의, 케인스 이론, 양적 완화
- 그레셤 법칙
- 차액지대설(差額地代說)
- 비교우위론(比較優位論)
- 의리양전(義利兩全)

물론 이 밖에도 많은 중핵 원리가 있음은 여러 번 언급한 바와 같다. 라카토스와 브론펜브레너는 발라류의 현대 경제학, 마르크스 경제학, 케인스 경제학을 서로 경합하는 대형 과학적 연구 프로그램이라 하고, 또 그 안에 서로 경합하는 여러 개의 소형 연구 프로그램이 있다고 본다. 즉 공정가격과 중상주의, 맬서스의 공황론, 룩셈부르크의 과소소비설, 칼레츠키와 케인스의 일반적 과잉생산 또는 유효수요 부족, 중농주의, 노동가치설, 자연가격, 비교생산비설, 한계효용과 균형이론, 인적자본론 등이 그것이다. 이런 주장을 인정하는 경우 이들 중핵 이론(원리) 안에 서로 또 작은 이론들이 있고, 이들 역시 흥미 있는 평가 대상이 될 수 있다.

1. 완전경쟁시장이론

완전경쟁시장이론은 현대 주류 경제학의 원리 가운데 중심 이론이다.[2] 경제학 교과서 내의 '완전시장'이란 상품 등 자본시장에 완전경쟁이 존재하고 효율적 정보, 합리적 인간 등 여러 가정을 충족한 시장을 지칭한다. 나아가 자본시장에 거래비용, 세금, 자산분할 가능성과 규제 등 장애요인이 존재하지 않는 시장을 뜻한다.

완전시장의 성립 조건은 ① 동질의 많은 상품을 사고파는 사람이 많아 누구도 상품 가격에 영향을 미칠 수 없을 것, ② 모두 완전정보를

2 이와 관련된 여러 개념 또는 이론인 균형가격, 효용극대화, 무차별곡선이론, 한계생산, 기업의 이윤 극대화 조건, 단기균형, 순수익 균등 가설, IS-LM 곡선 등은 대부분 완전형식화 이론에 근접된 것이다. 그러나 이들 대부분은 가상현실을 추구하거나 변화하는 경제 현실을 있는 그대로 반영 또는 대표하지 않기 때문에 이 책의 기준에는 맞지 않다.

가지며 무차별적일 것, ③ 생산 요소의 완전 가동성, ④ 신규 기업이 기존 기업과 동일한 비용으로 시장 진입이 가능해야 한다는 것 등이다. 완전시장에 불완전경쟁, 정보의 비대칭, 합리적 무시 등이 있을 때는 시장이 실패하게 된다.

현대 주류 경제학은 이런 조건 모두를 경제학 연구 대상으로 삼으려 한다. 그러나 이들 또한 여러 다른 조건과 가정을 성립 조건으로 하며, 이러한 조건 설정과 가정이 비현실적일 때 올바른 경제 원리가 될 수 없다. 또 완전시장의 여러 조건 또는 가정을 하나씩 완화해서 과학성을 유지하려 하지만 이들 역시 다음과 같은 여러 비현실적 가정을 바탕으로 한다. 즉 ① 가격차별화(시장이 구별되고, 시장 간 상품의 전매 비용이 시장 간 가격차보다 클 것), ② 외부효과(외부 경제와 외부 비경제 등 계측 가능), ③ 정보의 비대칭(주가의 희소성, 합리적 무시) 등 비계측적·심리적·정치적·사회적 요인의 개입을 무시한다는 가정을 둔다. 이 모두 결과적으로 현실과 다른 가상을 추구하는 것들이다.

2. 수요·공급과 가격결정이론

시장에서 재화를 거래할 때 수요자와 공급자의 '힘'에 의해 가격이 결정된다는 수요·공급 원리는 재화만이 아니라 다른 분야에서도 근본이 되는 경제 원리이며, 우주와 인간생활에서 가장 기본이 되는 중핵 가운데 하나다. 스미스의 『국부론』은 물론 『사기』「화식열전」에서 옛 중국 봉건 농촌 사회에서도 수요가 많으면 값이 오르고 공급이 많으면 값이 내림을 분명히 설파하고 있다. 이는 동서고금의 진리인 셈이다. 이 원리가 없으면 경제학은 존립할 수 없다.

가격 결정의 근본 요인은 결국 재화의 가치이며, 이 가치는 효용

가치와 노동가치로 나뉜다는 것이 경제 원론이다. 효용가치론은 소비자 만족도, 노동가치론은 노동 가운데 인건비를 각각 중시한다. 영국 산업혁명 이후 공급이 중시될 때는 노동가치설, 그 이후 발라나 멩거 및 제번스의 시대와 같이 공급이 늘고 소비가 중시될 때는 한계효용이론, 그 뒤 영국 자본주의가 성숙했을 때는 마셜의 절충설이 각각 힘을 얻게 됐다.

경제학에서 가장 중요하고 보편적인 수요·공급 이론도 경쟁재화시장에 관한 것이다. 현대와 같이 독과점시장, 노동시장, 자본시장, 주식시장, 토지시장, 부동산시장, 예술시장, 정보시장, IT시장, 지식시장 등이 발달했을 때는 각 시장의 특성에 따라 수요·공급 곡선이 다르게 나타나며, 가격도 각기 다른 요인에 의해 결정된다. 즉 원리 내용이 수정된다는 것이다.

3. 일물일가(一物一價) 법칙과 주식가격결정론

가격결정이론은 '일물일가 법칙'으로 귀결된다. 스미스는 한 시장에서는 한 가격만이 존재하고, 한 가격이 있을 때는 한 시장만이 존재하며, 그 당시 경제 발전의 중핵인 노동분업은 시장의 크기에 따라 결정된다고 봤다. 그러나 요즘은 재화시장만 있는 게 아니라 서비스·화폐·자본·노동·토지·아이디어·정보·지식 시장까지 있다. 나아가 시장의 크기는 거리, 무지(ignorance), 취향, 공공재, 정부의 간섭, 지식 확산까지 감안해야만 한다. 관세, 보조금 지급, 무역 제한, 경제 통합, 2차 시장, 중재, 국지 지식(local knowledge), 해외 직접투자, 최적경제지역(optimum economic area)까지도 원리 구축에 감안해야 한다. 이와 같이 일물일가 법칙은 어디서나 무조건 적용되는 만고의 진리가 아니라 특정 시기, 특정 장소에 해당하는 원리다. 따라서 분석 도구도 달라지며, 한 가지만이 아니라 여러 분석 기법의 조합이 필요하게 된다.

주식시장의 예는 가격 결정의 일반론이 얼마나 취약한지를 단적으로 보여 준다. 한 국내 언론 보도에 따르면 워렌 버핏(Warren Buffett)은 한국 내 투자 종목 선별(가격 결정의 중요 변수 선택) 기준으로 내재 가치 대비 저평가 정도, 안정된 이익을 올리면서 시장 지배력이 강한 기업, 경영진 평가 등 질적 요소를 들었으나,[3] 이들만이 가장 중요한 변수인지는 의문이다. 또 다른 중요 변수인 국내 유동성(통화량), 금리, 환율, 경기, 부동산, 외국인 매수, 유가, 자원 개발, 루머, 정부 정책, 해외 주식 상황 같은 변수의 중요도에 대한 아무런 설명이 없다.

같은 날짜의 다른 보도는 한국의 10년 투자 유망 종목을 거르는 비법(변수 선택)으로 ① 중년 인구가 주가를 올린다, ② GDP 대비 소비 비중에 주목하라, ③ 대만의 역설을 피하라 등을 든다.[4] 특히 40-50대 중년층 인구 증가에 따른 트렌드를 읽어야 한다면서 다른 변수를 들고 있다. 40-50대는 경제적으로 여유가 있고 건강에 신경을 쓰기 때문에 여유 자금이 은행과 증권사로 몰리고 건강관리시장이 커질 수밖에 없다는 것이다. 미국, 일본 등은 1인당 국민소득이 1만 달러에서 2만 달러로 넘어가는 시점을 전후한 10년간 주가가 10배씩 올랐는데 우리나라 GDP 대비 소비 비중은 50%로 미국과 일본의 1960-1970년대에 비해 낮은 수준이다. 그러나 대만은 같은 기간 중산층이 늘고 소득도 증대됐지만 국내 정치 혼란 때문에 소비가 줄고 주가가 급락했다는 것이다.

이 두 주장은 요즘의 세계 경제와 한국 경제, 특히 주식시장의 특징을 전혀 모르고 있거나 중요 변수와 중핵의 선택에 너무 자의적인 판단

---

3 『조선일보』 2007. 5. 6.
4 『한국경제신문』 2007. 5. 6.

이 개입된 것은 아닌가 하는 의문이 든다. 이런 주장을 그대로 믿고 주식이나 펀드 등을 샀다가 망한 개미투자자가 얼마나 많은가. 왜냐하면 위의 주식 가격 결정 요인에 변수 선택의 '복잡성'과 '다양성'이 무시돼 있기 때문이다. 요즘 국내외 주식시장에서는 이들 변수가 국제 금융위기의 본질과도 직결되고 있다. 또 수출, 수입, 외자 도입, 외화보유액, 물가, 환율, 금리, 부동산, 원가, 조세, 구제금융, 구조조정, 노조 시위, 정부 정책 방향, 정부 인사 발표는 물론 이제는 국민 여론, 사회 불안, 선거 등 정치·사회·문화·종교에까지 예민하게 반응하고 있음은 주지의 사실이다. 중요 변수 선택이 얼마나 어려우며, 여기에 통찰력과 직관, 경험 등이 중요한 이유다.

4. 엥겔 법칙과 S-커브, 로스토, 벨, 갤브레이스 이론

독일 출신 통계학자 엥겔(E. Engel)은 가계 예산 연구에서 소득이 증가할수록 식료품비의 지출 비중이 줄어든다는 것을 발견했다. 중요한 경제 원리의 하나인 엥겔 법칙은 이후 S-커브(또는 곰퍼츠 커브) 이론과 로스토(W. W. Rostow)의 '기하학적 성장(geometric growth)'까지 확대됐다.[5] 벨(D. Bell)의 『후기산업사회의 도래』에서는 "컴퓨터화된 공장으로 속도가 붙은 지속적인 생산 증대는 재화 소비의 수확체감에 봉착하여, 결국 자원을 체증적으로 소득 탄력 서비스로 이동시킨다"고 하는 데까지 이어졌다.[6] 엥겔의 '식량 수요의 한계효용체감'이 "생산성이 증대되면 생산 자원은 농업에서 제조업과 서비스업으로 이전된다. 생산 요소의 생산성

---

5 W. W. Rostow, *The Stages of Growth*, Cambridge University Press, 1960.

6 D. Bell, *The Coming of Post-Industrial Society: A Venture in Social Forecasting*, Basic Books, 1973.

이 증대되면 농업에서의 전환은 불가피하다. 1차 산업이 위축됨과 동시에 제조업·건축·광업 가운데 2차 산업과 상업·교통 및 정부·개인 서비스 등 3차 산업이 성장한다"로 확대, 응용됐다는 말이다.

더 나아가 갤브레이스(J. K. Galbraith)는 후기산업사회에서의 생산요소를 두뇌, 지식, 정치력, 관료제, 광고, 문화 등에까지 접목시켰다. 위의 여러 견해, 특히 "한 상품의 기하학적 성장은 결국 속도를 낮추게 된다"라는 이론은 영국 등 각국의 경제 성장에 이어 분석되기도 했다.[7]

위의 여러 이론은 '괜찮은 추세'에 속한다. 그러나 어디까지나 추세에 그친다. 엥겔 법칙은 이런 경제사 '해석'에 유용할 수 있지만 이런 추세만으로 앞날을 '예측'할 수는 없다.

5. 루이스 모델과 리카도, 맬서스, 마르크스의 임금철칙설

엥겔 법칙은 "식량의 수확체감과 소비능력체감 때문에 농업 생산은 경제 일반보다 더 느리게 성장한다"는 것이다. 그러나 경제사에서 더 설득력이 있는 '설명적 모델'은 "공업과 서비스가 성장하면, 만일 이때 동시에 농업생산성이 증대되면 농업에서 다른 부문으로 이전될 수 있는 노동력이 가용하게 된다"는 것이다. 여기서 농업 인구가 증가하고 농업에 노동력 초과 현상이 발생하면 루이스(W. A. Lewis)의 '무제한 노동력 공급의 경제 성장 모델'을 얻게 된다.[8] 이 모델은 마르크스의 '산업예비군 착취의 성장 모델'과 같은 것이다.

---

7 J. K. Galbraith, *The New Industrial State*, Hamilton, 1967.

8 W. A. Lewis, "Economic Development with Unlimited Supplies of Labour", *Manchester School of Economic and Social Studies*, May 1954.

이에 대해 리카도와 맬서스는 "임금은 생존 수준을 넘어 증대될 수 없다. 왜냐하면 그렇게 되면 인구가 증가해 임금을 다시 끌어내리기 때문이다"라고 말한다. 이렇게 보면 노동 공급에 탄력성을 보이는 루이스와 마르크스의 성장 모델은 임금이 생존 수준에서 고정된다. 나아가 듀젠베리(J. S. Duesenberry)의 국제 전시 효과로 생존 수준이 점차 상승한다는 것을 가정하게 되면 결국 임금철칙설과 유사한 것이 된다.

그러나 루이스 모델은 '성장'에 관심이 있고 '단기적으로 생존 수준의 임금으로 가용한 노동력의 탄력 공급'을 상정하는 데 반해 임금철칙설은 '소득 분배'에 관심이 있고 농업의 실업 및 저고용 노동력의 상시군이 아니라 '인구 변동'의 메커니즘을 가정한다.

공업 분야에서 노동력 가용이 사라지면 성장 과정의 성격이 크게 바뀐다. 노동의 한계생산성 증대는 옛 임금 수준에서의 생산 확대보다 임금 상승을 초래할 것이고, 재산 소득의 재생산 투자 증대보다 재산 소득 감소와 재투자율 감소를 초래할 수도 있다. 노동자의 실질임금 상승은 소비재 수요를 증대시키고 투자는 임금 상승과 이윤 감소, 즉 마르크스의 잉여가치를 감소시킬 수도 있다. 그런데 사실 마르크스는 생산 과잉과 이윤 감소 위기를 예측했지만 노동자의 실질임금 상승에는 큰 관심을 보이지 않았다.

루이스 모델은 제2차 세계대전 이후 서구 여러 나라의 경제 성장 사례 연구로 뒷받침되지 않는다. 또 리카도와 맬서스의 임금철칙설은 오히려 현재의 저개발국에 큰 짐이 되고 있다. 인도, 중국, 인도네시아, 아이티 등에서도 '가족계획(family limitation)'을 요구하기까지 한다. 루이스 모델은 18세기 유럽에서 설득력이 있었지만 20세기에 들어와 유럽은 지방 노동력 공급 한계에 부닥쳤다. 여기에다 사회 문제 때문에 외국 이민자를 받아들이지 않으면 지속 성장에 지장을 초래할 것이기 때문에 성장의 성격도 바뀌어야 할 것이다. 이와 같이 루이스 모델과 임금철칙설은 시대 여건에 따라 적용하기 어려울 때가 너무 많으며, 경제 원리로서도 대단히 단면적인 원리라 평가할 수 있다.

6. 화폐수량설과 통화주의, 케인스 이론, 양적 완화

'화폐 수량과 물가 수준은 비례한다'는 명제를 화폐수량설이라고 한다.[9] 화폐수량설은 케인스 경제학이 등장할 때까지 주된 경제학 이론이었다. 그러나 점차 화폐와 유사한 기능을 하는 금융 수단이 생기고, 화폐도 교환의 매개 수단만이 아니라 가치 저장과 자산 투자 기능을 하게 되면서 화폐와 실물경제의 관계는 복잡해졌다.

지금은 현금(단기예금 포함)을 보유하는 대신 주식, 채권, 펀드를 산다. 이것으로 은행들(투자, 보험 등 겸영)이 국내외에 투자하고, 그 수익을 배당하게 되면 화폐는 단순히 여기에 비례해 물가를 상승시키는 것만이 아니라 투자와 생산 증대 등 경제 성장 기제를 통해 공급을 늘려서 오히려 물가를 떨어뜨릴 수도 있다. 화폐량 증가와 물가의 관계에 투자와 생산, 기술 혁신과 제도 등 여러 다른 변수가 개입돼 일률적인 관계를 크게 변화시킨다는 것이다. 이런 관계가 화폐수량설 이후 통화주의 등 여러 모델과 이론이 생긴 이유다.

케인스 이전의 화폐수량설과 통화주의는 시장 기구의 조정 역할을 중시하는, 견고한 중책을 수행하는 동일한 과학적 연구 프로그램이었다. 이들은 사라지지 않았다. 힘이 약해지더라도 여건이 맞게 되면 되살아나는 성격을 띠고 있었다. 그렇지만 이들 역시 경제 현실의 한 단면인

9 즉 MV=PY(교환방정식)를 말한다(M: 통화 공급, V: 유통 속도, P: 가격 수준, Y: 실질 GDP). 단기적으로 V와 Y가 일정하면 P는 M에 비례해서 움직인다는 것이다.

시기와 장소에 따라 변한다는 경제 원리의 속성에서 벗어날 수가 없다.

요즘 미국 경제와 일본 경제(아베노믹스)를 비롯하여 세계 경제에 가장 큰 영향을 미치고 있는 '양적 완화(Quantity Easing)'는 화폐수량설 등과 관련된 전형적인 실례다. 이것은 양적 완화 → 통화가치의 안정보다 고용·성장 중시 → 실업률 하락 중시 → 인플레이션 억제 경시로 이어진다. 이에 반해 양적 완화 비판은 일자리와 성장보다 통화가치 안정 중시 → 실물경제 영향 미미로 이어진다. 이 둘은 경제 현실을 보는 시각 차이에서 연유된다. 여기서 화폐량 증가가 인플레이션과 투자 및 생산 증대에 얼마나 큰 영향을 미치는가 하는 점이 핵심이다. 인플레이션보다 생산 증대 효과가 더 클 때 성공적이지만 그렇지 않을 수도 있다. 이런 두 가지 가능성 속에서 미국 중앙은행(Fed)의 양적 완화는 초기에 세계 금융위기를 맞았고, 일본의 아베노믹스는 얼마만큼의 경제 성장 효과를 봤다. 이처럼 서로 상반된 결과를 보이는 것은 당시의 경제 여건 차이 때문이며, 이런 여건이 변하면 그 결과도 달라질 것이다.

지금은 아베노믹스만으로 경기와 환율 등에 의도한 효과를 보지 못하고 있다. 양적 완화로 정부 지출을 늘리면 불황을 탈출한다는 믿음은 케인스의 승수이론이 뒷받침한다. 금리를 내려 돈을 풀면 일시적 호황은 부르지만 저축이 늘지 않으면 재정 부족에 직면하게 되고, 투자를 위축시켜서 다시 불황을 부르는 등 재정 위험성이 커진다. 정부 지출을 늘려서 세금을 더 거둬들이려 하면 경제 투자의 재원이 줄어드는 '구축 효과'가 발생하는 등 역효과가 날 수도 있다.

그런데 양적 완화(화폐량 증가)는 물가와 성장률(소득) 변수 외에도 금리, 환율, 임금, 고용, 국채, 주가, 경기지표, 소비세, 가계부채, 재정, 구조개혁 등과도 크게 연관된다는 사실에 유의해야 한다.

7. 그레셤 법칙

그레셤 법칙이란 "통화를 유통시킬 때 악화(惡貨)가 양화(良貨)를 구축(驅逐)한다"는 것이다. 이 법칙의 적용 범위와 이와 관련된 시장의 불안전성은 금은복본위제처럼 지폐와 동전 간, 두 중앙은행의 준비자산 간, 다른 종류의 두 자산 간, 특히 금융자산과 상품·빌딩·토지 등 실물자산의 형태로까지 확대되면서 이 법칙은 더 유용한 분석 모델로 활용될 수 있었다.[10]

중세에는 동화·은화·금화뿐 아니라 소금, 후추, 버터, 기장, 신탁, 환어음 등이 유통됐는데, 이때 그레셤 법칙의 문제가 빈번하게 발생했다. 그레셤 법칙은 특히 금속 통화에서 환어음, 은행권, 저금, 저축통장 등으로 옮길 때 발생한다. 각자 비교우위가 있기 때문이다. 문제는 그들이 일정 비율로 지속해서 태환되지 못했다. 이것이 이 법칙의 핵심이다.

그레셤 법칙은 통화뿐만 아니라 여러 종류의 유가증권에도 확대 적용될 수 있다. 복본위제(bimetallic standard) 아래에서는 지폐의 동전으로의 태환 가능성, 예금의 지폐로의 태환 가능성 등에도 적용될 수 있다. 나아가 금환본위제가 순외환본위제로 확대 적용될 때도 마찬가지다. 이탈리아의 막대한 은 수출, 프로이센-프랑스 전쟁 이후 독일의 금본위제 채택, 국제 시장에서의 은 덤핑 때문에 복본위제는 1875년에 붕괴됐다. 이런 일이 있기 전부터 그레셤 법칙은 은행권(bank note)의 동전으로의 태환 가능성과 관련해 정책 문제로까지 등장한 적이 있다. 지폐의 태환성은 금속 화폐의 태환성과 다르다. 왜냐하면 지폐는 동전보다 계산하

---

10 그레셤 법칙은 대부분의 화폐가 은화일 때, 양화와 악화가 동시에 유통될 때 유용하며, 금환본위제(gold-exchange standard)일 때 가장 잘 적용된다. 이때는 중앙은행 준비금이 금과 은 등 태환(兌換) 가능한 외환으로 구성될 때다. 국제 통화의 적정 공급과 두 종류의 준비금 불안정성이 상충될 때도 그렇다.

기 쉬우며, 보전과 운송에 편리하다는 비교우위가 있다. 그래서 그레셤 법칙은 "지폐가 정금(specie)을 구축한다(le papier chasse le numéraire)"로도 풀이된다.[11]

우리는 여기서 19세기 초 영국에서 벌어진 은행학파(banking school)와 통화학파(currency school)의 논쟁을 상기할 필요가 있다. 이 논쟁은 통화주의 vs 케인스주의 논쟁의 고전판이었다. 복본위제에서와 같이 은행학파, 케인스주의 등은 일반적으로 불안정성보다는 통화 공급, 지출 확대, 소득 및 고용 증대에 더 큰 관심을 기울였다. 반면에 통화학파와 통화주의자 등은 인플레이션을 우려하면서 동시에 불안정성과 태환성 위기에 더 큰 무게를 두었다. 만일 태환 가능성이 유지된다면 그레셤 법칙은 무용하게 된다. 19세기 통화 논쟁은 태환 가능성이 유지될 수 있는 조건을 놓고 끝없는 논쟁을 벌였다. 동전과 지폐 간 그레셤 법칙의 충돌은 동전의 불태화로 막을 내렸다.

그레셤 법칙은 금의 불태화 과정 가운데에서도 중금과 외환의 충돌, 두 가지 준비금(reserve currency)의 충돌 때 다시 재개됐다. 금환본위제에서도 문제가 됐다. 국제 외환위기도 그레셤 법칙과 연관된다. 왜냐하면 두 국제 통화가 하나의 국제 통화로 대표되거나 또 다른 국제 통화로도 대표되기 때문이다. 국제 통화위기는 기대 변화에서 연유되기도 한다. 이는 특히 변동환율제 때 야기된다.

그레셤 법칙의 문제점을 시정하는 방법에는 두 금속의 가치를 시장가격에 근접시키거나, 한 가지 통화 외에는 모두 불태화시키거나, 희소통화 또는 고평가된 화폐의 공급을 증대시키는 것 등이 있다.

---

11 그러나 1860년대의 미국 남북전쟁 당시 "강한 통화(strong currency)가 약한 통화(gold chased paper)를 몰아냈다"는 실증 분석도 있다. C. Kindleberger, *Economic Laws and Economic History*, Cambridge University Press, 1997.

요언하면 그레셤 법칙은 두 화폐 가운데 약한(weak) 화폐가 더 강한(strong) 화폐를 퇴장시킬 때 발생한다. 이 법칙은 장기적으로 보면 언제나 불안정한 특징을 보이며, 우리 생활 속의 피할 수 없는 엄연한 현실이 된다. 왜냐하면 우리는 한 가지 통화에만 의존할 수 없고, 하나의 통화만으로는 통화에 필요한 역할과 임무를 유효하게 수행할 수 없기 때문이다. 한 가지 일에 적합한 통화는 다른 일에 적합하지 않을 수도 있다. 더구나 통화 공급을 고정시키거나 특별한 금속을 통화로 채택하면 시장은 더 많은 통화를 필요로 하고, 이에 따라서 새로운 통화를 더 발행하지 않을 수 없게 된다. 새로운 통화는 하나의 통화가 아니라 더 많은 통화를 낳게 될 것이며, 그렇게 되면 그레셤 법칙이라는 불안정성 문제가 다시 제기된다.

8. 차액지대설(差額地代說)

리카도는 나폴레옹 전쟁으로 곡물 가격과 지대가 폭등하는 복잡한 현실을 설명하기 위해 여러 요인 가운데 가장 중요한 경제적 동인인 희소성에 눈을 돌리고 그 밖의 다른 많은 요인은 무시했다. 즉 희소성에 초점을 맞춤으로써 복잡한 당시의 현실 가운데 지대와 곡물 가격 인상의 경제 시스템을 이해할 수 있었다. 그 방법은 연역적·선험적이지만 한편으로는 대단한 통찰력을 필요로 하는 것이었다. 이것이 리카도의 차액지대설(≠생산비설)이다. 주위의 경제 조건 변화에 따라 불로소득(생산비+정산이윤 이상의 렌트)이 발생하는 기제를 밝힌, 경제학사상 논리 체계가 가장 명쾌한 학설 가운데 하나가 됐다.

차액지대설은 오늘날 부동산, 기업, 은행, 통신업, 노동조합, 로비집단, 전문자격증, 석유가, 마약 밀매, 조직 범죄, 의사, 회계사, 변호사,

이민자, 커피 값, 기타 법률·규제 등 진입장벽과 같은 인위적 수단에 의해 희귀해지고 가격이 인상되는 여러 경제 현상을 설명하고 예측하는 데 대단히 현실적이고 강력한 원리다.

차액지대설은 원리 면에서는 간단하다. 즉 ① 토지의 수확체감법칙을 근거(가정)로 하고, ② 토지 임대료는 최고토지와 한계토지의 비옥함 차이에 의해 결정되며, ③ 선택할 수 있는 대안이 달리 없기 때문에 좁은 땅에 많은 돈을 지불할 가치가 생긴다는 것이다. 여기서 생기는 차액지대는 제1형태(경작지가 가장 비옥한 토지에서 가장 열악한 토지로 확대돼 가는 경우 비옥한 토지에서 발생하는 지대)와 제2형태(동일한 토지에 더 많은 생산비를 투하해 갈 때 수확은 점차 떨어지게 되며, 그 경우 당초의 생산비와 관련해서 발생한 지대)로 구성된다.

리카도의 차액지대설은 비교우위론과 함께 방법은 연역적이지만 고도의 통찰력, 직관, 경험을 바탕으로 한다는 점에서 대단히 철학적이다. 그러나 결과물은 유용하며 적용 범위는 대단히 넓다. 물론 제한성도 있지만 그 제한성은 경제 원리의 일반 제한(원리와 현실의 간극)과 같은 것이다.

9. 비교우위론(比較優位論)

비교우위론도 차액지대론과 같이 구축 방법은 연역적이지만 대단한 통찰력과 직관을 바탕으로 하며, 주로 국제무역의 필요성을 논한다. 즉 A국과 B국 간 무역을 통해 비교적 잘하는(더 높은 효율성으로 생산하는) 분야에 집중하면 더 많은 이익을 얻을 수 있다는 것이다. 예컨대 A국이 TV 생산에 5시간, 자동차 생산에 8시간 걸린다면 TV 2대를 생산한 뒤 1대를 B국의 자동차 1대와 맞교환하면 3시간을 절약하게 되어 더 이득

이기 때문이다. A국이 TV와 자동차 모두에서 B국보다 절대우위에 있지만 TV 생산에 집중해 B국과 무역했을 때 두 나라 모두 이익을 얻게 된다. 이럴 때 A국이 TV 생산에서 B국보다 비교우위에 있다고 말한다.

물론 이 이론은 노동가치설, 생산 요소가 노동이라는 단일 요소, 두 나라 간 두 상품의 생산과 교환, 완전경쟁, 완전고용, 완전정보, 합리적 주체 등 여러 단기적·정태적 가정에 근거하고 나아가 지금과 같은 세계 경제의 동질화, 상품 세분화, 생산 기술의 동태성 등으로 적용 범위가 제한됨으로써 결론이 제한 또는 붕괴될 수 있음도 사실이다. 특히 기술 발전을 일단 논외로 하는 등 개발도상국의 장기 경제 발전이나 최근 과학기술의 혁신 발전을 무시한 불완전한 이론이라는 비판을 받을 수도 있다. 한국의 중화학공업화 발전과 최근 선진국의 기술 혁신 제품 등이 그 실례다.

그러나 '비교우위'라는 개념은 우리 생활의 구석구석까지 적용될 수 있는, 대단히 기발하고 유용한 착상이라 할 수 있다. 약간만 수정, 확대하면 기업 내 사장과 비서 간, 가정 내 남편과 아내 간 등 비교우위가 현실적으로 적용될 수 있는 부분은 얼마든지 있다. 구축은 연역적이지만 결과물은 대단히 유용하며, 적용성이 영속적이고 넓은, 리카도의 통찰력과 직관이 빛나는 탁월한 개념이라 할 수 있다. 국제무역이론은 리카도의 비교우위론 외에도 많이 있다.[12] 그렇지만 수많은 국제무역 이론 가운데 리카도의 비교우위만큼 이론으로서 기발한 천재적 개념은 찾아보기 어렵다.

---

12 스미스의 절대비교우위론, 헥셔-올린(Hechscher-Ohlin) 이론 등도 있다. 크루그먼(P. Krugman)은 지금까지의 제1세대·제2세대 무역이론이 등한시한 국제무역에서 거대 다국적 기업의 역할에 주목하고 이로써 상품 다양성과 경제 전체의 생산성 향상을 얻을 수 있다는 주장을 하는 등 '신국제무역이론'을 제시하여 2008년에 노벨 경제학상까지 받기도 했다.

10. 의리양전(義利兩全)

의리양전 또는 의리합일(義利合一)은 바른 것과 도덕·윤리·인의왕도(仁義王道)를 뜻하는 '의(義)'와 경제적 이익을 비롯해 이기·공리·물질을 뜻하는 '이(利)'가 동시에 공존·양립할 수 있으며, 이렇게 해야만 자본주의가 발전할 수 있다고 보는 생각이다. 이것은 도덕군자는 부를 부끄러워해야 하고 장사치는 돈만 벌면 된다는 세상의 이치와 상반된다.

옛날부터 플라톤의 세속 욕구 포기, 아리스토텔레스의 아집과 이익의 중용적 억제, 주자의 인의예지와 사단적 본연성, 불교의 현세초극, 도교의 무(無) 사상, 프로이트의 초월적 자아는 물질적 욕망을 멀리하고 결코 인정하려 들지 않았다. 이럴 때 베버는 자본주의에 관해 "단조롭고 재미없으며, 때로는 더럽고 지저분한 경제 활동이 종교적 토대를 지니고 있다"고 지적했다.[13]

이와 같은 베버의 생각은 스미스의 동정론과 마셜의 경제기사도(economic knighthood)를 한층 뛰어넘은 위대한 업적이라 할 수 있다. 왜냐하면 베버의 발견은 이기적 물질 추구와 종교 정신, 경제 발전과 윤리도덕이 양립 가능한 접점을 찾아냈을 뿐만 아니라 어떤 문화와 정신 풍토 속에서 자본주의적 경제 발전이 마찰 없이 지속 가능한가를 보여 준 첫 시도였기 때문이다.

베버는 다음과 같이 말한다. "고독과 불안에 빠질 수 없는 인간이 세속 생활을 영위하면서 자기 직업을 소명으로 받아들이고, 절약과 부의 축적을 그 징표로 삼는 청교도 정신이야말로 자본주의 정신이다."

또 경제적 부의 축적에 종교적 축복과 윤리·도덕적 정당성을 부여할 때 외부의 강제가 아니라 내면적 가치의식에 의해 동기부여가 이뤄

---

13 M. Weber, *The Protestant Ethic and the Spirit of Capitalism*, Scribner, 1958.

지고, 이러한 내면적 가치의식이 사회 일반의 윤리 규범으로 객관화돼 금욕주의가 사회적 문화 가치로 정착할 때 비로소 자본주의적 경제 체제의 기능이 정상화된다고 봤다. 이 말은 경제 속에서 돈벌이나 장사 및 기업 경영이 떳떳하고 당당하게 죄의식 없이, 상품(goods)이 선(good)이라는 생각으로 간주돼도 종교·믿음·윤리·도덕에 어긋나지 않을 때 비로소 자본주의 체제가 영속될 수 있다는 것이다. 각자가 죄스럽다는 의식 없이 자유롭게 돈을 벌어도 이것이 결국은 나라의 부가 되고 공동체의 물질적 풍요를 가져온다는 사실과 돈을 버는 사람은 마음껏 돈을 벌고 종교 생활을 하는 사람은 마음껏 종교 활동을 해도 이 둘이 상충되지 않고 조화를 이룰 수 있다는 믿음이 가능할 때 새로운 밀레니엄 시대의 자본주의 사회를 이룩할 수 있다는 것이다.

2,500여 년 전에 중국의 공자는 이미 이런 사상을 피력한 바 있다. 이를 바탕으로 일본의 시부사와 에이이치(渋沢栄一)는 『논어와 주판』이란 책에서 공자의 『논어』, 『대학』, 『중용』과 『맹자』, 『순자』, 『회남자』의 글을 인용하면서 베버와 비슷한 논점을 전개했다.[14]

시부사와는 그 당시 주자학을 신봉하는 유학자들이 공자의 학설을 오해하고 '의(義)'와 '이(利)'가 물과 불처럼 상극이라는 생각이 잘못됐음을 지적하고 크게 비판했다. 『논어』 20편을 샅샅이 뒤져보아도 공자가 "부귀한 자는 인의왕도의 마음이 없고, 어진 사람이 되고 싶거든 반드시 부귀의 염을 버리라"는 말을 하지 않았다는 것이다. 그 대신 "부귀는 모든 사람이 바라는 것이지만 정당한 방법으로 얻은 것이 아니라면 부귀를 누리지 말아야 한다. 빈천은 모든 사람이 싫어하는 것이지만 정당한 방법으로 버리는 것이 아니라면 버리지 말아야 한다"는 말을 했을 뿐이다. 또 "재물을 구해서 가져도 떳떳한 것이라면 비록 말채찍을 잡고 임

14 渋沢栄一, 『論語と算盤』, 角川文庫, 2008.

금의 길을 트는 천직이라도 하겠다"는 공자의 말은 정도와 인의로 부를 추구하는 것이라면 임금의 길을 트는 낮은 벼슬아치인 마부(馬夫)를 해도 좋다는 뜻이다.

시부사와는 공자의 참뜻을 잘 이해하고 '도덕·경제 합일설'을 평생 주창했으며, 실업계에서 은퇴한 후에는 부를 사회에 환원했다. 왼손에는 건전한 부의 윤리를 강조하는 『논어』, 오른손에는 화식의 주판을 들고 당당하게 경제 활동을 하라는 메시지를 던지는 이 책은 일본 상인의 나침반, 일본 비즈니스의 상경(商經)으로 불리며 지금도 끊임없이 읽히고 있다. 이 정신이 일본 경제가 현재 세계 굴지의 경제 대국으로 올라선 근본 원인이 되고 있다.

한편 박우희(朴宇熙)와 이어령(李御寧)은 오늘의 자본주의 정신이 베버가 말한 금욕의 선을 넘어서고 있다고 보고 산업자본주의에 필요한 칼뱅주의적 금욕만으로는 오늘의 경제·사회를 지탱할 수 없게 되었다고 지적한다.[15] 금욕 외에도 창조, 정직, 신뢰, 질서, 투명, 형평, 협력, 공동체 윤리, 문화의식 등이 아시아의 가치와 모델로 이어지고 있다. 한편 이기와 이윤 추구도 개인, 자유, 효율, 경쟁, 경제, 시장, 기능, 기술, 부의 창출 등이 구미 가치와 모델로 이어져서 이것들이 어떻게 양립할 수 있는가와 함께 어떤 정신과 미덕이 부의 창출과 함께할 수 있는가를 탐구하고 있다. 이들은 한국 자본주의의 새로운 정신으로 사(士)와 상(商)의 양전(兩全)을 주장하며 '사상(士商) 자본주의 정신'을 내세운다. 이때의 '사(士)'는 좁은 의미의 선비를 넘어 문화와 정신, 지식 일반, 나아가 21세기의 디지털·지식·생명까지 모두 포함하며, '상(商)'은 경제 주체의 영리 추구를 이른다.

15 박우희·이어령, 『한국의 新자본주의 정신』, 박영사, 2005.

지금까지 살펴본 열 가지 사례는 몇 가지(완전경쟁시장이론, 일물일가 법칙, 주식가격결정이론 등)를 제외하면 이 책에서 말하는 원리의 뜻인 쉽게 변치 않는 흐름, 경향, 패턴, 이론, 모델, 개념 등 보편언명 가운데에서도 기저가 되는 중핵이자 경제학에서 많이 원용되는 경제 원리들이다. 특히 이들의 평가에서 얻은 결론은 이 책의 주장인 경제 원리가 경제 현실에 내재하고 거기서 발견되지만 이러한 경제 원리는 가변·다의·연기(緣起)적이고 불완전하며, 경제 법칙·이론·모델·개념·가설 등의 용어도 서로 혼용되고 어떤 때는 혼돈되기도 함을 잘 입증한다.

또 경제 원리란 경제 현실 내에 존재하고 경제 원리가 존재하는 경제 현실은 언제나 가변적이기 때문에 경제 현실에 어긋나는 경제 원리는 타당성이 없고, 경제 원리를 찾는 방법론에서도 경험론은 물론 선험론의 연역과 추리도 사실에 근거하지 않으면 그 존립 가치를 잃게 된다. 어떤 중핵 원리도 시대와 여건에 따라 그 뜻과 의의를 달리하며, 그때 특히 보호대의 원리는 유용성과 타당성을 완전히 상실하기도 한다. 위에 열거한 경제 원리들은 이 책에서 말하는 경제 원리의 본질과 성격을 잘 반영하고 있다고 볼 수 있다.

킨들버거(C. Kindleberger)는 경제사 연구를 마치면서 경제사 연구는 더 많은 경제적 사실, 더 좋은 경제적 사실, 더 좋은 경제 이론, 더 좋은 경제 정책, 더 좋은 경제학자 배출에 도움이 될 수 있지만 경제 현실을 밝히는 유일하면서 다목적의 경제 이론이나 모델은 없다고 본다. 이처럼 어떤 경제학자도 단 하나의 중심 이론에 국척(跼蹐)해서는 안 된다는 지적도 참고할 필요가 있다.

결어

그러면 무엇을,
어떻게 할 것인가?

제1절

지금까지의 요점

1. 경제학은 '경제 원리를 탐구하는 학문'이다. 경제학을 여러 가지로 풀이하지만 '만물의 이치 가운데 경제에 관한 원리를 경제 현실 속에서 찾는 학문'이라고 생각한다. 경제 원리는 흔히 개념, 모델, 이론, 법칙 등으로 표현된다. 이들은 언어로 표현될 때 통상적으로 '보편언명'을 뜻한다. 원리의 뿌리 철학을 살펴보면 그 원리가 과연 어떤 것인지를 현실과의 관계에서 더 정확하고 분명하게 인지할 수 있다. 원리의 본질은 대단히 현(玄), 명(冥)하다. 이를 밝히는 길은 지식론을 넘어 모든 학문에 연결된다.

2. 현실에서 원리를 찾을 때 경제학자들이 범하기 쉬운 가장 큰 실수는 경제 현실을 자연 현상과 같은 것으로 생각한다는 것과 찾는 방법도 자연과학을 동원한다는 것이다. 자연은 본래부터 존재하고 있는 것이어서 물리학이나 생물학의 환원주의를 동원하면 천지현황(天地玄黃)으로 묘사되는 우주의 저 먼 곳 또는 분자 수준 이하로 측정되는 생물체의 깊은 곳에서 일어나는 일들을 큰 오차 없이 이론화할 수 있다. 그래서 오래전부터 주류 경제학은 이런 자연과학 방법을 경제 현실 분석에 그대

로 적용하려는 유혹을 받아 왔다. 그러나 경제 현실에는 자연 현실에서 작동하는 요인도 분명히 있지만 한편 인간의 가치, 영감, 오욕 등이 거칠게 뒤엉키고 서로 연기(緣起) 및 변전(變轉)하는 과정을 거친 끝에 복잡한 세계가 창출된다는 면에서 자연 원리와는 확연히 다른 원리가 동시에 작용하고 있다. 뇌형 슈퍼컴퓨터도, 이를 활용하는 인공지능도 본질적으로 오욕 등을 다루는 '인간학(人間學)'은 알 수 없다.

3. 그래서 인간이 만든 경제 현실, 나아가 역사·사회·정치 현상은 자연 현실과 달리 '생선 장수와 좌판 위에 있는 생선과 같은 것' 또는 '사실 하나하나를 모두 알고 이들을 모으면 전체를 알 수 있는 것'이 아니다. 오히려 때로는 접근할 수 없는 더 넓은 바다를 헤엄치는 고기와 같다. 어떤 고기를 잡아 올릴 것인가는 때로 우연이 작용하지만, 대개는 바다의 어느 곳을 선택해서 낚시를 할 것인가와 어떤 도구를 사용하는가에 좌우될 것이다. 나아가 현실에서 인과를 지향하는 선택 체계는 망망대해에서 자신의 목적에 부합하는 중요한 것을 선택하는 것, 다시 말하면 무수한 인과적 전후 관계에서 오직 그런 것만을 추출해 내는 원리를 발견하는 능력이 필요하다는 것이다.

쉽게 말하면 역사와 사회는 물론이고 경제 현실은 그보다 훨씬 더 넓고 거칠지만 그 속에서 큰 고기를 잡는다는 것은 쉽지 않을 뿐만 아니라 오랜 경험이나 새로운 기술, 깊은 사려와 판단력까지 필요하다는 것이다. 격랑이 몰아칠 때는 더욱 그러하다.

4. 이런 인식은 옛날에도 있었다. 장자는 "인간이란 우물 안 개구리, 하루살이와 같은 여름벌레, 동면 생활을 하는 독사처럼 시간·지역·환경·교육 등에 의해 제한된 의식을 가질 수밖에 없다"면서 "세계의 궁극 원리인 도(道)에 이르러서야 참된 지식을 얻을 수 있다"고 말했다. 서

양에서도 칸트를 비롯해 흄, 데카르트, 베이컨, 루소도 같은 말을 한 바 있다. 이들이 제시한 여러 금언은 현실을 어떻게 보는가에 대한 여러 다른 생각과 방법과 같다. 환언하면 주체인 인간이 객체인 자연·사회·인간 자체를 인식하는 존재론, 결정론, 가치론, 인성론, 인식론, 방법론 등의 여러 철학·방법론과 다르지 않다. 이런 철학·방법론이라는 긴 터널, 아니 얽히고설킨 정글을 지나야만 근본 원리에 당도할 수 있다[大道]. 여기서는 칸트(플라톤, 아리스토텔레스와 함께)와 다윈(윌슨과 함께)을 중점 분석, 이원론을 넘어 일원론(인과관계)의 깊이를 풀어 나갔다.

5. 이 책에서는 기본 입장으로 ① 자연≠인성, ② 경제 = 자연 + 인성, ③ 자연은 물리 환원적 방법과 수학으로, ④ 인성은 인지과학과 통찰 등으로 '인성의 이론화'를 추구한다. 철학·사상 및 경제학의 정의에서는 ① 실체론≠관계론, ② 20세기 전(산업사회 등)까지는 실체론이, 그러나 21세기에는 관계론으로 풀이해야 하고, ③ 경제학을 '경제 원리를 찾는 학문'으로 새롭게 정의한다.

6. 이렇게 현실 속에서 찾은 경제 원리는 한마디로 물처럼 흐른다. 즉 생동·가변·가동한다. 자연 원리는 강고하고 불변·부동해서 물처럼 흐르지 않는다. 하지만 경제 원리는 막힌 곳을 피해서 다른 곳으로 땅의 형세에 따라 흐름을 조절하는 물과 같아서 유연하다. 노자는 '도(道) = 선(善) = 근원 = 원리 = 물'의 등식으로 표현하는 데 그쳤지만 손자는 전쟁에까지 이를 구체적으로 적용하면서 『손자병법』에서 '병형상수(兵形象水)'라 했다. 즉 병법(兵法)도 물과 같다는 것이다. 기원전 96년경 사마천은 『사기』 「화식열전」에서 이런 물의 원리를 좀 더 쉽고 아름답게 표현하였다.

"경제 원리는 물처럼 흐른다"라는 말을 경제철학 용어로 표현하면 경제 원리의 복잡성·가변성·연기성(緣起性), 다양성과 다의성, 불완전성과 현실간극성을 뜻한다. 이런 원리의 본질을 모르고서는 경제 현실을 정확히 이해할 수 없다. 경제 원리가 불변하며, 연기되지 않고 완전하다면 이는 자연 원리와 같은 것이 된다. 그러면 강고해서 물처럼 흐르지 않는다. 이 책에서는 이 점을 상세하게 분석했다.

7. 역사·사회학자들은 현실을 잘 해석할 수는 있었지만 이런 현실을 이론화하거나 정책화하는 방법을 찾아내는 데에 성공한 사람이 거의 없다. 다행히도 스미스, 마르크스, 케인스 같은 경제학 대가들은 경제 현상 자체가 역사·사회 현상과 달리 자연과 인성이 함께 작용한다는 사실을 알았을 뿐만 아니라 그들이 처한 시대의 현실에 맞는 '구조와 조건을 갖춘 이론'을 찾아내는 데 성공했다. 케인스의 정책화 성공 사례를 상세히 설명하고 이를 스미스·마르크스·사마천의 실례와 비교·검토했다.

케인스는 (스미스도 그랬지만) 무엇보다 경제 현실의 복잡성과 특이성을 있는 그대로 받아들이면서 자연과학적 사고의 틀에 빠지지 않고, 제도뿐 아니라 인간의 영감과 감성을 고려하는 지혜를 지녔다. 그는 발라 등과 달리 고전물리학과 수학에만 의존해서 과도한 추상화·단순화·형식화를 추구하거나 형식적 모델을 구축하지 않았다. 즉 철저히 추상화한 나머지 경제 현실과 전혀 접촉할 수 없게 된, 그래서 논리학이나 언어학, 문체기술론 안에 숨지 않았다는 것이다.

스미스, 마르크스, 케인스와 같은 경제학 대가들은 당시 현실에 맞는 전제와 가정, 목적과 범위, 변수 선택과 방정식, 연구 방법 등을 포함해 이론 전체를 보는 능력이 있었다. 그 가운데에서도 중요한 것은 '인과 지향의 선택 체계', 즉 경제 현실을 대변하는 가장 중요한 변수들을 올바르고 새롭게 선택해서 이들을 인과관계로 연결하는 통찰력이다. 이렇게 하여 경제 현실에 맞는 구체적인 정책으로 구현될 수 있는 이론[小

道]으로까지 연결시켰고, 여러 세대에 걸쳐 경제를 개선·발전시킬 수 있었다.

8. 그런데 경제 원리를 찾기 위해 경제 현실에 자연과학 방법을 그대로 적용하면 어떻게 될까? 특히 현대 주류경제 이론, 그 가운데 특히 애로-드브뢰 이후의 형식적 모델링 기법은 어디에나 수리방정식을 동원해 수학화와 완전 형식화를 추진함으로써 모든 경제 현실을 자기 기법으로 해독할 수 있다는 맹목적 신봉론과 과도한 수학 애호에 매몰된다.

이들은 혼돈되고 복잡한 현실에 대응하기 위해 모델, 가설, 이상향 등을 주관 함수 형태로 설정해 도구로써 대상에 근접했다. 그 가운데 확률론적 조작을 수행하는 것이 계량경제 기법이다. 이러한 모델에는 동일한 사물을 보는 시각이 다양하기 때문에 접근법도 다양하다. 접근법이 다양하다는 것은 조작의 임의성을 보여 준다. 이처럼 모델과 접근법은 결국 주관적·임의적이고, 그것을 보완하는 객관적 기초가 없다는 의미에서 '근사(approximation)'라는 개념이 등장한다. 무수한 '근사'들 사이에는 아무런 본질적·논리적 연관성이 없고, 상호의존적인 '잡다'가 있을 뿐이다.

환언하면 복잡한 경제 현실에서 경제 원리를 찾기 위해 자연과학적 방법만을 사용하면 가상에 빠져 현실에 없는 인위적인 그림을 그리게 된다. 아무리 요즘 주류 전통 경제학이 조금씩 세련되고 이론 및 경험상의 '진보'가 이뤄지고 있다 하더라도 인간학(人間學)을 멀리하는 한 결국은 '바벨탑'으로 끝나게 될 것이라는 뜻이다. 마치 지구 밖으로 항해하는 자연과학·기술에 인간이 개입한다면 지구 밖으로 그대로 낙하할 수밖에 없는 것과 마찬가지로 인간이 개입되는 경제 현실에 자연과학이 수정 없이 그대로 적용되는 한 그 결과는 실패할 수밖에 없다.

9. 경제학자 가운데에는 경제 원리가 서양에서 자본주의 경제 아래에서 등장한 것으로 생각하는 사람들이 있다. 더욱이 스미스의 『국부론』에서 처음으로 등장한 것으로 알고 있는 경제학자도 있다. 하지만 그것은 착각이다. 자본주의가 도래하기 이전, 예컨대 중국 봉건 농촌 경제에서도 경제 원리가 엄연히 존재했다. 거기에서 작용하는 근본 원리도 크게 다를 것이 없다. 『사기』 「화식열전」 등의 글을 보면 놀랍게도 우리가 말하는 경제 원리들이 기원전에 중국에서도 있었다는 사실을 알 수 있다. 경제 원리들을 구체적으로 밝혀내고 그 발견의 방법(통찰력 등)까지 우리에게 가르쳐 주고 있다. 특히 "수요와 공급을 조절해서 물가를 안정시킨다"는 인간 본성과 시장 원리를 명백히 밝힌 것은 스미스의 『국부론』보다 2세기나 앞서 등장한 명쾌한 경제 이론이었다.

10. 경제 현실이 급변하는 21세기 뉴밀레니엄 시대에는 어떨까? 요즘의 경제 상황은 마치 쿤이 '정상과학'에 이상현상이 생겨서 과학혁명이 야기되고, 이로부터 새로운 패러다임이 등장한다고 주장한 상황과 너무나 유사하다. 만일 기존 이론으로 새로운 현실을 잘 설명할 수 없다면 이제는 이론이 그 모습을 바꿔야 할 차례다. 경제학 혁명이 지금 필요한 이유다.

또 한 가지 주목할 것은 21세기 들어와 경제·사회 구조와 의식이 급변하면서 인지과학이 계속 발전하고 있다는 것이다. 인지의 그릇인 뇌는 과거의 답을 미래 문제에 적용하려는 점 때문에 언제나 보수적이다. 그러나 인공지능의 딥러닝이나 '무어(Moore) 법칙'을 기반으로 한 모델은 반복된 인지적 노동을 기계로 대체하는 기술을 가능하게 함으로써 기하급수 또는 비선형계로 변하는 경제 현실을 파악할 수 있게 된다. 당연히 이에 맞춰, 특히 생명자본 시대를 맞아서도 경제 원리의 변화를 모색할 필요가 급증하고 있다.

11. 21세기의 새로운 경제 원리는 바로 지금의 새로운 경제 현실에 바탕을 둬야 한다. 이를 통해서만 비로소 제2의 스미스, 마르크스, 케인스가 탄생할 것이다. 여기에 인공지능, 인공생명, 빅데이터 등 새로운 분석 도구를 활용하면 비로소 '21세기 경제학'과 '한국 경제학'이 자리 잡을 수 있게 될 것이다.

제2절

21세기 경제학을 위하여

1. 앞으로는?

우리는 앞에서 노(老)·장(莊)과 플라톤, 아리스토텔레스, 칸트의 길[大道]을 찾기 위해서는 철학·방법론의 정글을 지나야 한다는 것을 알아봤다. 그것도 E. H. 카의 일반 철학·방법론을 넘어 여건에 맞는 더욱 구체화된 철학·방법론이 필요함을 알아보고, 나아가 인성론에서 요즘 인지혁명이 밝히고 있는 여러 과학적인 진전을 받아들이는 한편, 이를 21세기 여건 변화에 적용해야 함을 지적했다.

21세기에 들어서는 현실의 여건이 변하고(소프트화, 디지털화, 스마트화, 정보지성화 등), 원리 내의 가정·개념·변수·방정식이 새롭게 바뀜에 따라 경제 원리의 모습도 변용될 것이다. 스마트폰·사물인터넷·드론의 대중화로 빅데이터의 양이 많아지고 그 내용도 정밀해져 인공지능의 역할이 급속도로 증대되며, 경제학자들의 연구에도 새 길이 열리게 될 것이다.

경제 원리는 '자연+사회·인성'이다. 그 가운데 자연은 첨단과학기술, 클라우드, 빅데이터 등의 발달로 수학·통계 기법의 방법론적 예리성을 더할 것이고, 통섭의 길도 더 강화될 것이다.

사회·인성도 인지혁명의 발전 지속에 따라 '사회·인성의 이론화'에 더 근접하게 될 것이다. 그러나 인성의 과학적 분석은 자연과 다르며, '나름의 인성 원리'를 공고히 할 뿐 종국에는 물리 환원적 통섭과 다른 궤도(이원화)를 걸어가게 될 것이다.

결국 '자연+사회·인성'인 경제 원리의 보편언명으로서의 모습은 변하지만 그 불완전성, 간극성 등의 본질은 21세기 생명 자본주의 경제에서도 한결같을 것이다.

원리와 현실 간 간극을 줄이기 위해 자연은 자연과학적 방법(물리 환원적 일원화)으로 풀이하고, 사회·인성은 인공지능과 인간의 통찰·직관·창조력으로 풀이한다. 단순화한다면서 아무렇게나 메스를 가하는 '순진한' 또는 '사이비' 학자가 얼마나 많은가? 통찰·직관·창조력은 가정, 개념 설정, 변수 및 방법론 선택 등 모든 과정과 연관된다.

이런 것들은 고전(옛 인문·사회 고전은 물론 최신 과학기술 관련 고전 포함)에서 찾을 수 있다. 고전이야말로 우리가 찾고 있는 원리를 다 담고 있다. 어떻게 찾을 수 있는지 그 방법과 원리의 변용 가능성까지 다 포함하고 있다. 고전은 예나 지금이나 여전히 의미가 있으며, 세상의 근원 및 처세의 지혜와 관련된 '영감 어린 금언'을 머금고 있는 등 시대를 초월한 정전(正典)이다. 물론 고전도 바르게 읽고 지금과 앞으로의 여건에 비춰 이해할 줄 아는 지혜가 필요함은 췌언을 불요한다.

21세기 경제는 특히 첨단과학기술과 인성이 바뀜에 따라 경제 발전과 변화의 동인, 구조, 목표도 바뀌고 경제학 연구 방법도 새롭게 바뀌고 있다. 요즘 세계 경제는 물론 국내에서도 인공지능·사물인터넷·드론·무인자동차 등이 등장하여 경제·사회 전반에 걸쳐 근본적인 영향이 미치고 있다. 이에 맞춰 경제학도 새롭게 구축돼야 한다. 즉 경제학도 자연과학의 과학혁명과 같이 이제는 경제학혁명이 이룩돼야 한다. 통찰력과 수학을 아우르는 영명한 젊은 경제학자들이 '경제 방정식'을 넘어서는 질과 생명을 다루는 '생명방정식' 또는 양자역학적 '비선형 방정식'도 함께 활용할 수 있게 될 것이다.

2. 제언

'21세기 경제학'과 '한국경제학'을 위해서는 다음 몇 가지를 더 구체화해야 한다. 먼저 '자연≠경제(자연 + 인간)'라는 명제를 명확히 인식하고, 자연에는 물리 환원적 일원론(통섭)을 적용하되 인간에게는 이미 굳어진 자연과학적 방법만의 색안경을 과감히 벗고 '인간학'의 통찰력을 함께 키우며, 인공지능과 빅데이터 분석 등 최근의 슈퍼컴퓨터 및 인지과학의 연구 성과를 바탕으로 '인성의 이론화'를 더욱 제고하면서 21세기 세계 경제 및 한국 경제의 현실 변화를 면밀히 조사·검증하는 한편, 이런 변화의 근저에서 작용하는 주요 변수, 특히 부의 원천을 발견해야 한다.

21세기 경제는 패러다임 변화를 겪고 있다. 여기에는 국부만이 아니라 경제의 본질과 성격 분석에서 중핵적인 경제 원리를 찾고, 이를 정책화하는 것이 무엇보다 중요하다. 빅데이터란 인간이 무엇을 선호·선택하는가를 종류 및 수준별로 압축한 자료로, 빅데이터와 슈퍼컴퓨터의 활용은 긴요하다. 인공지능은 이들을 활용해 지금은 물론 앞으로 곧 인간의 두뇌와 같은, 인간을 능가할 수준의 속도·영역·영향의 지식과 지능까지 갖춰 가고 있음이 눈에 띈다.

앞으로 유기체 알고리즘이나 만물인터넷 등이 현실적으로 활용 가능해지면 경제 이론의 패턴, 이론, 정책화가 더 확실하게 구체화될 것이다. 그렇게만 되면 경제 현실도 자연 현실과 같이 통섭론적으로 풀이될 수 있을 것으로 생각할지도 모른다. 그렇지만 인성의 이론화·정책화는 불가능할 것이다. 왜냐하면 인간 마음, 두뇌 작용이 해명되지 않는 한 인성의 완전한 이론화·정책화는 가능하지 않기 때문이다.

이와 함께 기존의 여러 경제학 교과서에서 채택된 수많은 원리 가운데 '좋은 겨자씨와 가라지', 즉 '물처럼 흐르는 원리'와 '가상을 그리는 원리'를 분별하여 좋은 겨자씨에 해당하는 경제 원리를 선택해서 경제 원론과 미시·거시 경제학 교과서를 재정비해야 할 것이다.

이렇게 한다면 교수들의 강의는 더욱 현실에 부합하면서 내용이 재미있고 풍부해질 것이다. 학생들의 안목과 식견도 깊고 넓어질 것이며, 경제 정책의 현실 적용성도 더욱 제고될 것이다. 이런 노력을 통해 '합리적 선택이나 효율, 균형, 게임' 개념만을 중심으로 하는, 또 경제 원리의 본질과 성격을 무시한 채 이들을 자연과학적 방법만으로 분석·해석하는 '좁은' 경제학을 넘어 경세제민과 창조·혁신·융합·생명·행복을 포함하고 21세기 특성까지 다룰 수 있는 새로운 경제학이 탄생할 수 있을 것으로 본다. '새로운 경제학 방법론'을 바탕으로 '21세기 경제학'의 큰 집을 함께 세워야 한다는 것이다. 영명한 경제학자들이 생각의 틀과 깊이를 바꾼다면 지금의 새로운 무기를 활용해 새로운 경제 원리를 발견하는 새로운 길을 찾을 수 있을 것이다.

21세기 경제학을 요약 정리하면 다음과 같다. ①21세기 경제 현실은 패러다임 변혁을 겪고 있지만 언젠가 안정될 것이고 경제학자들은 이를 정리(수정, 보완, 창조)하기 시작할 것이다. 그때 ②21세기에 맞도록 경제학의 목표를 (지금의 선택, 효율, 균형, 게임 등을 넘어) 생명, 창조와 경세제민 등으로 넓혀서, ③ 철학·방법론적으로 큰길과 작은 길을 찾고, (지금의 자연과학적 방법과 수리 모델 등을 넘어) 통찰력과 직관으로 경제 현실 내의 중핵적인 변수를 선택하고, ④ (지금의 경제방정식을 넘어) 방정식을 생명방정식, 양자역학의 비선형방정식 등을 함께 활용하며, ⑤ (지금의 경제 변수만을 넘어) 생명·창조·질적 변수를 핵심 변수에 포함하는, '물처럼 흐르는 좋은 겨자씨'의 중핵 변수를 택해서, ⑥ (주류 경제학이 사용하는 제한된 분석 기법을 넘어) 지금의 최첨단 인공지능과 빅데이터(만물인터넷), 사물인터넷 등 새로운 분석 도구를 활용하고, ⑦ 전제와 가정을 21세기 경제 현실에 맞도록 새롭게 설정한다. 이것은 지금으로서는 불명확하지만 경제가 안정되면 자연스럽게 찾을 수 있을 것이다.

참고문헌

김경동, 『현대 사회학의 쟁점』, 법문사, 1983.

김경동 외, 『사회과학방법론』, 한국방송통신대학교출판부, 1982.

김광웅 편저, 『융합학문, 어디로 가고 있나?』, 서울대학교출판문화원, 2011.

김민주, 『경제법칙 101』, 위즈덤하우스, 2011.

김재권, 『수반과 심리철학』, 철학과현실사, 1995.

김형효, 『맹자와 순자의 철학사상』, 삼지원, 1990.

대니얼 데닛, 『의식의 수수께끼를 풀다』, 유지화 옮김, 옥당, 2013.

마르틴 후베르트, 『의식의 재발견』, 원석영 옮김, 프로네시스, 2005.

미셸 루트번스타인·로버트 루트번스타인, 『생각의 탄생』, 박종성 옮김, 에코의 서재, 2007.

박우희, 『경제원리탐구: 경제학의 과학 및 철학적 기초와 모델빌딩』(증보판), 서울대학교출판부, 2000.

박우희, 『경제학의 기본원리: 과학·철학·예술과 경제원리의 발견』, 서울대학교출판부, 2007.

박우희, 『답을 주는 경제학: 제2경제원론』, 서울대학교출판문화원, 2012.

박우희, 『경제원리, 물처럼 흐른다: 자연·사회·경제철학 및 인지과학적 접근』, 서울대학교출판문화원, 2014.

박우희·이어령, 『한국의 新자본주의 정신』, 박영사, 2005.

박홍규, 『처음으로 돌아가라: 비코의 생애와 사상』, 필맥, 2005.

순자, 『순자(荀子)』, 김학주 옮김, 을유문화사, 2002.

스티븐 핑거, 『마음은 어떻게 작동하는가?』, 김한영 옮김, 동녘사이언스, 2007.

신동준, 『사마천의 부자경제학: 「사기」 화식열전』, 위즈덤하우스, 2012.

이규호 편저, 『사회과학의 방법론』, 현암사, 1980.
이남인, 「인문학과 자연과학은 어떻게 만날 수 있는가? 통섭 개념에 대한 비판적 견해를 토대로 삼아」, 『철학연구』 87, 2009.
이사야 벌린, 『비코와 헤르더』, 이종흡·강성호 옮김, 민음사, 1997.
이재영, 『세상의 모든 법칙』, 이른아침, 2009.
이정모, 『인지심리학: 형성사, 개념적 기초, 조망』, 아카넷, 2001.
이정모, 『인지과학: 학문간 융합의 원리와 응용』, 성균관대학교출판부, 2009.
이정우, 『개념 뿌리들 01』, 철학아카데미, 2006.
이정우, 『개념 뿌리들 02』, 철학아카데미, 2006.
이종흡, 『마술·과학·인문학』, 지영사, 1999.
장병탁, 「나노바이오지능 분자컴퓨터: 컴퓨터공학과 바이오공학, 나노기술, 인지뇌과학의 만남」, 『정보과학회지』 23(5), 2005.
장회익·최종덕, 『이분법을 넘어서』, 한길사, 2007.
최진석, 『생각하는 힘, 노자 인문학』, 위즈덤하우스, 2015.
홍기현, 『알고 보면 재미있는 경제 원리』, 서울대학교출판문화원, 2008.
황계총, 「순자의 정치경제사상」, 『경제경영논총』 5(1), 1970.
히라이 다카시, 『1등의 통찰』, 이선희 옮김, 다산3.0, 2016.
渋沢栄一, 『論語と算盤』, 角川文庫, 2008.

Achinstein, P., "Models, Analogies and Theories", *Philosophy of Science* 31, 1965.
Achinstein, P., *Law and Explanation*, Clarendon Press, 1971.
Ackermann, R., *The Philosophy of Karl Popper*, University of Massachusetts Press, 1976.
Akerlof, G. A. and R. S. Schiller, *'Animal Spirits': How Human Psychology Drives the Economy and Why It Matters for Global Capitalism*, Princeton University Press, 2009.
Archibald, G. C., "Method and Appraisal in Economics", *Philosophy of the Social Science* 9, 1979.
Aristotle, *Metaphysica*, translated and edited by W. D. Ross, Clarendon Press, 1963.
Arrow, K. J., "Mathematical Models in the Social Sciences", in M. Brodbeck (ed.), *Readings in the Philosophy of the Social Sciences*, Macmillan, 1968.

Ayer, A. I., *The Problem of Knowledge*, Macmillan, 1956.

Ayer, A. J. (ed.), *Logical Positivism*, Fress Press, 1959.

Backhouse, R. E., *A History of Modern Economic Analysis*, Basil Blackwell, 1985.

Backhouse, R. E. (ed.), *New Directions in Economic Methodology*, Routledge, 1994.

Bechtel, W., *Philosophy of Science: An Overview for Cognitive Science*, LEA, 1988.

Bell, D., *The Coming of Post-Industrial Society: A Venture in Social Forecasting*, Basic Books, 1973.

Berlin, I., *Vico and Herder*, Viking Press, 1976.

Berlin, I., *Karl Marx: His Life and Environment*, Oxford University Press, 1996.

Black, J. A and D. J. Champion, *Method and Issues in Sociological Research*, John Wiley, 1976.

Blaug, M., *Ricardian Economics*, Yale University Press, 1958.

Blaug, M., "Kuhn versus Lakatos, or Paradigms versus Research Programmer in History of Economics", in G. Gutting (ed.), *Paradigms and Revolution*, Norte Dame University Press, 1980.

Blaug, M., *The Methodology of Economics: Or How Economists Explain*, 2nd ed., Cambridge University Press, 1993.

Bliss, C. J., "Progress in Economic Science", in M. Baranzini and R. Seazzieri (eds.), *Foundations of Economics*, Basil Blackwell, 1986.

Bohman, I., *New Philosophy of Social Science*, MIT Press, 1991.

Boland, L. A., *The Foundations of Economic Method*, Allen & Unwin, 1981.

Boylan, T. A. and P. F. O'Gorman, "Economic Theory and Explanation: A Constructive Empiricist Perspective", *Methodus* 3(1), 1991.

Braithwaite, R. B., *Scientific Explanation*, Cambridge University Press, 1953.

Brodbeck, M. (ed.), *Readings in the Philosophy of the Social Sciences*, Macmillan, 1968.

Brody, B. (ed.), *Readings in the Philosophy of Science*, Prentice-Hall, 1970.

Bronfenbrenner, M., "The 'Structure of Scientific Revolution' in Economic Thought", *History of Political Economy* 3, 1971.

Brown, R., *Explanation in Social Science*, Aldine Pub. Co., 1963.

Butt, E. A., *The Metaphysical Foundation of Modern Physical Science*, Humanities

Press, 1952.

Cairnes, J. E., *The Character and Logical Mothod of Political Economy* (1857), Routledge, 1966.

Caldwell, B. J., *Beyond Positivism: Economic Methodology in the Twenty Century*, Routledge, 1994.

Carnap, R., *The Logical Syntax of Language*, Harcourt, 1937.

Carnap, R., *Formalization of Logic*, Harvard University Press, 1942.

Carnap, R., *Introduction to Semantics*, Harvard University Press, 1942.

Carnap, R., *Meaning and Necessity: A Study in Semantics and Model Logic*, University of Chicago Press, 1947.

Carnap, R., *Logical Foundations of Probability*, University of Chicago Press, 1950.

Carnap, R., *The Continuum of Inductive Methods*, University of Chicago Press, 1952.

Carnap, R., *The Nature of Theories, Philosophical Foundations of Physics: An Introduction to the Philosophy of Science*, Basic Books, 1966.

Carr, E. H., *What is History*, Cambridge University Press, 1961.

Cartwright, N., *How the Laws of Physics Lie*, Oxford University Press, 1983.

Cassiner, E., *The Problem of Knowldege, Philosophy, Science, and History Since Hegel*, Yale University Press, 1950.

Clark, J. M. et al., *Adam Smith, 1776-1926*, University of Chicago Press, 1928.

Collbert, C., *Aux Origines de la Philosophie*, Le Pommier, 1999.

Conford, F. M., *From Religion to Philosophy: A Study in the Origin of Western Speculation*, Harper & Row, 1957.

Cournot, A., *Research into the Mathematical Principles of Wealth*, Macmillan, 1927.

Davidson, D., "Mental Events", in *Essays on Action and Events*, Clarendon Press, 1986.

Dawkins, R., *The Selfish Gene*, Oxford University Press, 1989.

Debreu, G., *The Theory of Value: An Axiomatic Analysis of Economic Equilibrium*, Yale University Press, 1959.

Debreu, G., "Theoretical Models: Mathematical Form and Economic Content", *Econometrica* 54(6), 1986.

Debreu, G., "The Mathematization of Economic Theory", *American Economic Review* 81(1), 1991.

Deleuze, G., *Nietzsche et la philosophie*, PUF, 1962.

De Roover, R. A., *Gresham on Foreign Exchange*, Harvard University Press, 1949.

Duhem, P., "Abstract Theories and Mechanical Models", *The Aim and Structure of Physical Theory*, Princeton University Press, 1954.

Dyke, C. E., *Philosophy of Economics*, Prentice-Hall, 1981.

Fay, B., "Naturalism as a Philosophy of Social Science", *Philosophy of Social Science* 14, 1984.

Fei, J. G. H. and G. Rains, *Development of the Labor Surplus Economy: Theory and Policy*, Irwin, 1964.

Feyerabend, P., *Science in a Free Society*, New Left Books, 1978.

Fisher, F. M., "Games Economics Play: A Noncooperative View", *RAND Journal of Economics* 20(1), 1989.

Frank, R. H., *The Economic Naturalist*, Basic Books, 2008.

Frege, G., *The Foundations of Arithmatic* (1884), Northwestern University Press, 1980.

Friedman, M., *Essays in Positive Economics*, University of Chicago Press, 1953.

Galbraith, J. K., *The New Industrial State*, Hamilton, 1967.

Gaus, G. F., *On Philosophy, Politics, and Economics*, Thomson Wadsworth, 2008.

Gibbs, J. P., *Sociological Theory Construction*, Dryden Press, 1972.

Goodman, N., *The Structure of Appearance*, Harvard University Press, 1951.

Goodman, N., "The Test of Simplicity", *Science* 128, 1958.

Griffith, A. P. (ed.), *Knowledge and Belief*, Oxford University Press, 1967.

Hacking, J. (ed.), *Scientific Revolutions*, Oxford University Press, 1981.

Hamminga, B., *Neoclassical Theory Structure and Theory Development*, Springer, 1983.

Hanson, N., *Patterns of Discovery*, Cambridge University Press, 1958.

Harrod, R. F., *The Life of John Maynard Keynes*, Macmillan, 1951.

Hausman, D. M., *Essays on Philosophy and Economic Methodology*, Cambridge University Press, 1992.

Hausman, D. M., *The Inexact and Seperate Science of Economics*, Cambridge

University Press, 1992.

Hausman, D. M. (ed.), *The Philosophy of Economics: An Anthology*, 2nd ed., Cambridge University Press, 1994.

Hempel, C. G., *Foundations of Concept Formation in Empirical Science*, University of Chicago Press, 1952.

Hempel, C. G., "Problems of Concept Formation in the Social Science", *Journal of Symbolic Logic* 23(3), 1958.

Hempel, C. G., *Aspects of Scientific Explanation and Other Essaysin the Philosophy of Science*, Free Press, 1965.

Hollander, S. and S. Peart, "John Stuart Mill's Method in Principle and Practice: A Review of the Evidence", *Journal of the History of Economic Thought* 31, 1999.

Hollis, M., *The Philosophy of Social Science: An Introduction*, Cambridge University Press, 1994.

Hume, D., *A Treatise of Human Nature*, edited by L. A. Selby-Bigge, revised by P. H. Nidditch, Clarendon Press, 1978.

Hurwicz, L., "Mathematics in Economics: Language and Instrument", in J. Charlesworth (ed.), *Mathematics and Social Science*, American Academy of Political and Social Science, 1963.

Hutchison, T. W., *The Significance and Basic Postulates of Economic Theory*, Macmillan, 1938.

Kahneman, D. and A. Tversky, "Prospect Theory: An Analysis of Decision under Risk", *Econometrica* 47(2), 1979.

Kahneman, D., P. Slovic, and A. Tversky (eds.), *Judgement under Uncertanty, Heuristics and Biases*, Cambridge University Press, 1982.

Kant, I., *Critique of Pure Reason*, edited by P. Guyer and A. W. Wood, Cambridge University Press, 1999.

Kaplan, A., *The Conduct of Inquiry*, Chandler Pub., 1964.

Kerlinger, F. N., *Foundation of Behavioral Research*, Holt, 1973.

Keynes, J. M., *A Treatise on Probability*, Macmillan, 1921.

Keynes, J. M., *The General Theory of Employment, Interest and Money*, Macmillan, 1936.

Keynes, J. M., "The General Theory of Employment", *The Quarterly Journal of Economics* 51, 1937.

Keynes, J. M., "Economic Model Construction and Economics", in D. M. Hausman (ed.), *The Philosophy of Economics: An Anthology*, 2nd ed., Cambridge University Press, 1994.

Keynes, J. N., *The Scope and Method of Political Economy* (1890), Kessinger Pub., 2007.

Kincard, H., *Philosophical Foundations of the Social Sciences: Analyzing Controversies in Social Research*, Cambridge University Press, 1996.

Kindleberger, C., *Economic Laws and Economic History*, Cambridge University Press, 1997.

Klamer, A. (ed.), *The Consequences of Economic Rhetoric*, Cambridge University Press, 1988.

Klein, L. R., *The Keynesian Revolution*, Macmillan, 1947.

Knight, F. H., *On the History and Method of Economics*, University of Chicago Press, 1956.

Koopmans, T. C., "Identification Problems in Economic Model Construction", *Econometrica* 17, 1949.

Koopmans, T. C., "The Construction of Economic Knowledge", in M. Brodbeck (ed.), *Readings in the Philosophy of the Social Sciences*, Macmillan, 1968.

Krugman, P. and R. Wells, *Economics*, 4th ed., Worth Publication, 2015.

Kuhn, T. S., *The Structure of Scientific Revolution*, 2nd ed., University of Chicago Press, 1970.

Lakatos, I., *Criticism and the Growth of Knowledge*, Cambridge University Press, 1967.

Lakatos, I., "Falsification and the Methodology of Scientific Research Programmes", in J. Worrall and G. Currie (eds.), *The Methodology of Scientific Research Programmes*, Cambridge University Press, 1983.

Latsis, S. (ed.), *Method and Paaraisal in Economics*, Cambridge University Press, 1976.

Lauden, L., *Progress and Its Problems*, University of California Press, 1977.

Lauden, L., *Beyond Positivism and Relativism*, Westview Press, 1996.

Lawson, T., "Uncertainty and Economic Analysis", *Economic Journal* 95, 1985.

Leijonhufvud, A., *On Keynesian Economics and the Economics of Keynes*, Oxford University Press, 1968.

Leijonhufvud, A., "Schools, 'Revolutions', and Research Programmes in Economic Theory", in S. Latsis (ed.), *Method and Appraisal in Economics*, Cambridge University Press, 1976.

Leontief, L., "Theoretical Assumptions and Unobserved Facts", *Essays in Economics*, Transaction Books, 1985.

Lewis, W. A., "Economic Development with Unlimited Supplies of Labour", *Manchester School of Economic and Social Studies*, May 1954.

Lukermann, F., "The Role of Theory in Geographical Inquiry", *The Professional Geographer* 13(2), 1961.

Lunn, P., *Basic Instincts; Human Nature and The New Economics*, New Wave Pub., 2008.

Machlup, F., *Methodology of Economics and Other Social Sciences*, Academic Press, 1978.

Mäki, U., "Rhetoric at the Expense of Coherence: A Reinterpretation of Milton Friedman's Methodology", *Research in the History of Economic Thought and Methodology* 4, 1986.

Mäki, U. (ed.), *Fact and Fiction in Economics; Models, Realism and Social Construction*, Cambridge University Press, 2002.

Mäki, U., "Models Are Experiments, Experiments Are Models", *Journal of Economic Methodology* 12, 2005.

Mankiew, N. G., *Principles of Economics*, Thomson Learning, 2007.

Marchi, N. de, "Putting evidence in the place; John Mills early struggles with facts in the concrete", in U. Mäki (ed.), *Fact and Fiction in Economics; Models, Realism and Social Construction*, Cambridge University Press, 2002.

Marshall, A., *Principles of Economics*, Macmillan, 1920.

Martindale, D., *The Nature and Types of Sociological Theory*, Houghton Mifflin, 1960.

Marx, K., *Capital* (1867), International Publishers Co., 1967.

Mayer, T., *Truth versus Precision in Economics*, Edward Elgar, 1993.

Mayer, T., *Doing Economic Research*, Edward Elgar, 1995.

McCloskey, D. N., *The Rhetoric of Economics*, University of Wisconsin Press, 1985.

Mckinnon, R. I., *Money and Capital in Economic: Development*, Brookings Institution, 1973.

Menger, C., *Principles of Economics*, Free Press, 1950.

Mill, J. S., *A System of Logic* (1843), University Press of the Pacific, 2002.

Mill, J. S., *The Logic of the Moral Sciences*, edited by John Mill, Open Court, 1999.

Miller, R., *Fact and Method*, Princeton University Press, 1987.

Mirowski, P., *More Heat than Light*, Cambridge University Press, 1989.

Mirowski, P., *Natural Images in Economic Thought: "Markets Read in Tooth and Claw"*, Cambridge University Press, 1994.

Musgrave, A., *Common Sence, Science and Skepticism: A Historical Introduction to the Theory of Knowledge*, Cambridge University Press, 1993.

Myrdal, G., *The Political Element in Development of Economic Theory*, Harvard University Press, 1953.

Myrdal, G., *An International Economy: Problems and Prospects*, Macmillan, 1956.

Nagel, E., "Assumption in Economic Theory", in A. Ryan (ed.), *The Philosophy Explanation*, Oxford University Press, 1973.

Owell, D., *Economyths*, Planet, 2011.

Pareto, V., *Manual of Political Economy* (1927), translated by A. S. Schwier, edited by A. S. Schwier and A. N. Page, Augustus M. Kelly, 1971.

Pigou, A. C.(ed.), *Memorials of Alfred Marshall*, Cambridge University Press, 1925.

Plato, *Phaedrus*, translated by R. Waterfield, Oxford University Press, 2002.

Popper, K., *The Logic of Scientific Discovery*, Basic Books, 1959.

Quine, W. V. O., *From a Logical Point of View*, Harper & Row, 1953.

Ramsey, F. P., *The Foundations of Mathematics and Other Logical Essays*, edited by R. B. Braithwaite, Routledge & Kegan Paul, 1931.

Rappaport, A., "Uses and Limitations of Mathematical Models in Social Sciences", in L. Gross (ed.), *Symposium on Sociological Theory*, Harper &

Row, 1959.

Rappaport, S., *Models and Reality in Economics*, Edward Elgar, 1988.

Rappaport, S., "Interference to the Best Explanation, Is It Really Different from Mill's Methods?", *Philosophy of Science* 63, 1996.

Redman, D. A., *Economics and the Philosophy of Science*, Oxford University Press, 1991.

Reynolds, P. D., *A Primer in Theory Construction*, Bobbs-Merrill, 1971.

Robbins, L., *An Essay On the Nature and Significance of Economic Science*, Macmillan, 1932.

Robinson, J., *Economic Philosophy*, Aldine Publishing Co., 1963.

Rogers, C. R., "The Non-directive Method", *AJS* 50, 1945.

Rorty, R., *Philosophy and the Mirror of Nature*, Basil Blackwell, 1979.

Rosenberg, A., *Microeconomic Laws: A Philosophical Analysis*, University of Pittsburgh Press, 1976.

Rosenberg, A., *Economic-Mathematical Politics or Science of Diminishing Returns?*, University of Chicago Press, 1992.

Rostow, W. W., *The Stages of Growth*, Cambridge University Press, 1960.

Roubini, N., "The New Abnormal for a Troubled Global Economy", *Times*, January 14, 2016.

Rubin, R. and C. M. Young, *Formal Logic: A model of English*, Mayfield Pub. Co., 1989.

Runder, R. S., *Philosophy of Social Science*, Prentice-Hall, 1966.

Salmon, W., *Scientific Explanation and the Causal Structure of the World*, Princeton University Press, 1984.

Schlick, M., *The Turning Point in Philosophy*, in A. J. Ayer (ed.), Logical Positivism, Free Press, 1959.

Schumpeter, J. A., *History of Economic Analysis*, edited by E. B. Schumpeter, Oxford University Press, 1954.

Scriven, M., "Explanation and Prediction in Evolutionary Theory", *Science* 130, 1959.

Simon, H, A., *Models of Man: Social and Rational*, John Wiley & Sons, 1957.

Simon, H. A., "Testability and Approximation", in D. M. Hausman (ed.), *The*

Philosophy Economics: An Anthology, 2nd ed., Cambridge University Press, 1994.

Simon, H. A. and N. Allen, "Models: Their Uses and Limitations", in L. D. White (ed.), *The State of the Social Science*, University of Chicago Press, 1956.

Smith, A., *The Theory of Moral Sentiments* (1759), Gutenberg Publishers, 2011.

Smith, A., *An Inquiry into the Nature and Causes of the Wealth of Nations* (1776), University of Chicago Press, 1977.

Smith, A., *Wealth of Nations* (1776), Modern Library, 2000.

Sowell, T., *Economic Facts and Fallacies*, Basic Books, 2008.

Stevenson, L. F., *Seven Theories of Human Nature*, Oxford University Press, 1974.

Stevenson, L. F. and D. L. Haberman, *Ten Theories of Human Nature*, Oxford University Press, 1998.

Supper, F., *The Structure of Scientific Theories*, 2nd ed., University of Illinois Press, 1977.

Tinbergen, J., *International Economic Integration*, Elsevier, 1965.

Trigg, R., *Ideas of Human Nature*, Blackwell, 1988.

Vico, G., *The First New Science*, edited and translated by L. Pompa, Cambridge University Press, 2002.

Wallis, C., "Representation and the Imperfect Ideal", *Philosophy of Science* 61, 1994.

Walras, L., *Elements of Pure Economics*, American Economic Association, 1954.

Watkins, J. W. N., "Methodological Individualism and Social Tendencies", in M. Brodbeck (ed.), *Readings in the Philosophy of the Social Science*, Macmillan, 1968.

Weber, M., *On Law in Economy and Society*, Harvard University Press, 1954.

Weber, M., *The Protestant Ethic and the Spirit of Capitalism*, Scribner, 1958.

Weber, M., "Ideal Types and Theory Construction", in M. Brodbeck (ed.), *Readings in the Philosophy of the Social Science*, Macmillan, 1968.

Weber, M., "Objectivity", in M. Brodbeck (ed.), *Readings in the Philosophy of the Social Science*, Macmillan, 1968.

Weber, M., "The Interpretative Understanding of Social Action", in M. Brodbeck

(ed.), *Readings in the Philosophy of the Social Science*, Macmillan, 1968.
Weber, M., *Value-Judgements in Social Science*, Cambridge University Press, 1978.
Weintraub, E. R., *General Equilibrium Analysis*, Cambridge University Press, 1985.
Whitehead, A. N., *Concept of Nature*, Cambridge University Press, 1919.
Wilson, E. O., *Consilience: The Unity of Knowledge*, Alfred A. Knopf, Inc., 1998.
Winch, P., *The Idea of a Social Science and its Relation to Philosophy*, Routledge, 1958.
Wittgenstein, L., *Tractatus Logico-Philosophicus* (1921), Routledge, 2001.
Zetterberg, H. L., *On Theory & Verification in Sociology*, Red Minister Press, 1965.

찾아보기

[ㅂ]

[ㅅ]

[ㅇ]

[ㅎ]

박우희

서울대 상과대 경제학 학사, 영국 맨체스터대학 경제학 석사
서울대 경제학 박사, 일본 도쿄대학 경제학 박사
영국 옥스퍼드대학, 일본 도쿄대학 객원교수
일본 통상산업성 자문교수
한국국제경제학회 회장, 한국경제학회 회장
서울대 경제학부 교수
서울대 사회과학대학 학장, 서울대 경제연구소 소장
세종대 총장
(현) 서울대 경제학부 명예 교수

주요 저서

『경제학설 대관』, 『과학, 철학과 한국경제의 인식』, 『한국의 新자본주의 정신』, 『경제원리탐구』, 『경제학의 기본원리: 과학·철학·예술과 경제원리의 발견』, 『답을 주는 경제학: 제2경제원론』, 『경제 원리, 물처럼 흐른다』 외에 한국 경제에 관한 영문 및 일문 저서가 다수 있다.